循环经济条件下的水定价与管理研究

王　红 / 著

图书在版编目（CIP）数据

循环经济条件下的水定价与管理研究/王红著．—北京：经济管理出版社，2017.1
ISBN 978－7－5096－4781－3

Ⅰ.①循…　Ⅱ.①王…　Ⅲ.①水价—研究—中国②水资源管理—研究—中国
Ⅳ.①F426.9②TV213.4

中国版本图书馆 CIP 数据核字(2016)第 285123 号

组稿编辑：张永美
责任编辑：王格格
责任印制：黄章平
责任校对：王淑卿

出版发行：经济管理出版社
（北京市海淀区北蜂窝 8 号中雅大厦 A 座 11 层　100038）
网　址：www.E－mp.com.cn
电　话：（010）51915602
印　刷：玉田县昊达印刷有限公司
经　销：新华书店
开　本：720mm×1000mm/16
印　张：15.25
字　数：290 千字
版　次：2017 年 3 月第 1 版　　2017 年 3 月第 1 次印刷
书　号：ISBN 978－7－5096－4781－3
定　价：55.00 元

目　录

引　言

一、问题的提出

（一）水的三重属性

水是生命之源，是人类赖以生存的条件，是人类社会经济发展的重要物质基础。随着人类文明的进步，人们对水的认识不断加深，水的三重属性（资源属性、经济属性和环境属性）逐渐明晰。

从资源属性的观点来看，水是一种自然资源。水资源为人类生活和生产过程提供原材料，是经济增长的一种重要的要素投入，能够产生经济价值，提高人类当前和将来的福利。作为自然资源的水是可部分再生但也是可耗竭的：它在自然界不断的循环补充过程中是可再生的；但从水量动态平衡的观点来看，某一期间水的补充量少于消耗量时，水资源就是有限的、可耗竭的。因此，为了满足人类生产生活的需要，人类需要对水资源在时间、空间、利用方式和各种用途间进行合理的分配。

从经济属性的观点来看，水是一种经济物品。人类利用水资源时对水质和水量有一定的要求，这引起了资源水的供给、净化处理和再生循环利用活动；为此，人类投入了资金、物质、人力和时间进行开发和加工，水资源就变成了水产品（如自来水）和服务（如供排水服务），拥有了经济物品的普遍特性。即水产品和服务是一种具有稀缺性的商品；在经济用途上具备多用性，在生产、使用和消费过程中，会产生一定程度的环境和社会外部性。水产品和服务在保证人类生命和健康方面没有任何其他资源可以替代，但是在经济活动中作为必需的投入要素，又有一定的替代性，其经济属性是复杂的。

从环境属性的观点来看，水还是一种环境要素。水是河流、湖泊和海洋等水体或水环境的组成要素；水环境直接或间接地影响人类的生活和发展，具备两大类极其重要的功能，即纳污和自净，能够接纳稀释和净化人类各类活动排泄出来的污染物质、为人类提供美好的生存景观、改善和维持局部气候、支持植被发育、保持生物多样性等。从环境的角度来看，水对人类生存具有无可替代的重要性。

（二）工业化/城市化背景下的水资源与水环境问题

在工业化时代以前，人类对于水的经济属性或环境属性基本没有什么考虑，水对于人类主要是一种资源，一般仅考虑水的供给，也就是如何在适当的时候提供数量稳定、水质符合要求的水资源。通过科学的供水工程和恰当的社会政治干预措施，就能够解决这一问题。

然而，随着人类社会的进步和经济的发展，特别是由于人口急剧增加、工业化和城市化过程日益深入，人类的水资源利用活动日益复杂，对水环境甚至对整个生态环境都产生了不利的影响，并日渐累积，呈现恶化、多样化和复杂化的趋势，成为威胁我国经济增长和人民生活的一个重大问题，在很大程度上对全社会的总体福利产生了不良的影响。

在水资源方面，人类对水资源的消耗量急剧增加。1995 年全球为满足食品安全、人民生活、工业增长和环境可持续性等目的，新鲜淡水的取水量达到了 3790 立方千米，2000 年已增加到了 4430 立方千米；如果不改变现在的水资源利用方式，全球取水量每 10 年至少将增加 10% ~22%，到 2025 年将增加到 5240 立方千米①。大量的需求造成人类对地表水和地下水资源大量开采甚至过量开采，使得可利用的水资源持续减少；而水资源的利用效率由于技术、观念、政策等多种制约，没有得到相应的增加。

① Mark W. Rosegrant, Ximing Cai, and Sarah A. Cline.（2002）. Global Water Outlook to 2025：Averting an Impending Crisis, Jointly Published by the International Food Policy Research Institute（IFPRI）and the International Water Management Institute（IWMI）, September 2002.

在水环境方面，污水排放量大大增加，水污染加重，水环境质量严重退化。21 世纪世界水事委员会报告指出，在发展中国家，生活污水只有 10% 得到了收集、处理和循环利用；已建的污水处理厂只有 10% 得到了有效的运行。在许多发达国家，污水的收集与处理也并没有达到 100%。大量排放的污水一旦超出环境的自净能力，就会造成水环境的严重污染，对人类健康和生态环境产生不良影响。

在水产品服务方面，水资源的巨大消耗和水环境的恶化，减少了水的供给来源，甚至由于污染造成水质性的缺水。这使得很多城市和地区不得不以更高的代价寻找新的水源，付出更高的水处理、供给的成本，制约了人们的经济社会活动。

上述的“问题怪圈”在处于工业化和城市化过程之初的中国同样真切存在，水资源与水环境的问题日益迫切并尤为突出。一方面，为了满足中国对水资源急剧上升的需求，水资源开发力度不断增大，目前开发利用率已达 19%，接近世界平均水平的 3 倍，个别地区更高；另一方面，中国的水资源利用效率依旧偏低，目前我国平均每立方米新鲜水实现国内生产总值仅为世界平均水平的 1/5①。

在水资源大量消耗的同时，大量的污水排放对水环境造成了严重的影响。根据国家环保总局《2006 年全国环境统计公报》，我国 2006 年排放了 240 亿吨工业污水和 296 亿吨城镇生活污水，排放总量已达到 537 亿吨，相当于我们每人每年排放 38 吨多的废污水。每年约有 1/3 的工业污水和 2/3 的生活污水未经处理直接排入江河湖泊，使得大量水污染物被排放到水资源中，污染了水资源，对我们的健康构成了很大的威胁，并造成水质性或功能性缺水。2007 年全国流域分区河流水质状况评价表明，在全国 14.36 万公里评价河长中，Ⅰ～Ⅲ类河长占 59.5%，Ⅳ～Ⅴ类河长占 15.8%，劣Ⅴ类占 21.7%；全国近一半城镇、农村的

① 姜文来：《21 世纪中国水资源安全战略研究》，黄河流域水资源保护局网，http：//www.hwcc.com.cn/newsdis play/newsdisplay.asp? Id =90390，2004 -01 -14。

约3.6亿人饮用水源的水质不符合卫生标准。

（三）水价机制的作用和目标

工业化、城市化过程中产生的资源和环境问题引起世人越来越多的关注。世界各国（尤其是发展中国家）都迫切需要通过恰当的行政、经济、法律等多种手段和措施，在保证经济增长的同时避免资源和环境的进一步耗竭和恶化。因此，水资源的有效管理已经成为中国必须研究的一个重大课题。把这一课题从经济的视角落实到水资源和水环境的话题上，实际上是要在经济增长和水资源与环境之间找出一种既不妨碍经济发展，又能保护水环境、保证水资源合理分配和使用、增加全社会福利的双赢途径。

通常，各国的解决方案是将命令—控制手段、宣传教育手段和市场手段集成应用。虽然各国的侧重点不同，但是总体上，环境资源经济学家一致认为价格机制是一种主要手段，比非价格手段管理成本更低，拥有更多的监测和执行优势，对资源配置和环境管理起着至关重要的作用。

资源和环境经济学家认为，合理的水价有如下几个积极的作用。第一，合理的水价能通过由供求关系决定的正确的价格信号，实现水资源在空间、时间和不同用途之间的优化配置。第二，合理的水价能够促进水的供给管理，使供排水部门合理回收成本，从而有可持续的提供水产品和服务的能力，在一定程度上还能延迟或减少对增加供水的需求。第三，合理的水价能够促进水的需求管理，给用水户提供节约用水的激励，能够减少用水浪费、制约用水行为，使有限的水资源取得最佳效益。第四，合理的水价有利于促进水资源的循环利用。合理的水价政策通过对新水和再生水制定有差别的价格，使得作为新水替代品的回用水具有较低的成本，从而利用回用水变得有利可图，可减少水资源消耗。第五，合理的水价会对改进环境和生态的可持续性产生间接的影响，因为资源性水产品和服务的合理定价，使得各个用水户在制定自身的用水消费决策的时候能够纳入真实的资源价格和成本，需求总量处于环境和生态可持续性所要求的范围之内。当然，水价政策也有可能产生不利的分配影响。比如，如果现行水价偏低，追求合理的水定价需要提高水价，这有可能对低收入群体产生不利的分配效应。

与水价的作用相呼应，现实中的水定价政策有多种政策目标，代表了政府、消费者和企业等多方的不同利益。其经济目标是合理实现成本回收，为经济活动提供充分稳定的水资源和水产品服务。其资源环境目标是本着“污染者付费”和“使用者付费”的原则，提高资源利用的经济效率，优化资源配置，减轻不利的环境影响。其社会目标是为居民全面提供良好的、可承受的水资源与水产品服务。其政治目标是取得居民对政府的支持。对于政府，水价的政策目标是合理配置水资源、提高用水效率、促进水资源可持续利用。消费者期望的是保证良好服务、水质安全前提下的低水价。投资水业的企业则期望水价能够保障长期稳定合理的投资收益。水价政策通常是在多方利益主体相互博弈下达成的一种利益均衡。在现实社会中，水价政策各个目标之间常常是相互冲突的，各利益集团对不同目标有不同的优先性和重要性的判断。水价机制是否合理，对整个社会而言，是各个重要目标的优先性和重要性的最佳权衡；这种均衡，通常与社会的经济发展水平相关。

（四）对水价实践的反思、理论探索与改革实践

各国日益认识到水价政策的重要性，开始了对水价政策的反思、理论探索与改革实践。长期以来，世界各国一直对资源性水产品和服务实行低价政策，不仅助长了水资源的过度利用，同时不能为水资源保护充分地提供资金支持，造成水资源的浪费和水环境的污染。

研究人员从资源与环境经济学的角度，对水定价机制开展了深入的研究。资源与环境经济学家普遍认为，鉴于水的三个基本属性，水定价应相应包括三部分内容，即资源水价、工程水价和环境水价。资源水价体现的是机会成本，环境水价体现的是外部成本，而工程水价针对的是水产品服务提供的成本。在国际上，包含了这三种属性的全部成本的定价方法被称为“全成本”定价方法，其目的是体现水资源的稀缺程度，并反映出资源性水产品和服务在开发、供应和消费等整个过程中所产生的全部内部和外部成本。

全成本定价方式得到了一些理论与实践相结合的机构的认同。世界银行[①]指出，价格改革的第一步是实现财务成本的全部回收，但这仅是一个临时目标，更长远的目标是让水价反映供水和污水处理中渐增的长期边际成本，尤其要反映生产和消费所造成的环境损害成本以及资源耗竭的机会成本，也就是全成本定价。由于这方面少有国际经验可以借鉴，也由于中国所面临的水资源和水环境危机的严重性，中国应在水资源危机变得无法解决之前，积极带头试点水价改革。

自 20 世纪 90 年代以来，发达国家和一些发展中国家积极开展水定价机制的改革和完善。虽然各国水定价模式的选择与国家的经济发展水平和水资源赋存状况以及社会制度关系密切，但也存在一些共性特征：各国水价普遍上涨，水价的组成部分趋于完整。但是，鉴于水是人类生活最基本的物品，各国政府都普遍实行按照服务成本并考虑用水户承受能力的定价模式，政府一般都给予大量的财政补贴投入（尤其是在污染最严重的时期），全成本定价方法没有得到一定深度和广度的实施。21 世纪初以来，中国也对水的价格体系进行了幅度较大的改革。其结果是：近年来综合水价水平普遍上涨，但水价仍然较低；水价结构趋于完整，但是资源水价和环境水价尚处于发展的初始阶段，其征收水平有待探讨。

（五）研究问题的提出

水价改革是人们极为关注的事情，也是政府非常谨慎对待的事情，更要求研究人员从资源与环境经济学的角度深入研究。什么样的水价机制是有效的？什么样的水价水平是合理的？这是本书提出并将要解答的问题，是贯穿全书的基本线索。

分析国内外的水定价实践与理论研究，笔者的观点与环境资源经济学家经常倡导的“全成本定价”观点有所不同，认为至少在现阶段和未来一个时期，我国的水定价实践还不能实现“全成本定价”，不能在水价中囊括水的生产、供给和消费所发生的所有财务成本、资源成本和环境成本。初步理由是“全成本定价”即使对于私人物品性质显著、外部性不明显的产品都很难实行，何况是水这

---

① 世界银行：《中国的水价改革：经济效率、环境成本和社会承受力》，世界银行报告，2007 年。

样一种具有显著外部性的、具有准公共物品性质的资源性产品。

在本书中，笔者提出用社会福利最大化作为水定价的标准。这是因为，水资源与产品服务能够产生经济、社会和环境生态价值，提高人类当前和将来的福利，而福利是人类经济社会活动所追求的终极目标。根据资源与环境经济学理论，水的使用价值体现在水的不同用途的消费（生活用水、工业用水和环境用水）对生产、生活和环境生态需要的满足。不同的使用价值为人们带来了不同的福利：生活用水的消费为人们带来了基本生存和健康的福利，生产用水的消费为人们提供衣食住行所需的物品，环境生态用水的消费为人们带来了健康和休闲的福利。因此，本书将重点讨论水价如何通过影响社会对水的消费来影响社会福利，由此探讨是否存在使水在不同用途间合理分配，从而实现社会福利最大化的水定价模式，即是否存在使社会福利最大化的最优水价，并分析这种定价模型对水定价理论和实践的指导意义。

二、研究思路和方法

首先需要理解，水的定价机制与其他一般经济物品的定价机制不同。一方面，水定价机制的建立和水价水平的确立与其独有的技术经济特征有关。水在经过供水和排水两个系统之后，经历了“资源水—产品水—商品水—污水—再生水”等几个环节的变化；因此，水定价机制不再像过去那样，只是单纯地针对供水而言，而是要覆盖水资源循环的不同环节。另一方面，水定价机制的建立和水价水平的确立与其独特的物品属性有关。水的物品属性比较复杂，水资源是纯粹的公共资源物品，污水处理和循环利用服务具备准公共物品的特征，自来水则具有私人物品的特征；其市场是不完备的，市场机制是部分失灵的，表现为缺乏市场进行有效率的资源配置所必需的产权制度安排，水的生产和消费过程都具有显著的正负外部性。此外，水行业是自然垄断行业。因此，对水定价机制的研究需要以市场失灵条件下的准公共物品的定价理论为基础，以自然垄断行业的价格管制为出发点。其次需要理解，对水定价机制的研究，目的是为了解决在我国的水定价实践中正在面临和即将面临的各种问题，是一个问题导向的应用研究。

据此，本书的写作思路为：从一般物品的价格理论出发，分析市场失灵条件下自然垄断行业的产品与服务的基本定价理论；回顾和分析国内外已有的水定价理论研究；探讨世界各国（尤其是发达国家）和中国在水定价方面的实践和理论探索。在此基础上，笔者将以水资源和水产品服务在生产、生活和生态三种用途间的优化配置为出发点，探讨使社会福利最大化的水定价机制的建立和水价水平的确定；并结合本书对实践和理论的双重探讨，以北京市城市用水为案例，分析对水定价机制建设的现实指导意义。

本书将综合运用案头分析、数理经济模型分析和案例研究三种研究方法，涉及西方经济学、资源与环境经济学、福利经济学、技术经济学以及管理学等领域的基本理论与方法，并通过地方案例进行综合全面的分析。

当前中国正处于加速的工业化和城市化的进程当中，在城市用水的背景下考虑这些问题具有更加强烈的现实意义。因此，本书讨论将仅限于城市用水，不涉及农业用水。

本书共有八章。第一章试图厘清与水定价机制相关的基本概念和背景。主要探讨了水的三种属性，水的自然和社会循环系统，以及现代水资源循环经济的概念；分析了城市用水和城市水定价的概念及影响因素；将价格手段与其他城市水管理手段进行了比较，分析了水价政策的作用和定价目标。

第二章从水资源和水产品服务的市场特点、经济物品属性和行业特征出发，阐述了市场失灵条件下自然垄断行业准公共物品定价的理论基础，从产权、外部性、公共物品和自然垄断四个方面进行了理论分析。提出要构建完整全面的水定价体系，以明确的水资源产权为制度保证，以政府价格规制为手段，遵循使用者付费和污染者付费，但在政府和用户之间合理分担资源成本、供水成本和外部性成本的原则，覆盖水资源和水产品服务的各个环节。

第三章较为全面地回顾了过去几十年间国内外在水定价领域的研究，分析了国内外水定价机制的研究方法和研究内容。

第四章总结了美国、几个欧盟国家、澳大利亚和日本等一些发达国家的城市水定价实践经验；分析了各国水价实践与各国社会经济和资源状况的关系、发展趋势和表现出的共同特点；探讨了对中国的借鉴意义。

第五章回顾了我国水价形成机制的历史沿革和特点；比较分析了区域城市水价现状；分析了实践中存在的问题；对未来我国水价改革方向提出了政策建议。

第六章在当前水的社会循环利用重要性增加的背景下，研究在中水循环利用、供水约束变化的条件下，基于生活、生产和生态用水等不同用途的社会福利最大化的最优定价机制。本章分别描述了建模思路和建模方法，建立了社会福利最大化的水定价模型，分析了模型结果，并探讨了水定价模型的政策含义。

第七章以北京市城市用水为案例，结合实践分析与理论研究成果，探讨了如何进一步改进北京市的水定价机制问题。分析了北京市的水资源环境和城市用水的现状、发展趋势及其与水定价机制的关系；回顾了北京市水定价实践的沿革和存在的问题；在结合理论与实践的基础上，提出了未来水定价实践改革的政策建议。

第八章提出了本书实践分析和理论探索的结论，对未来中国水定价改革提出了政策建议，并提出了未来的研究方向。

本书具有一定的理论和实践意义。理论上，通过对水定价实践和理论的经济学分析以及对水定价模型的数理经济学探讨，从纷繁复杂的经济现象中提炼出简洁的分析框架，探讨水价与水资源和水产品服务、经济、环境三者之间复杂的互动关系，为人们更好地了解和管理水资源与水环境提供了理论启示。实践上，中国目前正面临着严重的水资源和水环境危机，在可预见的未来，这种危机还将愈加严重。本书将为人们更好地管理城市水资源和水环境提供有用的知识和指导，帮助人们从水资源利用中获得更高的社会福利。

第一章　概念与背景

在探讨水定价机制之前，有必要先厘清相关的基本概念和背景，为接下来的研究和探讨提供一个参考框架。本章将简单描述水的自然循环系统和社会循环系统以及社会循环系统中的供水和排水系统，并阐述现代社会所广泛提倡的水资源循环经济的概念。接下来，笔者将注意力集中于本书的重点——城市用水和城市水定价方面，探讨其概念和影响因素，并通过比较价格手段与其他城市水管理手段的优缺点，深入分析水价的积极作用，探讨水定价的各种政策目标。

第一节　水的自然循环与社会循环

一、自然循环

地球上的水是循环的，分为自然循环和社会循环。水的自然循环有多种，对人类最重要的是淡水的自然循环。水从海洋蒸发，蒸发的水汽被气流输送到大陆，然后以雨、雪等降水形式落到地面，一部分形成地面水，另外一部分渗入地下形成地下水，还有一部分又重新蒸发返回大气，地面水和地下水最终流回海洋。这就是淡水的自然循环。

二、社会循环

水的社会循环指人类为生活和生产之需从天然水体中取水，用过的水再排回到天然水体中的人工循环，包含了人类对水资源的开发、使用、处理、再生循环利用和排放等过程。在水的社会循环过程中，水经历了原水（资源水）、产品水、商品水、污水、再生水等几个环节的变化。资源水也称自然水，主要是指大气降水、地表水、地下水等，它有使用价值，但无市场价格，体现为国家征收资源税费。产品水指水利工程供水，主要是由人工修建的河道、湖泊、水库提供的水。商品水指提供给人们生产、生活和生态用水的符合有关质量标准的水。污水指商品水经使用后水质已经被污染的水。再生水指污水经过处理后达到回用标准的水。水的社会循环系统在提供商品水的同时，还伴随着提供输水、净化、污水收集处理等服务[①]。因此，在水的社会循环过程中，水从水资源演变成为水产品和服务。

水的社会循环系统的前一半通常称为给水，后一半称为排水（见图 1－1）。

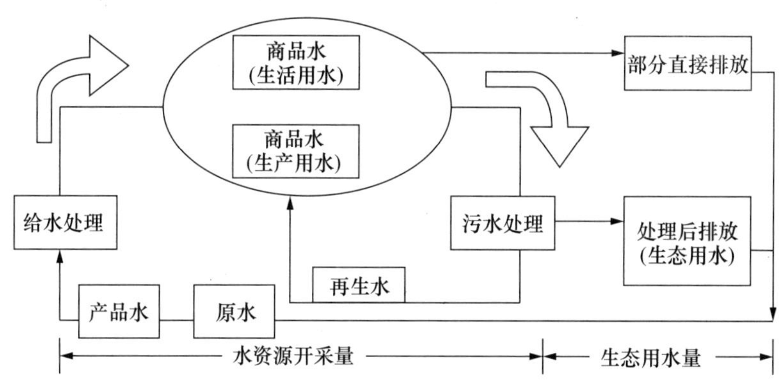

图 1－1　水的社会循环示意图

（一）供水系统

供水系统分为水利工程供水系统和城市供水系统。水利工程供水系统供水指供水经营者通过拦、蓄、引、提等水利工程设施，将天然水销售给用户[②]。城市

① 朱龙其：《水权、水价和水资源优化配置》，《上海水务杂志》，2002 年第 4 期。

② 国家发展和改革委员会与水利部：《水利工程供水价格管理办法》，2004 年。

供水设施包括专用水库、引水渠道、取水口、泵站、井群、输（配）水管网、进户总水表、净（配）水厂、公共水站等设施。一般分为三个部分：一是市政自来水供水系统；二是自建设施供水；三是地表水供水系统。

市政自来水供水系统通过公共供水管道及其附属设施向单位和居民的生活、生产和其他各项建设提供用水。自来水的主要供应过程是：把从江河、水库等地表径流水和地下水中抽取的原水输送到自来水加工厂，加入净水剂等多项药剂之后，经过混凝反应、沉淀、过滤和杀菌消毒的常规处理流程，制成澄清和无菌的成品水，然后通过自来水输送管道系统，把自来水分销给企事业单位和居民消费者。自建设施供水指城市的用水单位自行建设取水设施和供水管道及附属设施，为本单位的生活、生产和其他各项建设提供用水，包括自备井等独立小型供水设施。地表水供水则是一些对水质要求较低的工业企业自建供水系统，直接从江河中抽取未经处理的低水质水，以满足生产用水需要。

为了满足人们对一定数量和质量的水资源的需求，各国都建设大规模的水利工程设施（水库等），这是传统水资源管理方式——供给模式的一大特征。这种传统供水模式的弊端是：随着经济的发展，地表水资源的利用程度越来越高，当区域水资源减少或受到污染，水源水质不能满足城市供水要求时，传统供给模式下优先采取的做法不是设法治理和防止区域水污染，而是从更远的源头、上游取水，造成引水工程规模越来越大，距离越来越远，费用日益增长。而且随着时间的推移，很多地方建成了较为完整的水利工程体系，很难通过水利工程来增加新的水源。

（二）排水系统

无论是哪个系统供的水，都会经各类消费者使用或作为中间投入被利用后形成污水，其中有一部分经污水收集系统集中到污水处理厂，经处理后排放到环境当中。污水处理到一定标准后排放至天然水体，能够用于满足天然水体的生态用水需求，同时减轻人类用水对环境造成的不良影响，对于水的自然循环和社会循环都具有良性的影响。当然，有一些污水未经处理或处理程度不够就直接排放到环境中，污染江河、水库、海洋和地下水。这样，不完善的排水系统将对供水系统产生影响，随着水污染的加重，受污染的源水水质变差，制水的材料和能源消耗增加，增加了供水成本。

经过处理的污水（或中水）有一部分经再生水生产设施处理，产生达到一定标准的再生水，可回用于农田灌溉、工业冷却、市政绿化、道路喷洒等，还可用于满足生态用水的需求（如地下水回灌和补充地表水）。再生水资源相当于一种新的供给来源，能够缓解水资源短缺问题，减少城市从天然水体资源的取水量，延缓或减少新增供水设施的资金压力和对环境容量的威胁。根据有关数据，供水的80%转化为污水，经处理后，其中70%可以再次循环利用。这意味着通过污水回用，可在现有新鲜水供水总量不变的前提下，使得可用水量增加50%以上①。

三、现代水资源循环经济

历史上，水的社会循环曾经是单向的，是一次性利用后就排放的单向流。人们普遍认为污水是有害的，应尽快排到城市下游；这种观念和行为危害了下游地区②。发达国家曾经有过这样的历史，而许多发展中国家目前还是这种单向流的社会循环。

目前，我国开始大力提倡水资源利用的循环经济理念，主要表现为建设和运营一个健康完整的水社会循环系统，使城市既有安全、可靠的供水系统，又有污水收集、处理、深度净化、有效循环利用与排除的系统。当然，循环经济并不仅仅局限于城市的给配水系统。水资源利用的循环经济理念，要求从源头做起，在生产和生活的全过程和各个环节预防废弃物排放和减少环境污染。主要是做到：第一，利用节水技术和有效的管理，减少单位产出的水资源消耗，从而减少废污水的产生；第二，利用清洁生产技术（如工业用水的循环再生技术）减少生产

---

① 鲁春华：《城市污水资源化的探讨——以唐山市为例》，《城市管理与科技》，2006 年第 8 卷第 1 期。

② 杨青山：《城市流域水资源循环利用与可持续发展规划概论》，《中外建筑》，2008 年第 6 期。

过程中的废污水生产和排放；第三，建设与运营污水收集和循环利用的设施网络，最大限度地处理和循环利用废污水，从总体上减少全社会的污水和污染物排放。通过循环经济模式做到资源高效率利用和废弃物排放最小化和无害化，使环境得到有效保护①。

第二节　城市用水

水定价研究的对象范围很广，通常包括水利工程供水定价、城市用水定价和农业用水（尤其是灌溉用水定价）等。由于本书主要关注的是工业化和城市化背景下的水定价机制，因此，本书范围局限于城市用水，即农业用水以外的用水。

一、城市用水的概念

在本书中，城市用水指一个地区除了农业（尤其是灌溉）以外的用水。根据《城市用水分类标准》，城市用水包括居民家庭用水、生产运营用水、公共服务用水、消防用水、河湖补水（环境或生态用水）等。按照中国《城市供水统计年鉴》，城市用水的统计内容应包括居民生活用水、行政事业用水、工业用水、经营服务用水和特种行业用水（如洗车业、洗浴业用水）。

按照用途划分，城市用水可分为生活用水、生产用水和生态用水。

生活用水中居民家庭用水是主要部分，包括冲厕、洗浴、洗涤、饮用、烹调、清洁、庭院绿化、洗车等。许多工业化国家的居民生活用水往往可以达到整个市政用水的一半以上②。2008 年北京市居民生活用水占自来水售水总量的 46%③。

---

① 齐建国、王红：《循环经济是节能减排的最有效方式》，《光明日报》，2007 年 7 月 25 日。

② 关鸿滨：《浅谈城市生活用水及节水》，《山西建筑》，2002 年第 4 卷第 28 期。

③ 中国城镇供水排水协会：《2008 城市供水统计年鉴》。

生产用水包括工业、商业和其他生产用水，主要有原料用水、产品处理用水、锅炉用水、冷却用水、洗涤用水和温、湿度调整用水及其他各项用水等，生产用水强度和在总用水量中的比例取决于生产的技术水平和结构。

生态用水（或环境用水）在国内的统计口径上指出于改善城市水环境和水质的目的，向河流湖泊补充的水。以北京市为例，自 2003 年起，北京以密云水库和官厅水库等水源以及中水水源向颐和园、昆玉河以及城市中心“六海”补水，年补水量从 2003 年的 6000 万吨增加到了 2007 年的 2.72 亿吨[①]。而从生态学理论和环境伦理的角度上看，生态用水是天然生态系统保持物种多样性和生态完整性所需要的一定质量和数量的水供给，其需求为基本生态需水量（Basic Ecological Water Requirement）[②]。这个概念似乎更有生态中心主义的倾向（Ecocentric），更注重环境生态自有的存在价值；与此相反，经济学研究首先考虑的是人的需求，更具有人类中心主义（Anthropocentric）的伦理倾向。虽然两种学科的环境伦理出发点有所不同，但是由于人类是自然的一部分（a part），而不是割裂开来的（apart），因此，两种概念最终也是相通的。

在经济发达、社会福利高的国家中，生态用水量可占到全国总用水量的 2/5 以上。澳大利亚制定了生态系统用水的国家原则，提出应当在尽可能承认现有用户水权的同时满足维持水体生态价值的用水需求；如果现有人类用水过度而不能满足生态需水，就应采取适当的调整行动（包括水的重新分配，如由政府或环境组织购买水权等）。在我国，学者靠经验估算出生态用水量仅占到全国总用水量的 1/6～1/5，生态用水需求与实际量还有较大的距离[③]。目前，国家环保部门从水污染防治的角度出发，一直呼吁要考虑生态用水；水利部门为了改善江河湖海的环境质量，呼吁要保证其生态用水（如生态径流量等）。满足生态用水的需求

---

① 北京市水务局：《北京市水资源公报》，http://www.bjwater.gov.cn/tabid/207/Default.aspx，2015－07－21。

② Gleick P. H.（1998）Water in Crisis：Paths to Sustainable Water Use，in *Ecological Applications*，Vol. 8，No. 3，pp. 571－579.

③ 万咸涛、刘予伟、张新宁、狄鸿：《环境生态用水基本概念》，《南水北调与水利科技》，2003 年第 6 期。

的方法包括减少水资源使用量、污水经过净化处理后返回环境、雨水补给地下水等。

二、城市用水的影响因素

城市用水通常取决于水资源丰缺程度、气候、人口数量、居民用水比率、工业用水比率、市政用水和商业企业用水情况、城市土地利用、水价等因素[①]。

许多城市在估算城市用水用量时，是以人口和人均用水量为基础的。人均用水量随着经济条件、气候条件、资源条件的不同而有所变化。中国在统计资料中使用人均综合日用水量和人均生活用水量两个指标进行统计。在《城市供水统计年鉴》中，人均综合用水量是总售水量除以用水人口总数之商，人均生活用水量是居民生活用水除以用水人口总数之商。

人均综合用水量包括工业用水等用水项目，因此变化范围很大。比如，2008年上海闵行区供水公司统计的服务区人均综合用水量达到了836升/人·日，而天津大港区供水厂统计的数据为34.22升/人·日。这可能与工业生产技术经济条件有关；另外，由于一些地区对水资源管理不严，居民和企业进行地下水自供水没有被统计在内。

相比之下，人均生活用水量这一指标在各地区、各国间更具备可比性。不过，世界各地的居民，由于生活水平和生活方式的不同，每人每天平均用水量差别是很大的。美国是600升，欧洲是200升，以色列是260升，巴勒斯坦是70升，非洲是30升[②]。在我国，城镇生活人均日用水在1998~2006年一直保持在210~222升（数据来源于1998~2006年的《中国水资源公报》）。但由于生活水平和生活方式的差异，各地的生活用水状况都不相同，2008年我国的人均生活用水量在40~300升/人·日，南方地区的省份普遍要高于北方地区，经济发达

① The California Government (1994). The California Water Plan Update, Bulletin, October 1994.

② 中国水利科技网:《节水：从现在做起》,《光明日报》, 2006年8月9日。

地区要高于经济较落后地区。比如，北京、上海生活水平较高，人均生活用水在全国居于前列；但北京的人均生活用水量为 141 升/人·日，上海为 251 升/人·日。这可能是因为南方地区较北方地区气候更热、水资源更为丰富。

根据国际经验，人均生活用水量通常会随着家庭收入和生活质量的提高而相应增长，尤其是当家庭有条件培养园艺和景观等方面的用水偏好之后，用水增加的幅度很大，到一定阶段后则又趋于稳定。比如，在过去的 20 年间，美国大部分地区的人均城市用水量已经趋于稳定。不过，美国由于人口增长，也由于在气候温暖的内地建立了中心城市，使得城市水需求量仍然有所增长。因此，在估计城市用水需求时，要考虑多方面的影响因素。

第三节 城市水价

对城市水价的讨论要先从水价开始。有的学者认为，中国原来没有“水价”的概念，只有立足于社会福利的“水费”；立足于市场供需的“水价”是在中国水业市场化的进程中才出现的[①]。不过，以往国内的有关研究通常使用的概念是“自来水水价”或“水资源价格”。笔者认为，这些有关“价格”的概念都只涉及了水的某一个具体的方面。从水的社会循环的角度来看，水从资源水演变成水产品服务，经历了原水、产品水、商品水、污水、再生水等几个环节的变化。水价不仅涉及自然资源的价格，也涉及水产品和服务的价格；水价不仅涉及供水的价格，还涉及排水和再生水的价格。因此，笔者基于上述城市用水分析，使用了“城市水价”这个综合概念。实际上，其他学者也采用过这一概念，其初衷与笔者应该是一样的（如清华大学水业政策研究中心发布的《清华水业蓝皮书》系列）。与“城市水价”对应的定价机制为城市水定价（urban water pricing）。这个概念范围较广泛，不像“自来水水价”一样局限于一般市政供排水系统提供的

① 郭彬彬：《以标准成本费用核算体系监管水务企业经营——如何规制水务企业价格成本的调研报告》，第二届中国城市水业发展（苏州）论坛暨城镇供水企业管理模式研讨会，2006 年。

水产品和服务的价格。

为了探讨城市水定价机制，首先需要分析城市水价的属性、组成部分、计价结构和影响因素，以及水价政策的成本效率表现、作用和定价目标等。

一、城市水价的三种属性和四个部分

城市水价与一般水价一样，从属性上分为资源水价、工程水价和环境水价，这三种属性将城市水价分为四个组成部分，即资源水价、环境水价、公共水利工程供水水价和城市供水水价。这是资源与环境经济学家普遍认同与倡导的。

资源水价是资源水（天然水、原水）的价格，体现水资源的价值，反映流域和国家水资源的稀缺性。公共水利工程供水价格体现人们利用公共水利工程设施从自然界获得、储存或供给一定量的水时付出的代价，目的是为了让用户合理分担水利工程供水的部分费用支出。城市供水水价体现供水企业为人们供给一定量和质的水时为处理和输送水所付出的代价，目的是为了收回制水企业投入的制水和输水工程成本、运行成本（如材料费、折旧费、修理费、管理费、人员工资、税收等费用），以及获得合理微利。环境水价体现的则是环境容量和环境代价，主要用于修正供水、用水和排水引起的负外部性，是用水者对一定区域内水环境损失的价格补偿。

上述城市水价的四个组成部分中，资源水价体现的是机会成本，环境水价体现的是外部成本，二者都不是或不完全是基于成本的水价，而由政治、经济、资源环境等综合因素所决定，其定价机制是值得重点研究的课题。与此不同，公共水利工程供水价格和城市供水价格从本质上都是以成本核算为基础的，由于城市水业具有自然垄断性质，使成本核定和监审成为一个重要的课题。

二、全成本水价

从企业管理的角度来说，经合组织（OECD）对全成本定价的定义是指企业根据单位产出的直接成本与管理成本及利润之和来计算一个产品的价格。采取这种定价方式的企业通常很难精确计算出一个产品的需求及确定市场价格[①]。对于受到政府规制、接受大量政府补贴的水行业，全成本定价在特定情况下指提供水产品服务的所有直接成本都由用户通过水价承担。

在人类越来越重视可持续发展的今天，全成本定价有了更全面完整的含义。资源与环境经济学家普遍认为，由于水的三个基本属性（自然资源、产品服务和水环境），水定价应相应包括三部分内容，即资源水价、工程水价和环境水价。资源水价体现的是机会成本，环境水价体现的是外部成本，而工程水价针对的则是水产品服务提供的成本。在国际上，包含了这三种属性的全部成本的定价方法被称为“全成本定价”方法。

随着环境污染的日益严重和水资源的日益短缺，学术界和政策制定者开始接受水的全成本定价理念。世界银行[②]认为价格改革的第一步是实现财务成本的全部回收，但更长远的目标是实现水价生产和消费所造成的环境损害成本以及资源耗竭的机会成本，也就是全成本定价。发达国家也开始不同程度地接受全成本定价这一理念。比如，英国管理私营水企业的水业规制者 OFWAT 制定了全成本核算的详细纲要。《欧盟水框架法令》（EU Water Framework Directive）要求水定价体现出包括环境和资源成本的全部成本。加拿大渥太华省政府在 2002 年末立法规定，要求所有供水商和污水处理运营商实施全成本核算和定价[③]。

三、城市水价结构

水价结构是水价政策中非常重要的因素，不同的水价结构意味着不同的水费

---

① OECD.（2002）. OECD Statistical Portal，http：//stats. oecd. org/glossary/detail. asp? ID = 3223，March 16，2002.

② 世界银行：《中国的水价改革：经济效率、环境成本和社会承受力》，世界银行报告，2007 年。

③ Renzetti S. and Kushner J.（2004）. Full Cost Accounting for Water Supply and Sewage Treatment：Concepts and Case Application，in *Canadian Water Resources Journal*，2004，29（1）：13 -22.

计收方式，对用水户的用水行为产生直接影响。当前各个国家在水价政策上主要采取以下几种定价结构：

（一）通水费（Connection Charge）

指对新的用水户提供供排水服务时所收取的一次性或者年度的费用。通水费的收取在工业公共供水定价中比较普遍，丹麦、芬兰、法国、希腊、爱尔兰、荷兰、挪威以及英国、美国等国的工业公共供水价格结构中都有通水费。此外，有些国家在与公共供水有关的公共基础设施进行扩建时，也会征收一定的一次性增容费，如匈牙利和爱尔兰。

（二）固定收费（Fixed Charge）

固定收费就是包费制（或者一费制），不管居民户用水多少均收取同样数额的水费。这种价格政策的另外一些形式也包括按照居民户的居住面积或者家庭人口数来收取固定水费。

（三）计量收费（Volumetric Rate）

计量收费是在特定单位用水量的费率下根据用水数量计算得出的用水户的总水费。计量收费广泛地应用于各国对工业和居民用水计收水费，有多种具体的计量水价费率结构，包括单一费率体系（Flat or Uniform Rate）、阶梯式累进制费率体系（Increasing Block Rate，IBR）以及阶梯式累退制费率体系（Declining Block Rate，DBR）。

也有很多国家采取固定费率和计量收费相结合的计价结构，对用水户获得供水服务的权利或特定消费量征收固定费用（称为通水费），同时对每单位用水（或额外用水）征收计量价格①。

四、城市水价的影响因素

研究水价还需要探讨其各种影响因素，主要包括水源、水输送和处理方法、

① 张世秋、邓梁春、岳鹏、崔惠珊：《价格政策在用水需求管理中的作用及北京市水价改革对居民福利的影响分析》，世界银行项目报告，2008 年。

价格政策、水机构规模及气候条件等①。

（一）水源和水输送距离

供水成本在很大程度上取决于水源及水的输送距离。如将一条河流引到相邻地区使用花费的成本比海水淡化成本低；供水成本还有些像火车票价，距离越远，票价越高。

（二）人口密度

供水机构向一个人口密集的地区供水，每一个用水户均摊的平均固定成本和各种能源费用将趋于减少。相反，如果供水给一个人口稀少的地区，其供水的平均固定成本和各种能源费用通常要高一些。

（三）政策

水管理机构所采用的政策在很大程度上影响着用水户付出的最终费用。例如，一些国家的水机构利用计收水费来充分满足供水所需费用，水价相对高一些；另一些国家水机构则采用计收水费和财政补贴等方式来满足供水所需费用，水价相应较低。

现有的环境政策随地区而不同，也是影响城市水价的重要因素，因为环境和健康保护是水成本的主要驱动因素之一。在环境保护标准很高的国家，环境水价可能占水价的一大部分；而环境保护水平较低的国家，则可能只占一小部分。

（四）水表计量

有无水表计量也很重要。虽然许多城市用水表监督用水户的用水并按此收费，但也有很多并未采用这种方法。一般在未使用水表计量的地方，其用水费用较低，用水浪费较为严重。

（五）基础设施

新建基础设施与投资紧密相关，考虑水价时要考虑不同的基础设施建设水平。比如在欧盟，为了达到欧盟法律规定的环境目标（91/271 Urban Wastewater

① Roth E.（2001）. Water Pricing in the EU：A Review，European Environmental Bureau（EEB），publication number 2001/2002.

Treatment Directive），供排水基础设施较弱的中东欧国家和接受凝聚基金（Cohesion Fund）援助的较贫困国家需要大量的投资。发展中国家则需要更大量的基础设施投资。如果水价中包括资本利率或资本折旧，水价要么大大提高，要么需要大量的政府补贴。

（六）地理和气候因素

地质和气候条件可能影响水资源的可得性和供水成本。比如，深井汲水和浅井汲水使供水成本有显著的差异。在雨水正常或充沛的年份，大多数水机构的供水能力可充分满足现有需求，水价也能保持稳定。但在干旱年份，国外很多水机构征收的水费是不同的。例如，在美国 1987 ~ 1992 年的干旱时期，许多供水机构采用高额水价以鼓励节约用水；一些水机构甚至在干旱时期实施惩罚性水价以减少水的使用。这些政策虽然减少了水的使用，但却导致了不良的后果，即减少用水的同时也减少了水机构的水费收入。为了维持偿付能力，许多水机构不得不在干旱期间多次提高水价①。

五、城市水价政策的效果

（一）水管理的三种手段

自 20 世纪 60 年代起，工业化、城市化过程中产生的资源和环境问题引起世人越来越多的关注。世界各国（尤其是发展中国家）都迫切需要通过恰当的手段和措施，在保证经济增长的同时避免资源和环境的进一步耗竭和恶化。通常，各国的解决方案是集成使用命令—控制手段、宣传教育手段和市场手段（当然，各国对几种手段的运用有不同的侧重点）。

1. 命令—控制手段

命令—控制手段（CAC）又称管制手段，是法律手段和行政手段的结合使

① Pint E. M.（1999）. Household Responses to Increased Water Rates during the California Drought, in *Land Economics*, 1999, 75（2）: 246 – 266.

用。其特点是强制性，被管理者必须服从命令，否则就要受到行政处罚。主要包括计划、许可、禁止、制定标准、审查登记等形式。具体到水资源管理，就是利用法律赋予的行政权力，以行政命令或法规条例的形式对各种水资源活动进行直接干预，将行为主体、行为方式、产生后果等限制在一定的时间、空间范围内或一定的标准之内。具体有用水许可证管理、强制规定用水行为、污水排放标准、用水限制、罚款、推广节水技术等方式。

2. 宣传教育手段

面向公众的节水宣传教育是城市水管理的一项重要措施。宣传教育不仅能够使公众积极参加和实施节约和保护水资源的有关项目或有关行动，更重要的是能够改变人们的思考和行为方式。主要是对公众进行有关水管理的法律、政策和理论认识上的宣传，使其树立正确的节水和水资源的管理观念，在自己的用水决策中自觉重视用水效率和节水。同时，宣传教育能够强化命令—控制手段和市场手段的实施效果。

3. 市场手段

市场手段是指水资源管理组织利用价格、税收、产权等经济杠杆，对各种与水资源相关的活动产生间接的激励或限制，实现预定的资源环境经济目标。通常市场手段可以分为“调节市场”和“建立市场”两大类。调节市场是指由政府给外部不经济性确定一个合理的负价格，由外部不经济性的制造者承担全部外部费用，最先提出这一思想的是英国经济学家庇古，因此又称为“庇古手段”。建立市场则是指通过明晰水资源产权、发放可交易的许可证，建立一个能够进行水资源买卖的场所，利用市场机制来解决水资源问题，它以“科斯定理”为理论基础，因此又被称为“科斯手段”①。

（二）市场手段与命令—控制手段的效果比较

传统的命令—控制手段目前仍广泛应用于各国的水资源行政管理。不过，几

---

① 张宏军：《环境外部性的计量、矫正及其治理——兼论“庇古手段”与“科斯手段”的偏颇》，《改革与战略》，2007 年第 23 卷第 8 期。

十年前西方发达国家为了进行污染控制，对命令—控制手段进行了批判，转而向结合市场手段的综合方式转变。

对两种手段进行比较，可以发现，至少在污染控制领域，经济学家们已经在理论上①②和实证上③证明了市场手段比命令—控制手段更加成本有效。直到最近，经济学家才开始关注水资源管理、节约用水的市场手段与命令—控制手段的比较④。二者的比较可以分为以下五个方面：

（1）成本方面：命令—控制手段与市场手段发挥效力都需要支付两种成本，即手段确立成本和手段执行成本。从手段确立的成本来看，命令—控制手段要由政府预先确定水资源行政管理的最优水平，需要政府付出很高的信息收集和调查研究成本；市场手段的最优管理水平则在市场机制运行过程中自发达到。但对水资源而言，目前的市场机制并不完善，甚至不存在，需要政府付出修正或新建市场机制的成本。不过，单纯的水价机制可通过政府规制、公众参与来实现，而不一定必须先建立起完整的水市场，因此，价格机制的手段确立成本虽然高，但不会非常高。从手段运行的成本来看，命令—控制手段和市场手段都存在政府监督或监测成本。不同的是，命令—控制手段的运行是政府与大量分散的被管理者直接打交道的过程，需要的行政管理组织规模较大，因而行政运行成本高；而市场手段在运行过程中，对政府的依赖相对较低，成本较低。

（2）收益方面：污染控制的市场手段的收益取决于企业边际治污成本的不同，用市场手段节水的成本节约则基本依赖于家庭用水的边际收益的不同。最近的研究证明，当价格上涨（不运用非价格政策）时，能够显著地减少实现节水

① Pigou A. C. The Economics of Welfare, Macmillan Press, 1920.

② Baumol W. J. and W. E. Oates (1988). *The Theory of Environmental Policy*, 2nd ed., Cambridge University Press, New York, p. 299.

③ Teitenberg T. (2006). Emissions Trading: Principles and Practice, 2nd ed., Resour. For the Future, Washington, D. C., p. 231.

④ Olmstead S. M. and Stavins R. N. (2008). Comparing Price and Non－price Approaches to Urban Water Conservation, Working Papers.

所需要的经济成本[①]。在其他条件不变，特别是环境收益相同的条件下，选择什么样的环境经济政策手段主要取决于边际管理成本与边际交易费用的大小[②]。

（3）成本效益：目前已有充分的理论和实证证据证明，利用更高的价格来减少需求，让家庭、工业和其他消费者自己调整用水，比运用非价格手段更加成本有效。比如，Olmstead 和 Stavins[③] 分析了用水配额（命令—控制手段）与水价（市场手段）的成本有效性，发现市场手段能够实现成本节约，因为价格弹性小的家庭比价格弹性大的家庭愿意为另一单位的水支付更多的钱；在更高的价格下，家庭能够根据自己的偏好来决定减少哪一部分用水。水价手段允许不同家庭有不同的选择，使稀缺的水由认为其价值较低的家庭替代到认为其价值较高的家庭。Timmins[④] 比较了强制性的节水器具规制与价格机制，分析了加州 13 个以地下水为主要供水源的城市的用水资料。他发现，长期内价格在减少地下水位下降方面比技术标准更成本有效。另外一个研究分析了美国和加拿大 11 个城市地区的情况，比较了室外用水限制与干旱水价，发现干旱水价能取得与每周两天限制室外用水一样的节水效果，还能使每个家庭获得 81 美元的福利收益，相当于家庭一年平均水费的 1/3[⑤]。

（4）监测与执行优势：价格手段比非价格手段在监测与执行的管理成本方面的优势更多。价格机制是成本最小的控制方式，因为它只要求较少的信息，并且是自我执行。非价格的需求管理政策要求供水者监测和执行对某些用水户、在某些时间段的用水限制，或保障用户用于某种用途，在监测与执行过程中的难度很大，在一定程度上能够解释为什么达标或遵守率不高。而在价格手段下，只要

---

① Collinge R. A.（1994）. Transferable Water Rate Entitlements: The Overlooked Opportunity in Municipal Water Pricing, in *Public Finance Quarterly*, 22（1）: 46 – 64.

② 马中：《环境与自然资源经济学概论（第二版）》，高等教育出版社 2006 年版，第 229 – 231 页。

③ Olmstead S. M. and Stavins R. N.（2008）. Comparing Price and Non – price Approaches to Urban Water Conservation, Working Papers.

④ Timmins C.（2003）. Demand – side Technology Standards under Inefficient Pricing Regimes: Are They Effective Water Conservation Tools in the Long Run? in *Environment*, *Resource*, *Economy*, 26: 107 – 124.

⑤ Mansur E. T. and Olmstead S. M.（2007）. The Value of Scarce Water: Measuring the Inefficiency of Municipal Regulations, NBER Working Papers 13513.

用水是准确计量的，就不会存在问题。不过，在污水排放收费方面（尤其是根据污染物浓度收费），排放标准和收费制度二者都要求大体上相同数量的关于所用生产技术的信息；为防止厂商逃避监控，二者都需要排放量监测系统及监督人员，在很多情况下，执行收费政策的费用可能更加昂贵①。

（5）效果可预测性：命令—控制手段的执行目标由政府决定，有相应的法律、法规作为执行保障，具有强制性，因此其作用效果比较确定，但由于达标或执行率常常不高，因此其效果会有一定的折扣。市场手段通过价格、供求机制的作用可以自发找到成本效益最佳的管理目标，但由于实际经济生活中存在许多导致市场失灵的因素，从而给市场手段的执行效果带来了很大的不确定性。

上述比较说明，命令—控制手段和市场手段各有利弊。目前在大多数国家，这两种手段是同时被采纳，共同发挥作用的。但总体上，市场手段充分考虑成本效益，给予被管理者自主选择权，能够提高水资源管理和用水效率，仍然是具有优势的一个选择。前述的 Olmstead 和 Stavins 就分析了市场手段和规制手段对节水的作用，发现利用水价来进行需求管理，与利用价格来进行污染控制一样，比非价格手段更加成本有效，而且监测和执行也更有优点。

（三）水价手段的作用

许多资源和环境经济学家认为，合理的水价是促进水资源的高效配置和利用，使有限的水资源在整体上发挥最大的经济效益、社会效益和环境效益的手段之一。在各国实践中，水价政策的重要性也得到了越来越多的认同，受到了越来越多的重视。《欧盟水框架指令》就提出要在 2010 年前制定出合理的价格政策，从而在回收成本的同时激励用户提高水资源效率，为实现既定的环境目标做出贡献。具体来说，合理的水价能起到如下几个方面的作用：

1. 合理的水价能实现水资源在空间、时间和不同用途之间的优化配置

水资源优化配置是水资源可持续利用的基础，它的目的是实现水资源在时

---

① 朱迪·丽丝：《自然资源：分配、经济学与政策》，蔡运龙、杨友孝、秦建新等译，商务印书馆 2002 年版，第 379 – 385 页。

间、空间以及社会经济各部门之间的合理分配。1994 年国务院讨论通过的《中国 21 世纪议程》第 14 章指出："不合理的资源定价方法导致了资源市场价格的严重扭曲，表现为自然资源无价、资源产品低价以及资源需求的过度膨胀。我们的目标是在自然资源使用分配中引入市场机制，实现使用者付费的经济原则，以促进采取有益于环境的方式开发自然资源，利用市场手段和市场刺激，使其成为法律手段的重要补充。为此必须建立和完善资源有偿使用和转让制度，研究、鼓励和采用自然资源定价和资源开发技术。通过需求管理、供给管理及价格机制实现资源有效分配。"

由供求关系决定的水价，包含了水资源稀缺性、消费者的支付意愿和供水成本等重要信息，会有效引导消费者和生产者调整水生产和消费行为。同时，真实的水价信号将促使不同用户正确做出用水决策，能够使得水资源从低用水价值的用水部门或用途转移到高用水价值的部门或用途，有利于实现经济效率最大化的目标。

2. 合理的水价能提供充分的资金来源

合理的水价不仅使得供排水部门能够获得可持续的资金回报，使之有能力根据需要新建或维护供排水工程项目，保证设施良好运行，减少漏损，降低服务供给成本，同时还有能力采用先进的监督方法和管理技术，提高供排水部门的生产效率。在各国新建或更新供排水设施、新建水源越来越昂贵，资本投入增加的情况下，充分的资金来源更显重要。

3. 合理的水价是促进水的需求管理的重要手段

合理的水价能够促进水的需求管理，在节约用水的同时延迟或减少对新增供水的需求。现代水资源管理提倡的需求管理有别于传统的以增加供水为目标的供给管理，主张运用市场手段和技术措施，使有限的水资源取得最佳效益。需求管理的主要手段包括定额配给、建立可交易的水权和水市场、水价政策、补贴和税收等。

利用价格进行需求管理的原理如下：合理的水价能准确地反映水的商品属性、稀缺性和外部性，能为各类用户提供有利于提高用水效率、节约用水、减少用水引起的污染的相关信息。过低的水价是对用水浪费和用水低效的鼓励，导致水这种资源商品的过度消费。

通过水价来进行需求管理，一是通过价格结构的设计。美国的 Spalding 县，在没有采取其他节水措施的情况下，从累退费率转变为累进费率后，每个用户每年平均用水下降了 5%[①]。1999 年 Jordan 和 Albani 对美国的地方供水企业进行了调查，得出的结论是，在节水水价结构下，12 个供水地区的年平均用水降低了 8%，高峰用水期的用水降低了 7%[②]。二是通过价格的合理上涨。实证研究证明提高水价能够鼓励节约用水。体现这一现象的一个重要信息是水需求的价格弹性。一般情况下，价格上涨，消费者的需求下降，因此价格弹性值是负的。1997 年 Espey 等[③]对 1963 ~ 1993 年的水需求价格弹性研究得出的 124 个弹性数据进行了 meta 分析，得出平均价格弹性为 -0.51，短期的弹性中值为 -0.38，长期的弹性中值为 -0.64。类似地，Dalhuisen 等[④]于 2003 年对 1963 ~ 1998 年的 300 个弹性研究进行了 meta 分析，得出的平均弹性为 -0.41。最近，美国和加拿大的一个全面的研究发现，水需求的价格弹性约为 -0.33[⑤]，也就是说，水的边际价格增加 10%，能够使城市居民用水下降 3% ~4%。

需要注意的是，第一，价格弹性在价格曲线不同位置上是不同的，当价格接近有效水平时，水的需求对水价上涨更加敏感。第二，消费者在长期比在短期对水价更加敏感，因为在长期资本投入不是固定的。比如，家庭可能更新用水器具、改造庭院绿化使之更适合干旱气候；企业能够改进用水技术、增加循环，或向水资源丰富地区转移。第三，如果水费单上列出了价格信息，价格弹性能够增

---

① Jordan J. L. (1994). The Effectiveness of Pricing as a Stand - Alone Water Conservation Program, in *Journal AWWA*, 86: 6.

② Jordon J. L. and R. Albani. (1999). Using Conservation Rate Structures, in *Journal AWWA*, 91: 8.

③ Espey M., Espey J. and Shaw W. D. (1997). Price Elasticity of Residential Demand for Water: A Meta - analysis, in *Water Resource Research*, 33 (6), pp. 1369 - 1374.

④ Dalhuisen J. M., Florax R. J. G. M., de Groot H. L. F. and Nijkamp P. (2003). Price and Income Elasticities of Residential Water Demand: A Meta - analysis, in *Land Economics*, 79 (2): 292 - 308.

⑤ Olmstead S. M., Hanemann W. M. and Stavins R. N. (2007). Water Demand under Alternative Price Structures, in *Journal of Environment, Economy and Management*, 54 (2): 181 - 198.

加30%左右[①]。且在阶梯式累进水价结构下，价格弹性比在固定计量收费下要更高[②]。

4. 合理的水价有利于促进水资源的循环利用

合理的水价能够促进企业对水资源的循环利用。以工业用水为例，当水价被定在很低的水平时，企业不需要付出太大的成本就可以满足自己对水的消费需求，也就没有动力去主动地回收污水、进行处理后回用。但是，如果水价制定在一个合理的水平，而这种合理的水平通常比目前的水价要高，那么，水耗在企业的成本构成中的比例就会增加，企业也就会有动力通过水或中水的循环利用来节约用水成本。

由于工业用水的循环利用需要企业投入一定量的资金和劳动力，因此一些学者用替代弹性的概念来分析。Dupont 和 Renzetti[③]与 Dachraoui 和 Harchaoui[④] 的研究发现，资本/劳动力和水是可以互相替代的；后者对加拿大工业行业用水的情况进行研究发现，工业行业的资本—水替代弹性为0.24，而劳动力—水的替代弹性为0.21，表明用水的下降需要投入更多的资本和劳动力。替代弹性的数值随行业不同而有所不同；加拿大的七大用水行业（电力、农业、造纸、冶金、化学、采矿和炼油）1996 年的用水量约为总记录取水量的 96%，其用水的替代弹性各有不同，其中电力业的替代弹性最高，资本和劳动力分别为 0.26 和 0.27（以上均为绝对值）。

以笔者在唐山地区调研的案例为例。该地区某家大型合资造纸厂每生产 1 吨纸的用水总量为 50 吨，按目前水费为每吨 0.6 元计，则每吨纸的用水成本为 30 元，约为吨纸成本的 31%。在国家环境保护法律法规的要求下，该厂建立了自

---

① Gaudin S.（2006）. Effect of Price Information on Residential Water Demand, in *Applied Economics*, 38: 383 – 393.

② Olmstead S. M., Hanemann W. M. and Stavins R. N.（2007）. Water Demand under Alternative Price Structures, in *Journal of Environment*, *Economy and Management*, 54（2）: 181 – 198.

③ Dupont D. and Renzetti S.（1999）. The Role of Water in the Canadian Manufacturing Sector, Paper Presented at the IWREC Conference, Kona, Hawaii.

④ Dachraoui K. and Harchaoui T. M.（2004）. Water Use, Shadow Prices and the Canadian Business Sector Productivity Performance, Economic Analysis（EA）Research Paper Series.

己的污水处理设施，每吨污水的处理成本为 0.50 元左右，低于新水的水价。在部分生产过程中用处理后的污水替代新水，使吨纸取新水下降到了 10 ~ 15 吨，用水成本下降了 70% ~80%，而且减少了污染物的直接排放，可谓是一举两得。该厂计划继续扩建污水处理设施，并增加厌氧工艺，这时污水处理成本将增加到每吨 0.86 元左右，但是由于新水水价即将上涨的预期，污水的循环利用仍然是经济上合理、环境上合法的选择之一。

5. 合理的水价有利于减少水的污染，尤其是企业的水污染

污染是自然资源利用产生的一种负外部性。一些经济学家认为价格是处理自然资源利用产生的污染排放损害这一问题的有力手段，因此提倡采用价格机制[①]。支持的主要理由是：

（1）价格机制能够向污染者不断施加改善排放技术的压力；而排放标准或排放条件只要求厂商达标即可；其他强制规定（如工厂设备设计规定）则会在一定程度上限制生产工艺，不利于进一步的创新，短期内不利于污染物排放的减少。

（2）收费使企业能够根据自己的实际情况，自由地选择和组合成本最小的废弃物减排方法，如改变原材料、改变加工工序、污水循环利用等，从源头上减少污水排放。而其他废弃物控制措施一般注重末端处理。

（3）价格机制使厂商根据污水处理和降低排放的不同成本，自主决定成本最小的废弃物排放，从而实现在使用者之间分配排放许可量的高效率。而排放标准则不考虑减污成本的差距。

（4）价格机制能使污染控制的成本由废弃物生产者并相应地由产品消费者来承担，而不再将废弃物排放的代价转嫁给其他消费者。如果没有价格机制，且其他机制不能完全制止超出排放标准的废弃物排放，就只能由社会通过补贴的方式，由全体纳税人承担剩余污染的代价。

---

① Baumol William J. and Oates Wallace E. （1988）. The Theory of Environmental Policy：Externalities, Public Outlays and the Quality of Life, 2nd ed. , Cambridge University Press, p. 299.

6. 合理的水价有利于环境和生态可持续性

合理的水价除了上述的直接影响之外，还将对环境和生态可持续性产生间接的影响。资源性水产品和服务的合理定价，使得各个用水户在制定自身的用水消费决策的时候能够纳入真实的资源价格和成本，因此减少了对资源和水环境的过量需求，能够避免或减少人类建设新的供水设施的需求，减少污水排放。在合理的价格政策设定之下，能够使得需求总量处于环境和生态可持续性所要求的范围之内，从而保障生态和环境资源得以可持续地开发和利用。

7. 合理的水价有利于社会可持续性

合理的水价将增加全社会对节水技术和设备的需求，驱动技术创新，创造新的发展机遇和就业机会。

8. 水价政策的分配影响有利有弊，但是通过恰当的设计可减少不良影响

运用水价政策需要考虑水价手段的分配效应。水价政策在一定程度上能够改善低收入居民的福利，这主要是因为合理的水价使供排水服务资金更有保障，能普遍改善所有人（尤其是低收入群体或区域）的供给服务状况[①]。但是，水价政策对低收入群体可能产生不利的分配效应，尤其是在居民生活用水方面，因为居民生活用水有一部分是用于基本需要，用以保障居民日常饮用、个人卫生和居住环境卫生等；而低收入群体用于这一部分需求的支出占其收入的比例通常较高。这方面有一些实证研究，Agthe 和 Billings[②] 发现，美国亚利桑那州 Tucson 的低收入家庭对水价上涨的需求反应更大，原因是低收入家庭的水费支出所占比重更大，因此对节水的贡献大于高收入家庭。

对水价政策的不利影响有三个解决方法：第一是通过合理设定水价使高收入居民用户对低收入居民用户交叉补贴、工商业用水户对城市居民用户交叉补贴，以改善低收入群体的收入分配状况。第二是对低收入家庭或弱势群体给予直接的

---

① Strand J. （1998）. Water Pricing in Honduras: A political Economy Analysis, Paper Presented at the World Bank Workshop on Water Pricing Implementation, in Washington D. C., November 3 – 5.

② Agthe D. and Billings R. （1987）. Equity, Price Elasticity, and Household income under Increasing Block Rates for Water, in *American Journal of Economics and Sociology*, 46: 273 – 286.

水费补贴。第三是采取一些措施来让高收入家庭或工业做出更大的节水贡献，例如规定采取特定的节水技术等。

六、城市水定价政策目标

一般来说，任何一种水价政策（包括定价方式、价格水平和价格体系）虽然都是针对某种或某些特定的问题，但都有其多种政策目标和利益群体。水定价是否合理，一般要根据社会所判定的水价的多种政策目标的优先性或重要性的权重来判断。对整个社会而言，最佳的水价政策措施往往是各个重要目标之间的最佳权衡，是政府、消费者和企业三方利益的均衡①。

（一）不同属性定价目标的权衡

1. 经济目标

水价政策主要有三个经济目标。经济目标之一是在适当水价下，根据“使用者付费”和“污染者付费”的原则保障成本的合理回收，为供排水产品和服务的稳定性和长期可持续性提供保障。最高目标是要使用水户支付的水价能够保证合理的投资回报、维持供排水企业的正常运行，能够补偿水资源和水产品服务消费过程中产生的环境成本，能够筹集到水资源管理和可持续性利用的成本。

经济目标之二是在合理的水价下，使消费者以合理的代价取得水资源和水产品服务的使用权力，保障满足其经济活动和基本生活的要求。如果水资源和水产品服务是没有价格的，不仅会造成其的滥用和耗竭，还会妨碍资源性产品继续供给的能力，从而对经济活动产生危害。但是，如果水资源和水产品服务价格过高，可能又会影响消费者对水资源和水产品服务的有效获得。

经济目标之三是为经济发展提供保障。有些地方政府优先考虑经济发展，因此对工业用水制定极其优惠的水价政策。比如，笔者在唐山某地的调研就发现，

① 清华大学水业政策研究中心：《清华水业蓝皮书》，2004 年。

地方政府为当地的纳税大户钢铁企业采取水价封顶、不计量的方式，企业用水的边际成本为零，因此缺乏节水动力。国外也有这样的例子，如加拿大某地有经济发展水价的概念，以较低水价增加企业的价格竞争力，挽留住耗水量大的大型饮料企业。当地政府认为当地水资源充足，让一家大型企业因为高水价而迁到其他地方，将对当地的就业和经济造成更大的损失，是居民和政府双方都不能接受的。在美国，当地政府不愿意提高水价，认为提价后低收入人群可能承受更多压力，而且有经济发展的压力，更愿意以较低的水价吸引企业；而国家政府为了减少制造业向海外转移造成的就业损失，需要通过低水价政策降低国内的生产成本①。

2. 资源环境目标

第一是提高资源利用的经济效率。通过水价手段，向用户发出正确的价格信号，也就是资源和水产品服务从获得、供给、使用到排放的整个过程中产生的真正成本，从而使用户不至于过度消费或浪费，并达到激励水资源节约利用的目的。第二是优化资源配置。水价应本着“使用者付费”的原则，反映水资源的经济成本，使得这一稀缺资源能够在不同用户（如居民、企业）以及不同用途（如工业用水、生活用水、生态用水）之间进行有效率的配置。第三是减轻不利的环境影响。确定水价时应本着“污染者付费”的原则，包括（至少部分包括）水资源使用的环境成本，使水务服务的提供对环境造成的损害最小。

3. 社会目标

水价的社会目标主要分为三个方面：第一是可获得性，即为居民提供良好的水产品和服务。很多发展中国家还不能完全通过水价来实现这一目标；在较为贫穷或供水成本过分高昂的地区，尤其是在低收入的农村地区，通过水费收回给排

---

① UNC Environmental Finance Center（2008）. The State of Full Cost Pricing: Full Cost Pricing among Public Water & Sewer Utilities in the South East, the University of North Carolina, downloadable at http://efc.boisestate.edu/efc/LinkClick.aspx? fileticket = jR2vSnKiT4w%3D&tabid = 151, 2008 - 10 - 10.

水成本常常不太可能。在此情况下，通常需要大量的国家补贴[①]。有一些国家（如一些欧盟国家）同样也未能实现水产品服务的完全可得性，还有一部分人群不能享受自来水服务。因此，水价的这一社会目标就显得非常重要。

第二是可承受力。测量可承受力有两项指标。宏观可承受力指标指国家平均家庭水费支出占平均收入的比例；微观可承受力指标则测度各收入阶层、家庭类型、地区的可承受力[②]。英国将家庭对供水和污水服务支出占家庭可支配收入的3%作为标准，认为高于3%是不可承受的[③④]。而低收入群体对水价的可承受力要低于收入较高的群体。水价的制定要使得家庭在总体上、各个收入阶层、各个家庭类型的人都有能力承担生活必需用水的费用。

第三是降低资源性水产品和服务定价对社会收入分配的影响。由于低收入家庭的水费支出占其家庭收入的比重较高，因此，对水定价政策（尤其是水价上涨的政策）的反应要更大一些，意味着低收入家庭可能做出更大的节水贡献，在某种意义上补贴了高收入家庭的水资源消费，需要以其他手段（如对水消费较高的家庭征收较高的费率）予以补偿。

4. 政治目标

水资源和水产品服务与人们的日常生活和生产密切相关；水定价政策是政府执政能力的一个检验指标，因此，政府通常会考虑其政治目标，即能够得到居民对政府的支持。定价政策的政治目标通常与其社会目标密切相关。一个让人警醒的例子发生在美国，美国亚利桑那州的Tucson市在20世纪70年代经历了两年的干旱，当时该市在美国首次采取边际成本定价，大幅度提高了水价。第二年，市

---

① 世界银行：《中国的水价改革：经济效率、环境成本和社会承受力》，政策分析与建议项目“中国：解决水资源短缺——从分析到行动”报告，2007年。

② 耿六成：《工业水价承受能力分析方法探讨》，《南水北调与水利科技》，2003年第6期。

③ Martin F.（2006）. Fair and Affordable Water, Report for UNISON, Centre for Utility Consumer Law University of Leiceste, June 2006.

④ Hillyard P. and Scullion F.（2005）. Water Affordability under the Water Reform Proposals, School of Sociology and Social Policy, Queen's University, Belfast, Bulletin, No. 9.

政厅所有成员都为此而下台[①]。

Boland 和 Whittington[②] 认为，在考虑各种备选的政策手段时，一些相对次要的水定价的政策目标也应当加以考虑，如水价体系要简单透明并且便于实施。

水定价决策通常需要对上述各个目标（尤其是重要目标）进行权衡，但在实际操作中，各个目标之间可能是相互冲突的[③]。有效率的费率体系可能非常复杂并且难以操作，又很有可能被认为是不公平的。为了实现成本回收、保障收入的稳定而对水价的费率体系进行修改，有可能与效率目标相冲突。为了实现社会公平而设计的基本生活水价（如我国以往的福利供水水价）或者为低收入用水户提供的转移支付，可能与资源效率目标相冲突。因此在现实中决策水价政策时，要先对其目标进行优先性和重要性排序，在妥协和权衡之下，寻求各种目标之间最优的组合。

社会对水定价政策不同目标的优先性和重要性的判断，往往与社会经济的发展水平有一定关系。在一个生活水平普遍较高的社会，成本回收、经济效率和资源利用效率通常会成为比较重要的目标，而在发展中国家，水定价的社会目标可能更为重要，水定价可能首先要考虑居民对水产品服务的可承受力。

（二）不同群体水定价目标的均衡

政府、消费者和企业对于水价的定价目标，有着不同的期望。对于政府而言，水价改革目标是“建立充分体现我国水资源紧缺状况，以节水和合理配置水资源、提高用水效率、促进水资源可持续利用为核心的水价机制”（《国务院办公厅关于推进水价改革促进节约用水保护水资源的通知》）。对于消费者而言，水价就是最终为用水支付的关联于用水量的全部价格，消费者期望的是保证服

---

① Hall D. C., MacEwan D., Carcia M., and Norris C. (2006). Integrating Marginal Cost Water Pricing and Best Management Practices, Final Report Prepared for Metropolitan Water District of Southern California.

② Boland J., and D. Whittington. (2000). The Political Economy of Water Tariff Design in Developing Countries: Increasing Block Tariff versus Uniform Price with Rebate, in Dinar. A, editor, *The Political Economy of Water Pricing Reform*, New York: Oxford University Press.

③ Dinar A. and Subramanian A. (1997). Water Pricing Experiences: An International Perspective. World Bank Technical Paper, No. 386.

务、安全以及水质条件下的低水价。对理性的战略性投资水业的企业而言，水价的目标则是保障持续、稳定、长期、合理的投资收益①。水定价决策要实现政府、消费者和企业等多方利益的均衡。

社会最优水价的形成过程实际上就是上述三方利益目标向着不同属性的目标在博弈中寻求均衡的过程。比如上述的成本回收目标，究竟是完全的成本回收，由使用户或污染者付费，还是部分保留为政府财政，由全社会负责？是促进资源利用效率的资源性目标占较大权重，还是保证各个收入阶层的人都有充分能力承担生活必需用水费用的社会性目标占较大权重？由于这些目标可能相互冲突，因此这种博弈和权衡并不是一件易事；如果还要协调其他的环境和经济目标，就更为复杂。一般来说，社会最优水价的形成要取决于政府和社会对政治、社会、经济目标、经济政策和水资源条件、生态环境状况等综合因素的判断。

第四节　小结

在本章中，笔者简单描述了水的社会循环及城市供排水系统，探讨了水资源循环经济的概念。然后，笔者集中分析了城市用水和城市水价的概念，详细探讨了城市水价机制的有关内容，包括城市水价的属性、组成部分、计价结构和影响因素，以及水价政策的成本效率、作用和定价目标等，阐述了研究城市水定价机制的概念和背景知识。

通过本章对有关概念和背景的探讨，笔者提出了研究水定价机制时应该注意的几个问题，为本书研究的开展建立了基本框架。

第一，在水的社会循环过程中，水通过供水和排水两个系统之后，经历了资源、产品、商品、排放物和再生资源等几个环节的变化；而且整个社会正在从水的单向社会循环向循环利用的闭环系统发展，开始大力提倡水资源利用的循环经

① 傅涛、张丽珍、常杪：《城市水价的定价目标、构成和原则》，《清华水业蓝皮书（系列之六）》，2005 年。

济理念。在这种背景下，水定价机制必须是综合全面的，要覆盖水在不同环节的变化形式；不仅要针对城市供水管理，还要针对城市需水管理和污水管理。

第二，城市水价的基本属性决定了水价应该包括四个部分，即资源水价、环境水价、公共水利工程供水水价和城市供水水价。其中，资源水价体现的是机会成本，环境水价体现的是外部成本，二者都不是完全基于成本的水价组成，而工程水价从本质上是以成本核算为基础的。因此，水定价机制研究要区别对待不同的水价组成部分。

第三，城市水价政策是城市水管理的一个重要手段，合理的水价能实现水资源在空间、时间和不同用途之间的优化配置，提高资源利用效率，提供充分的资金来源，促进水资源的循环利用，减少水的污染，促进环境生态和社会可持续性。虽然水价政策的分配影响有利有弊，但是通过恰当的设计可减少不良影响。

第四，城市水定价政策有多种目标，涉及多种利益群体。在现实社会中，各个目标之间常常是相互冲突的，各利益集团对不同目标有不同的优先性和重要性的判断。水定价机制是否合理，对整个社会而言，是各个重要目标的优先性和重要性的最佳权衡，是政府、消费者和企业三方利益的均衡，这种均衡，通常与社会的经济发展水平和资源环境状况相关。

第二章　价格基础理论框架

水定价问题既基于完全竞争市场一般经济物品的基本价格理论，又涉及具有准公共物品属性的资源性产品服务的基本定价问题。同时，由于水资源和水产品服务所处的市场环境并不是一个完全竞争市场，因此，水定价问题又涉及市场失灵条件下以及外部性存在的情况下，自然垄断行业的价格规制问题。因此，本章将首先回顾竞争市场下一般物品的价格理论，然后阐述市场失灵下的外部性理论、公共物品理论和自然垄断理论，从而为研究水定价问题构造出一个全面的理论框架。

第一节　竞争市场下一般物品的价格理论

一、价格的本性

价格的本性反映价格的自然属性，表现在以下几个方面。

第一，价格是资源稀缺程度的反映。在一个经济社会里，物品永远是稀缺的，不会多到使每个人都能随心所欲地得到。价格所反映的物品稀缺是相对于人们的需要而言的，但它又绝对地存在于一切时代。

第二，价格是一种激励因素。价格是促使人们从事生产并发现新的生产可能性的最基本的激励因素，它本身总是在起着配给有限的供给量的作用；它上升，就抑制过多的消费和扩大生产；它下降，就刺激消费，减少生产和消除过多的存货。

第三，价格是经济活动参与者相互沟通的方式。经济活动当事人在市场上就是通过价格来沟通的。由于经济行为主体决策的分散性，亦即经济行为主体能够自主地独立地决策，所以，价格就成为协调每一个决策主体经济行为的自动信号系统①。

二、价格形成的市场条件

价格形成于市场中，是市场上供给与需求双方力量作用的结果。供给和需求的变化调节着价格的变化，价格的变化又会引起供求的变化，而且，供求的变化与价格的变化以相反的方向形成循环。离开市场，价格就会扭曲，就不可能形成本来意义上的价格②。

原则上，自由市场行为能够导致有效率的资源配置结果。在一个运转良好的自由市场，通过价格这一信号，市场将分散于社会各个角落的需求以及相应的限制联系起来，从而以最有效率的方式达成和谐的经济决策。通过价格，资源就可以合理有效率地配置到那些认为它们最有价值的人们手中。在此过程中，如果消费者与生产者都是理性的，也就是说他们都追求个人净收益的最大化，那么当每个人都有机会同其他任何人交易任何商品时，个人就会在不知不觉中受到亚当·斯密所言的“看不见的手”的作用，基于互利交易的个人最优决策也同时实现了社会最优，市场体系就将导致资源的最优社会分配，即帕累托最优。

经济学家提出了有效配置资源所必需的自由（或完全竞争性）市场的条件：一是产权明确；二是存在进行商品和服务交换的市场；三是没有外部性存在；四是所有商品和服务都是私人物品，没有公共物品；五是交易者有完全信息；六是所有厂商都追求利益最大化，所有个人都追求效用最大化；七是长期平均成本非

---

① 刘学敏：《中国价格管理研究——微观规制和宏观调控》，经济管理出版社 2001 年版，第 2－3 页。

② 刘学敏，前引文，第 3 页。

递减；八是交易成本为零；九是所有相关函数满足凸性条件①。

三、基本价格理论

（一）亚当·斯密的表述

经济学的始祖亚当·斯密把市场价格机制称为一只“看不见的手”。在他看来，利己心和竞争使产品的价格和成本不致太离谱，产品的高价、低价，产品的暂时过剩都是一种“自疗性疾病”；市场价格信号会诱使生产者生产社会所需要的东西，社会生产和社会需要之间可以自动达到平衡。

（二）马克思的表述

马克思在自己劳动价值论的基础上创立了生产价格理论，对于市场供求关系和价格变化进行了深刻的论述。他提出了商品价值转化为生产价格的“价值转型”理论，提出在简单商品经济条件下，价格直接围绕价值上下波动；到了资本主义社会，随着生产的社会化，价格不再直接围绕价值波动，而是围绕生产价格上下波动，但是也受到供求关系的影响，供求相等时的市场价格就是生产价格②。

（三）新古典经济学的表述

马歇尔糅合了传统经济的生产费用论和边际学派的效用决定论，提出局部均衡价格论。他认为需求和供给二者都是价值决定的因素；商品的价格决定于供给价格（即生产者所要求出售的价格）和需求价格（即购买者愿意出的购买价格）的相交点。需求的数量随价格的下跌而增加，随价格的上涨而减少；而供给的数量随价格的上涨而增加，随价格的下跌而减少；在供给和需求达到均衡状态时，产量和价格也同时达到均衡；如果市场价格和均衡价格相背离，会通过需求和供

---

① ［英］罗杰·珀曼、马越、詹姆斯·麦吉利夫雷、迈克尔·科蒙：《自然资源与环境经济学》（第2版），侯元兆译，中国经济出版社2002年版，第145页。

② 冯继康、乔万敏：《马克思的平均利润与生产价格理论及其当代价值》，《中国煤炭经济学院学报》，2003年第17卷第1期，第15－19页。

给的调整，自行恢复到均衡点①。

当然，影响需求与供给变动的因素不仅仅是价格。影响需求变化的其他因素还有消费者收入、替代品价格、互补品价格、对未来价格的预期等；影响供给变化的其他因素还有生产技术水平、生产要素价格、相关商品价格等。这些因素变化了，会导致需求曲线和供给曲线发生位移，从而也会使均衡价格发生变化。

马歇尔还分析了均衡价格的三种形式：暂时的均衡价格、短期的均衡价格和长期的均衡价格；研究了生产成本的三种情况：成本递增、成本递减、成本不变；提出了“弹性”理论、生产者剩余和消费者剩余概念。

局部均衡分析主要针对单个市场上某一种商品的供给、需求、价格和均衡，有一定的局限性。一般均衡则分析各个市场上不同商品的价格和供求关系存在相互影响的情况下，所有市场上各种商品的价格与供求之间的关系或均衡状态。法国经济学家瓦尔拉斯是一般均衡的代表人物，他认为存在一组均衡价格，在该价格体系下，所有的市场都处于均衡状态，即所有商品的需求等于供给②。瓦尔拉斯一般均衡模型假设市场由消费者和生产者两类行为主体构成，分为生产要素和商品两个市场；用五个方程组来进行表述，即生产要素的需求方程、商品的需求方程、成本方程或商品供给方程、生产要素的供给方程和均衡条件方程。为了能够求解商品价格恒等式，瓦尔拉斯引入法定价值作为商品价格的计算单位。令某一商品的价格如商品 1 的价格等于 1，其他商品价格表现为和商品 1 的价格相比的相对价格。这样价格变量就变为相对价格。运用独立的方程式，可以求解相对价格、均衡价格。

第二节　市场失灵条件下的产权理论

不过，现实世界中的市场是复杂的。对于环境自然资源和属于公用事业范围

① Marshall A. (1890). Summary of the General Theory of Equilibrium of Demand and Supply, in *Principles of Economics*, Book Five, Chapter 15, Downloadable at http://www.marxists.org/reference/subject/economics/marshall/bk5ch15.htm.

② ［法］莱昂·瓦尔拉斯：《纯粹经济学要义》，蔡受百译，商务印书馆 1989 年版，第 68－95 页。

的水产品和服务，市场进行有效率的资源配置所必需的制度安排并没有得到满足；在这种情况下，价格不能向市场发出关于该资产价值的有效信号。当市场中的个体是基于这种价格，甚至是在缺乏可以参考的价格的条件下进行经济决策时，就无法实现对资源的有效配置，即市场失灵，自然资源配置就是低效率的①。

市场失灵条件下的价格理论包括产权理论、外部性理论、公共物品理论等几个方面。

一、基本产权理论

产权是价格体系有效运转所依赖的制度条件。Hartwick 和 Olewiler② 将产权总结为一系列可以把某种权利让渡给财产所有者的特征。这些特征包括回报的专有性、可分割与让渡性，权利的排他程度和权利的存续时间及可操作性。产权经济学家认为，产权制度影响资源配置及其利用效率，因为产权制度重新确定了产权所有者对资源的行为权利关系，从而决定了资源在各行为主体之间的分布状态。

对于某人或者公司来说，当某项权利具有排他的特性时，该项权利就是私人财产权。在这种情况下，就存在相应的市场，当其他资源有效配置所必需的条件成立时，不需要政府的干预就能实现资源的有效配置。但是对于某些自然环境资源，人们没有能力或不愿意明确界定其产权，这时就不存在排他性产权，而是公共产权或开放产权，在缺乏制度规范的情况下，经常发生对这类资源的掠夺性利用，造成很多不良后果③。比如居于河流下游的人往往没有法律依据向上游追究其排放污水、滥用农药和杀虫剂所带来的损失，上游也由此对于自己的排污行为

① Bator F. M. (1958). The Anatomy of Market Failure, in *Quarterly Journal of Economics*, Vol 72.

② Hartwick J. M. and N. D. Olewiler (1986). *The Economics of Natural Resource Use*, Harper & Row, Cambridge.

③ [英] 罗杰·珀曼、马越、詹姆斯·麦吉利夫雷、迈克尔·科蒙：《自然资源与环境经济学（第2版）》，侯元兆译，中国经济出版社 2002 年版，第 159 页。

视而不见。

市场在产权方面的不完全性，在客观上为政府提供了介入环境自然资源管理的“理论依据”。现代产权经济学认为，为了保证资源有效配置、实现社会最优，政府对自然环境资源要明确产权，界定资源的所有权和使用权，规定所有人在资源使用中获益和受损的边界和补偿原则，并要规定产权交易的原则以及保护产权所有者利益①。

二、产权理论对基本价格理论的完善

产权理论是对传统价格理论的完善②。在瓦尔拉斯完全竞争模型中，权利被假定完全界定，而且交易费用为零；在这种条件下，传统经济学理论认为市场价格会自动体现资源的稀缺程度，资源的市场价格理所当然地等于其相对价格。而产权经济学认为，同样的资源，权利边界界定程度不同，就会导致其不同的市场价格，资源的市场价格就是资源的产权价格。这是因为，市场交换的实质不是物品和服务的交换，而是一组权利的交换；所交易的物品的价值，也就取决于交易中所转手的产权多寡或产权的强度。产权界定清晰是资源的市场价格等于其相对价格的必要前提。比如，环境资源尽管越来越稀缺，但如果产权界定不清，那么，环境资源的市场价格就会体现为零，与其相对价格严重偏离。

科斯第一次正式讨论了价格体系有效运转所依赖的制度条件③。他指出，产权制度安排是价格机制发挥正常作用的前提；产权制度的确立明确了人们可交易物品权利的边界、类型及归属，这样，任何希望使用这一资源的人都可以通过向资源所有者支付费用获得其资源的使用权。在有效的产权制度下，反映了资源的稀缺程度的价格是资源配置的信号，人们利用资源的决策通过价格信号，才实现了资源的优化配置。

---

① 周成彦：《产权制度对资源配置效率的影响》，《上海商业》，2005 年第 1 期。

② 蓝虹：《环境产权经济学》，中国人民大学出版社 2005 年版，第 64 页。

③ Coase R. H.（1960）. The Problem of Social Cost, in *Journal of Law and Economics*, 3：1 –44.

产权经济学家主张通过产权交易使资源的权利边界逐渐明晰。每一次产权交易都是获取新的信息的机会，而随着新的信息的获取，资源的各种潜在有用性被拥有不同用途需求的人们发现，并且通过交换他们关于这些有用性的权利而实现其有用性的最大价值。每一次产权交易都使产权的权利边界更为清晰，从而使资源的市场价格与其相对价格更为接近。因此，明晰的产权是市场交易的结果，资源的合理价格也是市场交易的结果①。

三、水资源产权分析

一般情况下，水资源是不能通过市场交易的一种自然环境资源；但是一经开采处理，水资源成为商品水，便可作为商品水进行交易。因此，本节将重点探讨水资源的产权制度安排。

水权在各国有不同的定义，但概括起来均包括所有权、经营权和使用权、收益权以及其他一些衍生权利。水的所有权历史上经历过许多变化，比如在澳大利亚经历了殖民开始阶段的自由开发、河岸土地者所有权、州所有权（国家所有权）等一系列的变化。当今世界上，绝大多数国家的水资源所有权均属国家。我国《水法》也规定水资源归国家或集体所有，水资源的所有权由国务院代表国家行使。

不过，与其他自然资源（如土地）相比，由于水资源的流动性、易耗性、不易储存性，水资源的所有权在产权中所占的成分较弱；人们更加注重的是经营权和使用权②。其中，水资源的使用权较为复杂。如在美国西部，使用权与公众或州所有权相分离，分为水源地优先权、岸边优先权、开发优先权和效益优先权等几种类型，一般根据生活、生产、生态用水类型来明确。在中国，国家或集体拥有所有权，并将水资源的经营权委托给地方或部门，归个人或某一组织所有，由

---

① 马中、蓝虹：《产权、价格、外部性与环境资源市场配置》，《价格理论与实践》，2003 年第 5 期，第 24 – 26 页。

② 李雪松：《中国水资源制度研究》，武汉大学出版社 2006 年版，第 226 – 234 页。

其通过一定的方式转移给最终使用者，水资源的所有权、经营权和使用权相分离。

水资源的产权交易即水权交易。从生产和发展的角度来看，水权交易是地区间、部门间相互调剂水资源余缺的机制。比如，美国的水资源“消费州”可以将未用完的水配额存入“蓄水州”的蓄水设施（地表水库或地下蓄水层），当“消费州”要取用其存水时，“蓄水州”将减少其河水用量，于是腾出了未用配额供“消费州”取水[①]。从资源配置利用的角度来看，水权交易使水资源流向价值更高的用途，有利于水资源的节约和保护；水权转让和交易对双方产生的效用和费用可激励各方研制开发节水技术、淘汰落后的工艺设备和不合理的用水方式。同时，从价格机制的角度来看，水权交易使人们对水资源的价值（或机会成本）有了更深入的认识。

在中国，水资源归国家或集体所有，一直以来是通过流域水资源分配计划来进行传统的水资源分配的，缺乏市场机制下真正意义上的水权交易制度。今后中国应将传统的水资源分配权益转变为可以交易的水权，明确规定国家、社区、企业和个人在取水、用水、水权保护和转让方面的条件、程序、权利和义务[②]，为地区间、部门间相互调剂水资源余缺创造条件。

几年前中国也开始了水权交易的探索性实践。2005 年 1 月，中国内地第一宗水权交易成功开始交货：浙江义乌以 4 元/吨的价格，购买东阳横锦水库每年 5000 万吨水的使用权。转让用水权后水库原所有权不变，水库运行、工程维护仍由东阳市负责，义乌市按当年实际供水量以 0. 1 元/吨的标准支付综合管理费。水权转让带来的好处是显而易见的。东阳市获得 2 亿元资金用于水利建设改造，并获得每年约 500 万元的供水收入。而义乌市节省了新建水库的费用。义乌、东阳两地水权交易的成功，显示了市场配置水资源的有效性，同时，也让人们更加清楚水资源的市场价值[③]。

---

① 赵乐诗、马祖融：《美国的水权、水分配机制》，《中国水利》，2001 年第 6 期。

② 世界银行：《解决中国的水稀缺：关于水资源管理若干问题的建议》，世界银行报告，2009 年 1 月 12 日。

③ 孙大胜：《关注中国水权交易：国内急缺水资源调配规程》，《瞭望东方周刊》，2005 年 1 月 11 日。

第三节　市场失灵条件下的外部性理论

水资源和水公用事业服务具有显著的负外部性和正外部性，二者都涉及市场资源配置的无效率问题。考察外部性理论对于本书不仅是重要的，也是必不可少的。

一、外部性的概念和分类

外部性概念由剑桥学派的两位奠基人亨利·西季威克与阿尔弗雷德·马歇尔于1887年率先提出；马歇尔在1890年发表的巨著《经济学原理》中，为分析个别厂商和行业经济运行，首创了外部经济和内部经济这一对概念。到了20世纪20年代，庇古在其名著《福利经济学》中进一步研究和完善了外部性问题。庇古认为，外部性指在经济主体之间缺乏任何经济交易的情况下，一个经济主体的行为直接影响另一个经济主体的环境，对他人造成损害或带来利益，却不必为此支付成本或得不到应有的补偿。

根据不同标准对外部性有多种划分，通常依据外部性的产生过程分为生产型和消费型外部性；根据外部性结果的性质划分为正外部性和负外部性。正外部性指一个行为主体的行动对他人产生了有利的影响，而自己却不能从中得到补偿。反之，负外部性指一个行为主体的行动使他人受到了损害，而他人又不能得到补偿。

边际理论很好地说明了外部性与市场配置资源功能之间的关系。一般认为，外部性是指生产或消费某些商品时，给没有生产或没有消费这些商品的其他厂商和个人带来损害或利益，使得私人边际收益（*MC*）与社会边际收益（*MSB*）不一致和/或私人边际成本（*MC*）与社会边际成本（*MSC*）不一致，引起对帕累托效率的偏离，导致市场有效配置资源的功能失灵、资源的不合理利用（见图2－1和图2－2）。

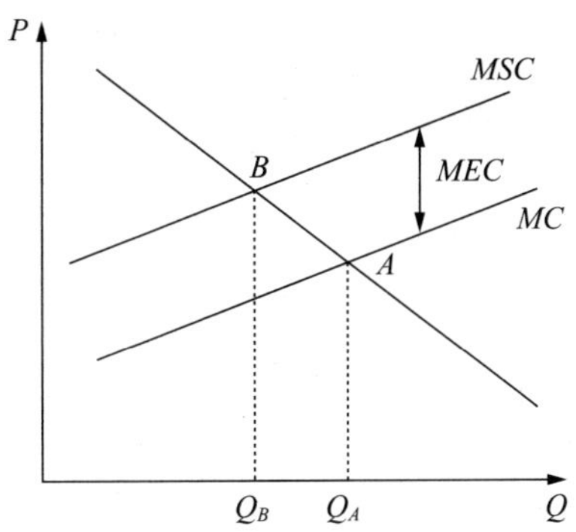

图 2－1　负外部性与资源无效率配置

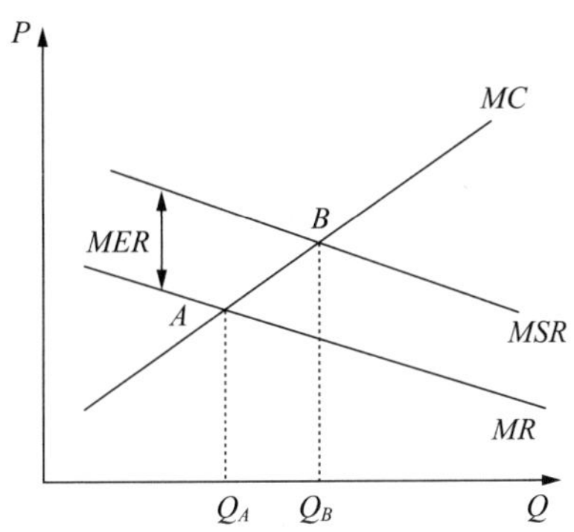

图 2－2　正外部性与资源无效率配置

资料来源：［澳］罗宾·巴德、迈克尔·帕金：《经济学精要》（第 2 版），王秋石、张弘译，机械工业出版社 2003 年版，第 177－197 页。

分析水资源和水产品的生产和消费过程中产生的外部性问题，可以发现负外部性主要包括区域水资源过度消耗对水资源所有者共同体权益的损害（包括上游地区过度引水对下游利益的损害、过度开采地下水资源造成地下水位下降、海水倒灌、地面下陷等）和不达标排放的污水对水环境和人类健康造成的不良影响等。正外部性的例子有环境用水对附近和当地居民产生的健康、休闲等积极的外部收益等。

二、外部性问题的解决途径

经济学家们对于外部性问题的解决提出了四个基本方案。第一是命令—控制手段。为减少负的外部性，政府可以采用命令—控制手段，直接对某些容易产生负外部性的行为进行规定、限制或禁止。比如，政府可以采取命令—控制手段，对高耗水、高污水排放或水污染严重的企业在选址布局、生产产量、排污标准等方面严格限制，一旦违反就令其缴纳污染超标罚金、停产或停产整顿等。

第二是庇古手段。1920 年英国经济学家庇古首先提出对污染征税或费（即庇古税）的想法，建议应当根据污染所造成的损害对污染者征税，让污染者承担污染的外部成本，以此弥补私人成本与社会成本的差距，从而使私人成本与社会成本相等。庇古手段是一种“修正市场”的市场手段，需要由政府给外部不经济性确定一个合理的负价格，并规定由外部不经济性的制造者承担全部外部费用。当然，庇古手段还主张对提供正的外部性的生产进行补贴，让外部性生产厂商获得应有的补偿。

各国的水定价理论中对“庇古手段”是大力提倡的。第一章所提到的水资源和水产品服务的“环境水价”（在中国就是污水费或排污费）其实就是“庇古税”在水价中的具体表现。包含了资源水价与环境水价部分的水价，在国际上被称为“全成本”，相应的定价方法被称为“全成本定价”，目前国内外已经开始了各种理论和实践的探索。

第三是科斯手段。即通过明晰水资源产权、发放可交易的许可证，建立一个能够进行水资源买卖的场所，也就是通过建立市场、利用市场机制的途径来解决水资源的外部性问题。科斯定理为外部性问题的解决提供了新的思路，认为外部性问题并不总是需要政府的干预，有多种形式的私人途径也可以发挥作用。当市场交易费用为零时，无论权利如何界定，都可以通过水权的市场交易和自愿协商达到资源的最优配置；如果交易费用不为零，制度安排与选择则是重要的。

将科斯手段运用于水资源管理的领域，就要求由政府来建立一个水产权交易市场。这与上文中的产权理论的理念一致。由于水资源的市场通常是不完备的，在我国被认为是一种准市场[①]，因此需要在政府的干预下建立和健全水市场，使水权可以转让、交易，但费用需要在核算后经过协商，最后由政府来定价。

第四是排污权交易制度。最早是由美国经济学家戴尔斯于20世纪70年代提出的，在水污染控制方面，其思路是限定每一位排污者的排污数量，方法是由政府颁发给每一个企业一个排污许可证，这些许可证是可以买卖的。降低污染的边际成本比较低的企业可以卖掉许可证，而降低污染的边际成本比较高的企业可以买入许可证，这样监管者就无须知道每一个排污者的边际排污成本。这个方法提供了比排污费更强的激励，使企业有动力采取更先进的技术降低污染，因为可交易许可证的价格会随着对污染的需求增加而上升[②]。

以上四种类型的解决方案目标一致，都是为了解决外部性问题，但是其性质不同。命令—控制手段本质上是政府干预调节的手段，而庇古手段和科斯手段都是基于市场机制解决外部性中市场失灵的手段，两种手段的利弊在第一章中已经有所论述。就水定价机制而言，庇古手段是与之最为相关的，在理论和实践中也运用颇多。

三、外部性理论对水定价机制的启示

外部性理论为水定价机制下环境水价的收取提供了理论基础。从外部性理论来看，只有坚持贯彻“污染者付费”和“使用者付费”原则，才能公平而有效率地保证水资源和水产品服务的成本回收和投入来源。环境水价正好体现了这两

① 胡鞍钢、王亚华：《转型期水资源配置的公共政策——准市场和政治民主协商》，清华大学公共管理学院课题研究报告，2001年。

② ［澳］罗宾·巴德、迈克尔·帕金：《经济学精要》（第2版），王秋石、张弘译，机械工业出版社2003年版，第177－197页。

个原则，其征收主要用于修正供水、用水和排水引起的负外部性，是用水者对一定区域内水环境损失的价格补偿，是“外部性的内部化”。

不过，要正确地内部化“外部性”，要求政府有关部门测量消除污染的负外部性的成本，以确定环境水价计收的总量。环境水价的征收尺度决定于城市排污总量与环境自净能力的差值，也决定于地方政府财政与用水者环境支付之间的责任分摊比率。越是城市化程度高、人口密集的地区，环境自净能力越差，需要支付的环境水价就会越高；地方政府财政选择性承担的环境责任越小，公众支付的环境水价就会越高[①]。

第四节 市场失灵条件下的公共物品理论

清晰地认识水资源和水产品服务的物品属性，将为制定相关的定价政策提供依据。这涉及经济学的公共物品理论。

一、经济学的物品属性特征

在现代主流经济学和资源环境经济学的理论研究中，对资源和服务的属性探讨一般采用公共物品、准公共物品和私人物品的分类框架。在 1954 年和 1955 年，萨缪尔森在其著名论文《公共支出纯论》[②] 与《公共支出论图解》[③] 中，提出用消费和受益的两个本质特征来区分物品的属性：一是消费受益的非排他性（Non - excludability），指在技术上不易于排斥众多的受益者，即使在技术上行得通，但代价也十分昂贵；二是消费的非竞争性（Non - rivalness），即公共物品在

---

① 傅涛、张丽珍、常杪：《城市水价的定价目标、构成和原则》，《清华水业蓝皮书（系列之六）》，2005 年。

② Samuelson Paul A.（1954）. The Pure Theory of Public Expenditure, in *The Review of Economics and Statistics*, 36（4）：387 - 389.

③ Samuelson Paul A.（1955）. Diagrammatic Exposition of a Theory of Public Expenditure, in *The Review of Economics and Statistics*, 37（4）：350 - 356.

增加一个消费者时，其边际成本等于零。在消费上同时具有排他性和竞争性的是私人物品；在消费上同时具有非排他性和非竞争性的是公共物品。

不过，布坎南在《俱乐部的经济理论》一文中认为，萨缪尔森定义的是纯粹的公共物品和纯粹的私人物品，分类过于简单，存在两极化的不足，在现实世界中存在大量的介于公共物品和私人物品之间的商品。为弥补萨缪尔森关于物品分类的不足，他提出了介于两者之间的俱乐部物品的概念[①]。准公共物品的特点是不能够同时满足非排他性和非竞争性的要求，或者说准公共物品是同时具有公共物品和私人物品特性的物品。有两种分类：一是消费上具有非竞争性，但是却可以较轻易地做到排他的俱乐部物品。二是具有非排他性和竞争性的物品，即公共资源或公共池塘资源物品。准公共物品一般具有“拥挤性”的特点，即当消费者的数目增加到某一个值后，就会出现边际成本为正的情况，而不是像纯公共物品，增加一个人的消费，边际成本为零。准公共物品到达“拥挤点”后，每增加一个人，将减少原有消费者的效用。

二、水资源和水产品服务的物品属性特征

为了判断水资源消费和水产品服务的物品属性特征，需要分析水资源消费和水产品服务的非竞争性和受益的非排他性及程度。

（一）地下水和地表水资源

作为原水供应来源的地下水和地表水资源，在资源充裕的情况下，一个消费者的使用一般并不会影响其他人的使用，因此是非竞争性的；任何一个消费者在享用原水资源时，并不能排斥他人的享用；但是原水资源总量是有限的，增加一个消费者的使用，实际上就减少了其他消费者对该部分量的使用，所以具有一定的竞争性。因此原水应该是俱乐部产品。

---

① Buchanan James M.（1965）. An Economic Theory of Clubs, in *Economica*, New Series, 32（125）: 1 – 14.

但是，地下水和地表水资源除了是原水的来源以外，还提供其他服务和产品，如水景观用途、休闲用途、旅游用途、健康用途、卫生用途、生物多样性用途。这些产品和服务一般情况下既是非排他的，也是非竞争性的，属于纯粹的公共资源产品。

（二）自来水

收费制度和网络式供水基础设施使得自来水具备了私人物品的属性。一方面，自来水的供应能够排斥众多的其他受益者，因此自来水不具备非排他性。另一方面，一个消费者对自来水的使用有可能影响其他人的使用；即便自来水供水存在较强的规模效益特征，增加一个消费者的边际成本也不等于零；特别是当消费水量或处理量突破一定量，甚至超出处理能力时，取水和污水处理边际成本有可能是递增的，因此自来水也不具备非竞争性，是典型的私人物品。但是，由于自来水是居民生活中不可缺少的基本必需品，其供给常常能够满足居民基本生活需求的社会目标，因此在所有社会中都有一定的特殊性。

（三）自备井和地表水源的独立取水

在城市和农村用水中，有相当一部分源于自备井。虽然水务行政管理部门对自备井取水行为进行了详细的规定，取水者必须经过审批、取得取水许可、按时缴纳水费，但是，对这类取水行为的监管面广，需要很高的管理成本，因此在现实中通常管理不力；这使得许多使用者共同使用同一含水层，从而使地下水成为公共资源，边际稀缺租金易被忽略①，激励了他们的浪费行为，因为他们增加消费时，其边际成本等于零。比如一些地方企业由于是当地的利税大户，因此和政府达成了取水协议，企业每年向政府缴纳一定的取水费后，就不限制企业的地下水开采量。这就意味着企业取得了独占的公共资源使用权，企业达到特定取水量后，其边际取水成本变为零。这种方式彻底破坏了水资源的合理定价机制。

---

① ［美］汤姆·泰坦伯格：《环境与自然资源经济学》（第5版），严旭阳等译，经济科学出版社2003年，第48页。

（四）污水处理服务

由于城市用水的特殊性，因此，用户在购买和消费水的同时，其实也购买了排放污水的权利和污水处理的服务。关于其非竞争性，污水处理服务增加一个消费者的使用并不会明显影响其他人的使用，不具有明显的排他性；但增加一个消费者的边际成本并不等于零，即便处理设施存在较强的规模效益特征，增加一定量污染处理也会带来一定量的边际成本或可变成本；特别是当污水处理突破一定量的时候，需要新建更多的污水处理设施，具有一定的竞争性。一般认为污水处理服务是一种准公共物品。

从上述分析中，我们可以看出，水资源和水产品服务的经济属性是非常复杂的，具有多方面的内涵。总体上，我们可以认为水资源和水产品服务属于准公共产品；其中，自来水更多偏向于私人物品，但是原水、污水服务更多地偏向于公共产品。理解水资源和水产品服务的物品属性对于我们开展水定价的理论分析和实践的指导意义是非常重要的。

三、准公共物品有效供给的均衡分析

上述分析提出水资源和水产品服务属于准公共物品。分析准公共物品的定价，需要对其有效供给进行均衡分析，从而得出政府和用户在支付供给费用时各自应做出的贡献。这需要从分析私人物品和公共物品的有效供给平衡开始，再推导至准公共物品供给的均衡分析。

（一）私人物品和公共物品供给的局部均衡分析[①]

参见图2－3，假定社会只有A、B两个人，D_A 与 D_B 分别表示个人A和B对

---

① 相关分析可以参考：黄恒学：《公共经济学》，北京大学出版社2005年版，第64－73页；姜杰、马全江：《公共经济学》，山东人民出版社2003年版，第133－135页；洪银兴、刘建平：《公共经济学导论》，经济科学出版社2003年版，第118－119页；伍世安、王万山：《混合物品的价格形成与优化分析》，《当代财经》，2004年第1期；朱彩飞：《环境基础设施融资方式研究》，中国社会科学院研究生院博士学位论文，2008年，第31－36页。

某种私人物品的需求。同时假定，A、B 需求曲线的差异主要是由两人收入水平的差异造成的。由于是私人物品，因此将各个价格水平下 A、B 两人各自对某一物品的市场需求量水平相加，就得到该物品在不同价格水平下的市场总需求量。也即：$DD = D_A + D_B$。DD 曲线在 G 点发生转折，原因是当价格高于 P_1 时，超出 A 的支付能力，A 的需求将降为零，此时，$DD = D_B$。另外，给定该物品的供给曲线为 SS。

在私人物品条件下，市场供求均衡点为 DD 曲线与 SS 曲线的交点 E。此时，均衡价格为 P_0，均衡产量为 Q_0，则 $Q_0 = Q_A + Q_B$，其中 Q_A 为 A 的消费量，Q_B 为 B 的消费量。在价格 P_0 下，由于两人支付的市场价格相等，且均出于各自的支付意愿，因此，两个消费者的最终消费量虽有所差别，但他们的边际效用相同，且都等于社会边际成本。在私人物品条件下，E 点实现了帕累托最优。因此私人物品仅需要个人为之直接付费，就可达到有效供给。

参见图 2－4，在公共物品条件下，D_A 与 D_B 仍然表示个人 A 和 B 对某种公共物品的需求。但是由于公共物品的性质，A、B 面对的是相同数量的公共物品，这里的总需求曲线，不再由 D_A、D_B 水平相加，而是垂直相加，也即对一定数量的公共物品的支付意愿等于 A、B 的支付意愿相加。此时，也存在一个折线点 G，但位置与私人物品条件下大为不同，原因是当公共物品数量大于 Q_1 时，A 的支付意愿为零，仅有 B 存在支付意愿，此时，$DD = D_B$。

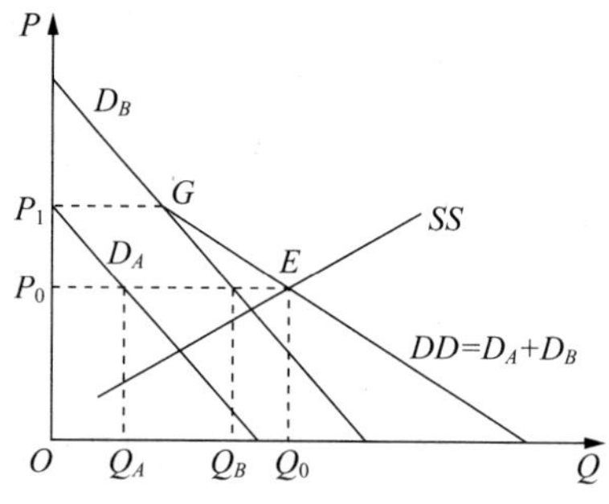

图 2－3　私人物品的局部均衡分析

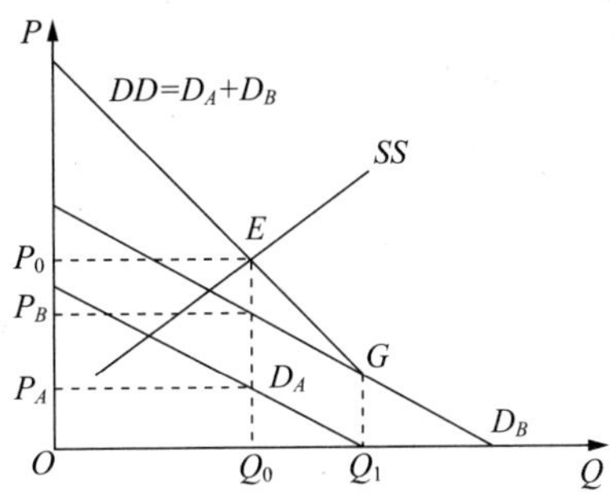

图 2-4　公共物品的局部均衡分析

同样，DD 曲线与 SS 曲线的交点 E 决定公共物品的均衡数量（Q_0），均衡价格 $P_0 = P_A + P_B$，私人边际收益之和等于 A、B 支付意愿之和，等于社会边际成本。因此，在公共物品条件下，E 点也实现了帕累托最优。需要指出的是，公共物品的价格事实上是一种纳税。对于相同数量的公共物品的支付意愿不同，实际上代表了不同社会成员公共产品的效用评价与纳税意愿不同。

林达尔从另一个角度分析了公共物品的有效供给，即林达尔均衡。他认为如果每一个社会成员都按照其所获得的公共物品的边际效益大小，来捐献自己应当分担的公共物品或服务的费用，则公共物品的供给就可以达到最佳或高效率的配置。林达尔均衡有两个假设前提：一是自愿原则，即每个社会成员都愿意准确地公布自己可以从公共物品或服务的消费中获得的边际效益，不会隐瞒或低估其边际效益而逃避应分担的费用；二是信息对称，每个人都清楚了解任何一种公共物品可以带给别人的真实边际效益，因此排除隐瞒个人边际效益的可能。

但是，由于林达尔均衡的这两个前提假设在现实中不能满足，“搭便车”问题就不可避免，因此依据自愿原则的成本分担方式难以保证公共物品的充分、有效供给，这使得强制性地为公共物品融资成为必然，为政府通过强制性纳税保证公共物品的有效供给提供了理论依据①。

① 谢赤：《公共经济学》，湖南人民出版社 2003 年版，第 83-85 页。

（二）准公共物品有效供给的均衡分析

准公共物品的有效供给分析，是在公共物品及私人物品有效供给基础上进一步提出的。因为准公共物品既有私人物品性质，又具有公共物品性质，因此既需要个人为之直接付费，又需要社会支付部分成本来保证这类物品的有效供给。社会支付实际上是一种间接支付，最终也来自个人，只是对公共物品性质部分的需求曲线，与私人物品性质部分的需求曲线不一样。

参见图 2 -5，同样假设社会只有 A、B 两人，从前面的探讨中已知私人物品总需求量是通过个人的需求量水平加总来计量的，而公共物品或服务的总需求量是通过个人需求的垂直相加得来的，由此可以分别得到加总后的私人物品需求图与加总后的公共物品需求图，分别以 $\sum D_i$、$\sum D_v$ 表示，进而继续将 $\sum D_i$、$\sum D_v$ 纵向相加，可以得到最终的总需求图 $\sum D_{i+v}$（包括公私），现在将三条需求曲线画在同一个坐标图中。给定准公共物品供给曲线 SS，可以得到三个均衡点 E_i、E_v 与 E_{i+v}。在均衡点 E_i，供给曲线与需求曲线 SS 相交，因此该产品为纯粹的私人物品，其均衡价格为 P_i，均衡产量为 Q_i；在均衡点 E_v，均衡产量为 Q_v，均衡价格为 P_v；而在总均衡点 E_{i+v}，需求量为 Q_{i+v}，价格为 P_{i+v}。

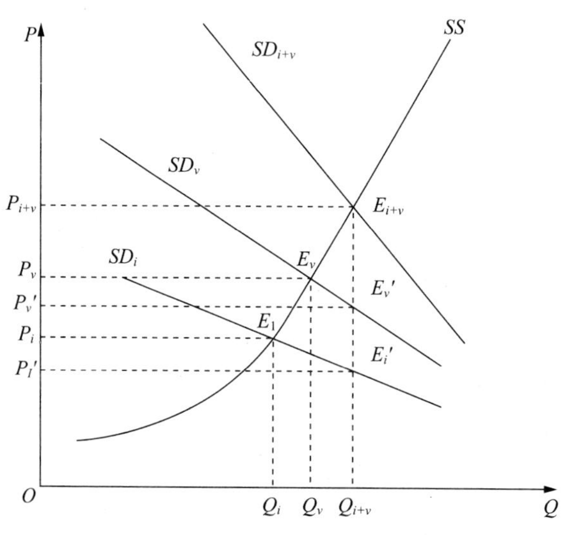

图 2 -5　准公共物品有效供给的局部均衡分析

进而可以从两个角度讨论问题：①从私人总需求均衡点 E_i 出发到总需求均衡点 E_{i+v}；②从公共总需求均衡点 E_v 出发到总需求均衡点 E_{i+v}。在第一种情况下，出发点 E_i 表示在没有政府干预时的供求平衡，产量为 Q_i，现在随着政府的公共支付的干预，将逐渐移到总需求均衡点 E_{i+v}，从总需求均衡点 E_{i+v}向横轴做垂线，此时均衡产量为 Q_{i+v}，与 $\sum D_i$ 交点为 E_i'，此时个人支付的价格仅为 $P_{i'}$，余下的部分由公共支付。可见在政府参与的情况下，在新的均衡点，准公共物品不仅供给量增加，而且公共支付价格依然可以很低，最大限度地满足了公众的需求。如果没有公共支付的加入，在产量为 Q_{i+v}点时，私人支付的价格远低于供给曲线的价格，供需达不到平衡，供给量与需求量存在巨大缺口。

在第二种情况下，同理，出发点 E_v 表示在没有私人支付参与时的供求平衡，产量为 Q_v，现在随着向私人收费，将逐渐移到总需求均衡点 E_{i+v}。从总需求均衡点 E_{i+v}向横轴做垂线，此时均衡产量为 Q_{i+v}，与 $\sum D_v$ 交点为 E_v'，此时公共支付的价格仅为 P_v'，余下部分由私人支付。可见在私人支付的情况下，在新的均衡点，不仅准公共物品供给量增加，而且政府的支付价格可以获得降低，也最大限度地满足了公众的需求。如果没有私人支付的加入，在产量为 Q_{i+v}点时，公共支付的价格也远低于供给曲线的价格，类似地，供需达不到平衡，供给量与需求量也存在巨大缺口。

通过均衡分析可知，要最大限度地满足社会对于准公共物品的需求，其费用支付既不能由私人单独承担，也不能由政府单独承担，而应由公共部门与私人部门共同承担。否则，供给就是不充分的，社会总需求得不到应有的满足，社会福利不能实现最大化。均衡分析的结论表明，对准公共物品要根据边际收益与边际成本相等的原则，决定直接使用者与所有社会成员的成本分摊，即所有社会成员缴纳一般税，直接使用者缴纳使用费，两者相加等于该物品的边际成本。如果不收使用费仅收一般税，或只收使用费不收一般税，均不是有效率的需求。而上述分析对实践中经营价格的指导原则应是：公共性越大，针对公共性的公共支付价格 P_v 就相应越大；私人性越大，私人支付 P_i 也相应越大。

四、公共物品理论对水资源和水产品服务定价的启示

公共物品理论为水定价体系中付费者的成本分担提供了理论依据，也就是要根据物品属性界定私人消费者与政府之间的成本分担责任。对于具备大部分私人物品属性的物品，一般来说使用费（价格）是高效、透明和公平的最佳筹资工具。对于主要为大众提供“公共产品收益”的物品，不适合收取使用费，应当从地方财政拨款。对于半私人、半公共的准公共物品，可以采用使用费与地方财政相结合的方法①。

据此可知，由于自来水具有私人物品的特征，可考虑由市场提供，引进市场竞争，由私人消费者支付全部费用。在经济发展水平仍然较低的地区，为了保证居民对水产品和服务的可得性及可承受力，可以适当考虑由政府少量提供部分投入。由于污水处理服务的准公共物品特性，政府应当根据企业或居民的污水或污染排放比重，确定各个污染主体的分担责任；进而根据实际情况与社会可接受程度，根据公共物品属性的强度，确定政府的责任。一种方式是由政府提供建设污水收集处理的基础设施，尤其是管网设施建设（也就是让所有社会成员缴纳一般税），而由直接使用者支出一定的使用费用（污水处理厂的运行成本）。在政府财力有限的情况下，可考虑利用多种融资方式吸引社会投入，由用户承担污水处理厂的建设费用。而原水和自备井供水由于表现出公共资源物品的特性，应当更注重征收水资源费，用于对所有社会成员进行补贴（如改善环境等或用于污水处理服务的费用等）。

① ［加］哈里·基钦：《地方政府和大城市财政》，载于中国财政部、加拿大国际开发署和世界银行：《地方政府与地方财政建设》，中信出版社 2005 年版，第 136 页。

第五节　自然垄断行业的价格规制理论

一、自然垄断的基本理论

自然垄断理论也是经济学中的一个重要研究领域。人们对自然垄断的认识经历了四个阶段：早期阶段、传统阶段、比较成熟的现代阶段和最新研究阶段。

（一）基于自然资源的早期观点

约翰·穆勒在其《政治经济学原理》中最早提出了自然垄断概念，认为“地租是自然垄断的结果”，这是由于土地这一自然资源的分布特性使得竞争无法展开。之后，法罗最早对自然垄断的特征进行了描述，提出了自然垄断的五个特征，即该产业提供某种必需产品或服务；该产业的厂址有天然优势；产品不可储存；存在规模收益；用户需要协调的供给安排，而这种供给制度只能在垄断条件下才能实现。该阶段的经济学家主要是从自然因素或自然条件的角度来阐述自然垄断的，因此是一种以自然资源的稀缺性为特征的自然垄断理论[①]。

（二）基于规模经济的传统观点

随着实践和理论的发展，现代经济学家不再从自然条件或资源因素层面上泛泛地谈论自然垄断问题，而是把自然垄断的成因集中到经济特性上，开始从规模经济的角度来阐述自然垄断。规模经济是指随着生产规模的扩大，产品和服务的每一单位的平均成本出现下降的现象。经济学家克拉克森和米勒认为，自然垄断的基本特征是生产函数一般呈规模报酬递增状态，即生产规模越大，单位产品的成本就越小，因此，由一家企业大规模生产要比由几家较小规模企业同时进行生产效率更高，更能更有效利用资源；那么就会有一个幸存者不断扩大产量，进行低价竞争，最终把对手挤出市场，形成自然垄断。传统自然垄断观点一般认为，

---

① 姜春海：《自然垄断理论：评述、展望及政策涵义》，《经济评论》，2004 年第 2 期。

从社会资源节约的角度讲，自然垄断的存在有其合理性[①]。

（三）自然垄断理论的现代观点

随着理论认识的深入，经济学家对将规模经济看作自然垄断成因的观点提出了质疑，这主要始于人们对范围经济和成本弱增性的认识。詹姆斯·邦布赖特（Bonbright J.）[②] 提出范围经济在自然垄断形成中的作用。他认为，对于某些公共设施的服务来说，即使在单位成本上升的情况下，由一家企业提供服务也是最经济的。丹尼尔·史普博（Danniel F. Spulber）在其名著《管制与市场》中[③]对自然垄断的定义是："自然垄断通常是指这样一种生产技术特征：面对一定规模的市场需求，与两家或更多的企业相比，某单个企业能够以更低的成本供应市场。自然垄断起因于规模经济或多样产品生产经济。"假设在某个行业中有多种不同产品，多个生产厂商，其中任何一家企业可以生产任何一种或者多种产品。如果单一企业生产所有产品的成本，小于多个企业分别生产这些产品的成本之和，该行业就具有成本弱增性。如果在该行业需求的所有产量上，企业成本都具有成本弱增性，该行业就是自然垄断的。

鲍莫尔（Baumol）[④]、潘札（Panzar）和威利格（Willig）[⑤]、夏基（Sharkey）[⑥] 等更加深入地研究了自然垄断。主要结论有：第一，自然垄断最显著的特征应该是成本弱增性。第二，在单产品情况下，如果只是在一定产量区间范围内存在规模经济，并不一定能得到该产品是自然垄断生产的结论；某种产品是自然垄断生产，并不是说该产品的生产过程一定是规模经济的；在规模不经济阶段，只要一家企业生产该行业全部产出的成本低于两家或两家以上企业生产同样总产出水平的成本，那么该产品就是自然垄断生产。第三，在多产品情况下，规模经

① 王俊豪：《中英自然垄断性产业政府管制体制比较》，《世界经济》，2001 年第 4 期。

② Bonbright J.（1961）. Principles of Public Utility Rates, Columbia University Press.

③ ［美］丹尼尔·F. 史普博：《管制与市场》，余晖等译，上海人民出版社 1999 年版，第 4 页。

④ Baumol W.（1977）. On the Proper Cost Tests for Natural Monopoly in a Multiproduct Industry, in *American Economic Review*, 67（5）: 809 – 822.

⑤ Panzar J. C. and Willig R. D.（1977）. Free Entry and the Sustainability of Natural Monopoly, in *Bell Journal of Economics*, 1977（8）.

⑥ Sharkey W. W.（1982）. The Theory of Natural Monopoly, Cambridge University Press, p. 229.

济和范围经济与成本函数的严格弱增性之间没有什么必然的联系，那么规模经济和范围经济也就不一定必然导致自然垄断。

（四）基于网络经济的“三位一体”理论

现代学者认为，单从规模经济和范围经济角度解释现代自然垄断产业具有较大的局限性。这是因为，现代自然垄断产业（如煤气、自来水等行业）主要集中在具有网络传输系统的产业中，企业必须借助网络才能将其产品或服务传递给用户，用户也必须借助网络才能使用企业生产的产品或服务，这种特性能够节约成本或增加价值，在生活中的作用越来越重要，但仅仅用规模经济和范围经济难以解释网络传输系统所产生的网络经济特性。在这种思路下，有的学者提出了自然垄断的“三位一体”理论①，从网络经济、规模经济、范围经济三个概念角度分析自然垄断。其中，规模经济、范围经济概念更适用于传统自然垄断产业中的非自然垄断环节的分析，而网络经济适用于传统自然垄断产业中的网络传输系统部分的分析。一般认为，网络传输系统具有较强的规模经济、较强的范围经济和较强的网络经济，所以其自然垄断特性就较强。而在传统自然垄断产业中的非网络传输环节，具有一定的规模经济和范围经济，但一般不具有网络经济特性，所以自然垄断性质就较弱。

二、水务行业的自然垄断特征

和其他自然垄断行业一样，水务行业有以下六个方面的自然垄断特征：

第一，公益性。自然垄断行业主要是为社会公众提供公共服务的行业，它所提供的私人边际效用小于其社会边际效用。

第二，规模经济较明显。水业是资本高度密集的行业，生产成本中固定投资所占比重大而变动成本所占比重小；自来水管网和下水道系统等固定资产都有很长的使用生命周期，投资专用性强，沉淀成本大，资金一旦投入就难以在短时期

① 于立、肖兴志、姜春海：《自然垄断的“三位一体”理论》，《当代财经》，2004 年第 8 期。

内收回，也难改为其他用途；但边际成本相对很低。如果多个企业之间进行竞争，势必导致重复建设，造成资源的大量浪费。因此，一般要求由一家企业进行垄断性经营。

第三，水务行业具有明显的地区性或区域性垄断经营的特征。由于受地理、水资源和经济发展水平等因素的影响，目前我国许多农村地区还没有使用自来水公司的统一供水，各城市自来水公司的管道被没有使用自来水的地区所区隔，再加上距离因素，水务行业各自在本地区范围内实行独家垄断经营。

第四，并非所有环节都具有典型的自然垄断特征。水业生产的生产经营环节分为原水供给、制水、管网输送及销售等环节。其中管网输送环节（如自来水供应线路、污水收集网络）自然垄断性质更强；其余环节自然垄断特征较弱，可不同程度地引入竞争[①]。

第五，不可选择性。由于自然垄断行业的经营者一般都是唯一的，因此对消费者来说，这些服务一般具有不可选择性，要么接受经营者确定的交易条件，要么就不与其发生交易关系。

第六，外在的表现方式主要为国家垄断经营。改革开放后，我国在绝大部分非自然垄断行业中引入了竞争机制，对自然垄断行业如航空运输业、铁路运输、电信业、电力业的管制体制也进行了初步改革；近五年来，中国的水业已经开始了一些市场化的改革，但仍主要实行国有国营，国家垄断居主导地位。在供水领域，21 家主要社会运营商的合计市场占有率约为 10%，排名第一的威立雅水务实际市场占有率不到 3%；在污水处理领域，市场化程度略高，23 家主要社会运营商的合计市场份额约为 25%，其中排名第一的天津创业环保的市场占有率为 5%[②]。

---

① 王俊豪、朱晓燕、杜丹清、周小梅、顾春梅：《中国自然垄断经营产品管制价格形成机制研究》，中国经济出版社 2002 年版，第 164 页。

② 全国工商联环境服务业商会：《关于城市水业改革若干问题的说明》，http://news.h2o-china.com/policyandmarket/policyanalysis/694131204509357_1.shtm，2008-03-03。

三、自然垄断行业的价格管制

（一）自然垄断并不能实现社会最优

自然垄断可能是生产成本最低的，但这体现了生产者的利益要求，而忽视了消费者等其他群体。生产成本优势并不足以证明自然垄断的存在就是合理的，而规范意义上的政府应当考虑全社会的总价值或总效用和净收益。

从社会成本这一角度来考虑，自然垄断条件并不必然导致社会整体福利最优。这是因为，第一，自然垄断使公用事业处于独占或寡头市场，加上产品和服务的需求弹性较小，处于垄断地位的企业便会抑制产出，制定垄断价格，以获得超额利润，把一部分消费者剩余转化为生产者剩余，从而造成哈伯格三角形福利损失①②。第二，自然垄断下，垄断企业缺乏市场竞争的激励作用，会形成莱本斯坦所谓的“X—非效率”问题③，任何组织都有可能丧失追求成本最小化与效益最大化的能力，扭曲分配效率，从而破坏帕累托最优的资源配置。主要有四类表现，即产量受到限制、管理松懈、不大关心研究与开发以及由寻租行为所产生的利润耗费。对于自然垄断企业来说，其弊端与一般垄断企业本质上一致，甚至由于受到政府行政壁垒的保护而更加明显和严重。第三，争夺垄断利润的寻租行为是非生产性的，会对社会稀缺资源造成浪费，降低社会福利水平。在新古典经济学框架内，上述问题都关系到价格问题。

（二）自然垄断行业的价格管制目标

由于自然垄断有可能造成效率和福利的损失，因此各国大多对自然垄断企业（主要是水、电、煤气等公用企业）的进入、退出、价格、投资等方面进行规制。

---

① Harberger A. C.（1971）. Three Basic Postulates for Applied Welfare Economics, in *Journal of Economic Literature*, September, 9（3）: 785－797.

② 姜春海：《自然垄断理论：评述、展望及政策涵义》，《经济评论》，2004 年第 2 期。

③ Leibenstein H.（1966）. Allocative Efficiency and X－Efficiency, in *The American Economic Review*, 56: 392－415.

根据管制经济学理论，管制要实现三大目标。针对哈伯格三角形福利损失和相应的效率损失，政府进行价格管制的第一个目标是避免不合理的垄断价格加重居民与企业的费用负担，保护消费者利益，减少社会福利损失，实现社会分配效率。第二个目标是建立一种类似于竞争机制的刺激机制，以刺激企业提高生产效率。第三个目标是维护企业自我积累、不断进行大规模投资的发展潜力。因为自然垄断行业具有投资额大、投资回报期长的特点，而且随着人口的增加和经济的发展，对自然垄断经营产品的需求增长迅速。

（三）对自然垄断行业的价格管制方法

政府对自然垄断行业的价格管制主要有以下几种。

1. 平均成本定价法

这是目前我国普遍采取的定价方法，即主要依据企业上报的平均成本和规定的一定利润水平来确定垄断行业价格。这种定价方法能使价格等于平均总成本，从而使企业能够回收成本并赚取正常利润（见图2－5）。这种单一管理方法，虽然可以在一定程度上抑制经营者利用垄断地位谋取高额利润，但是管制者和被管制的自来水企业之间信息不对称，管制者不能完全掌握企业的生产成本信息，企业有可能利用自己掌握信息的主动性，夸大其成本。而且，平均成本定价法缺乏激励性，抑制了竞争机制作用的发挥。

2. 边际成本定价法

翻开国际国内有关水定价的文献，就会发现“边际成本”和“边际成本定价”这两个术语随处可见。边际成本定价作为对自然垄断行业的一种价格管制方式，起源于古典经济学的边际理论：当某一产品的价格与其边际成本相等（P＝MC）时，将实现帕累托最优配置，社会的总福利最大（见图2－6）。本书第五章中将对边际成本定价的理论研究进行详细的描述。

3. 投资回报率价格管制方法

投资回报率价格管制方法最早起源于美国。其具体做法是首先由被管制企业向管制者提出要求提高价格（或投资回报率）的申请，管制者经过一段考察期，根据价格影响因素的变化情况，对企业提出的价格（或投资回报率）水平做出

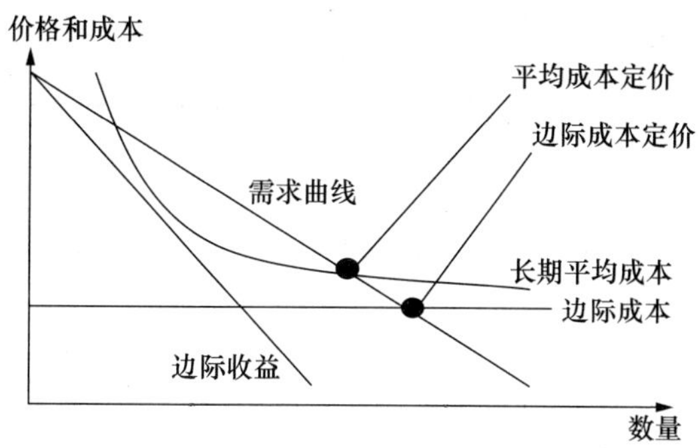

图 2-6　自然垄断行业的价格规制

注：此图假定边际成本保持不变。

资料来源：［澳］罗宾·巴德、迈克尔·帕金：《经济学精要》（第 2 版），王秋石、张弘译，机械工业出版社 2003 年版，第 267 页。

必要调整，最后确定企业的投资回报率，作为企业在某一特定时期内定价的依据。在投资回报率管制中，政府管制机构不直接制定自然垄断行业产品的最终价格，而是通过制定投资回报率控制价格构成中的利润的大小，使自然垄断行业能够补偿其运营成本，并给其总资本投资带来公平的回报率，因此是对自然垄断行业价格水平的间接控制。

如果企业只生产一种产品（或服务），则投资回报率价格管制模型为：

$$R(p \cdot q) = C + S(RB)$$

如果企业经营多种产品，则价格模型为：

$$R(\sum_{i=1}^{n} p_i q_i) = C + S(RB)$$

上面两式中，R 为企业收入函数，决定于产品价格 P 和数量 Q；C 为成本费用（如燃料成本、工资、税收和折旧等）；S 为政府规定的投资回报率；RB 为投资回报率基数（Rate Base），即企业的资本投资总额。由于企业的成本费用一般容易估算，这种价格管制方式的难点是确定投资回报率 S 和投资回报率基数 RB。合适的 S 值使企业能够获得正常的投资回报，一般通过管制双方"讨价还价"解决，经过反复论证，由管制者确定他们认为合理的水平。技术上，在美国有多种投资回报率的计算方法，其中较多使用的是“原始资本成本法”（Original Cost Method）。这种方法较为简单，只需要把企业历年用于建厂房、购设备等方面的投资加以累计，但容易受到通货膨胀因素的干扰，因此“原始资本成本法”往往将初始价格定得太低。一个改进方法是按照现行的价格水平对过去建成的工厂和形成的设备进行估价，以此计算投资回报率基数。但有人认为这种改进方法未考虑技术进步因素，主张以形成一定的生产能力所需要的投资额来计量投资回报率基数①。

投资回报率管制的一个缺点是会产生“A－J 效应”②，指在投资回报率管制下，企业会尽量在规定的投资回报率下获得较多的绝对利润，对企业会产生一种尽可能扩大资本基数的刺激。这样，企业会运用过多的资本投资以替代其他投入品，结果造成生产效率较低。

4. 最高上限价格管制

为了避免“A－J 效应”，世界各国的学者和管理者探索和实践了其他更有效的价格管制方式，其中以提高效率和降低成本为目标的英国最高上限价格管制（RPI－X）方式逐渐占据了主导地位。这一模型是 Stephen Littlechild 在 20 世纪 80 年代对电信业价格管制改革时所创建的。他认为竞争是反对垄断、保护消费者利益的最好手段，而控制价格本身不是一种理想的办法，因为不断降低价格会抑制竞争者进入市场。因此，价格管制的主要目标应该是把价格和利润保持在一个既不失公平，又对企业有提高效率刺激的水平上。

最高上限价格管制模型可表示为 $P_{t+1}=P_t(1+RPI-X)$，其中，RPI 表示零售价格指数（Retail Price Index），即通货膨胀率，X 是由管制者确定的在一定时期内生产效率增长的百分比，企业本期的价格为 P_t，下期的管制价格为 P_{t+1}。如果某年 $RPI=5\%$，$X=3\%$，那么，允许企业提价的最高幅度是 2%。这个简单的

① 王俊豪、朱晓燕、杜丹清、周小梅、顾春梅：《中国自然垄断经营产品管制价格形成机制研究》，中国经济出版社 2002 年版，第 35 页。

② Averch H. and Johnson L.（1962）. Behavior of the Firm under Regulatory Constraint, in *American Economic Review*, 52：1052－1069.

价格管制模型意味着，企业在任何一年制定的名义价格（nominal price）取决于 *RPI*－*X* 的值。如果 *RPI*－*X* 是一个负数，则企业必须以 *RPI*－*X* 的绝对值为幅度降价。由于 *RPI* 是外生变量，因此 *X* 值的选择是管制者与被管制者的谈判焦点。自然垄断产业的技术经济特点决定 *X* 值在各种自然垄断经营产品之间有很大的差别；对于自来水业，还存在地区差别①。

RPI－*X* 模型不仅适用于单一产品或服务，也适用于多种产品或服务的价格管制，是一个“一揽子价格”管制模型，也就是综合最高限价，通常采用加权平均价格的形式，而各种产品的权数是以该种产品所创造的收益为根据的。

最高上限价格管制更有利于刺激企业降低成本，提高效率，还能够避免A－J效应，不至于出现在投资回报率价格管制下资本过度密集化的现象。该模型运用相当简便，不需要详细评估企业的固定资本、生产能力和销售额等变化情况，只控制多产品企业最高综合价格水平，并不是特定产品的价格，也不直接控制利润②。但缺点是可能会抑制企业投资。

5. 绩效和标杆管制方法

绩效和标杆管制方法根据对行业领先企业的观察来设置价格目标。这种观察可根据成本效率，也可根据质量、管理和雇员状况或其他形式的业绩考量。这种方法侧重于标杆的确定和统计计量，与依赖于历史和未来成本估算的平均成本价格管制方法有明显的不同。

在实践中可采纳不同形式的业绩和标杆考量方法。Altmann 在 2007 年③提出的“最佳实践”定价法是这一类型的水价规制方法。做法是由规制部门对各供水企业的效率打分排序，参照绩效高的企业的情况来定价。他认为这种做法将使定价更有效率，使价格上限不超出最有效率企业的边际成本。

---

① 王俊豪、朱晓燕、杜丹清、周小梅、顾春梅：《中国自然垄断经营产品管制价格形成机制研究》，中国经济出版社 2002 年版，第 35 页。

② 王俊豪等，前引文，第 37－38 页。

③ Altmann G.（2007）. Marginal Cost Water Pricing：Welfare Effects and Policy Implication Using Minimum Cost and Benchmarking Models，with Case Studies from Australia and Asia，PhD thesis，School of Economics，the University of Adelaide.

（四）信息不对称与价格管制

管制者和被管制的自来水企业之间存在信息不对称的问题，主要是有关企业的生产成本、利润、生产技术、产品服务质量、内部管理等方面的信息[①]。企业有可能利用自己掌握信息的主动性，夸大其成本，或对“成本灌水”（cost padding）[②]。

这种情况下，要求管制者提高对自然垄断企业的价格管制的效率。有以下几种方式可供选择。一是建立并利用独立的管制机构。比如，为了管理水电等公用事业，英国专门成立了独立于地方政府和企业的“垄断兼并委员会”，直接向主管部长汇报，成员由各公用行业专家、大律师、消费者和政府官员按一定比例组成，负责监督垄断大企业的情况。二是通过法律法规为价格主管部门提供规制企业行为的依据，加强价格管制的力度。三是对水业的服务质量是否达到标准、价格是否可为消费者所接受、企业是否有为职工过分谋取福利等进行有效的监督。

四、自然垄断理论对水业定价的启示

综上所述，水务行业是自然垄断行业，其特征是资本高度密集，固定投资所占比重大，沉淀成本大，具有明显的地区性或区域性垄断经营的特征，但不同环节的垄断程度不同，管网输送环节（如自来水供应线路、污水收集网络）自然垄断性质更强，其余环节则自然垄断特征较弱。

自然垄断可能是生产成本最低的，但有可能造成效率和福利的损失，因此各国都进行价格规制，这是资源与环境经济学家的一个重要研究内容。政府对自然垄断行业的价格管制主要有四种方法，分别是成本加成定价法价格管制、投资回报率价格管制、最高上限价格管制及绩效和标杆管制。在我国主要采用的是成本

① 庄彪：《信息不对称与自来水行业改制路径选择及措施》，《当代经济》（下半月），2007 年第 10 期。

② Bougheas S. and Worrall T.（2001）. Cost Padding in Regulated Monopolies, Keele Department of Economics Discussion Papers (1995 - 2001) 2001, Department of Economics, Keele University.

加成定价法的价格管制方法，这种方法虽然可以在一定程度上抑制经营者利用垄断地位谋取高额利润，但不具有灵活性和激励性。不过，无论在实践中采取哪一种价格管制方法，政府必须在投资者与消费者之间保持利益的平衡，必须以社会整体福利为目标进行决策和管制实践。

自然垄断理论为人们研究水定价机制提供了理由，因为如果价格完全是由市场制定的，就没有必要研究如何定价了。同时，自然垄断理论有助于我们更深入地了解水行业的投资、生产、成本和价格特征，为人们研究水定价机制进一步提供思考框架。

第六节　对水定价机制的总体理论框架的总结

水定价机制研究既涉及完全竞争市场下一般经济物品的基本价格理论，又涉及具有准公共物品属性的资源性产品和服务的基本定价问题。水资源和水产品服务所处的市场环境并不是一个完全竞争的市场，因此水定价问题又涉及市场失灵、外部性存在的情况下自然垄断行业的价格规制问题。

本章从水资源和水产品服务的市场特点、经济物品属性和行业特征出发，阐述了市场失灵条件下自然垄断行业准公共物品定价的理论基础，从产权、外部性、公共物品和自然垄断四个方面进行了理论分析。产权理论说明，产权是价格机制的制度保证，而水资源的产权是不完备的，因此需要对产权进行明确的界定，通过水权交易促进资源有效配置，并彰显水资源的市场价值。外部性理论说明，只有坚持贯彻“污染者付费”和“使用者付费”原则，才能公平而有效率地保证水资源和水产品服务的成本回收和投入来源。公共物品理论为水定价体系中付费者的成本分担提供了理论依据。自然垄断理论有助于人们更深入地了解水业的投资、生产、成本和价格特征，说明对具有自然垄断性质的水务行业，为了保障社会的整体福利需要进行合理的价格规制，政府必须在投资者与消费者之间保持利益平衡。

归纳起来，对水定价机制的理论思考进一步说明什么是完整全面的水定价体系。一个完整全面的水定价体系是这样的一个机制：以明确的水资源产权为制度保证，以政府价格规制为手段，遵循使用者付费和污染者付费，但在政府和用户之间合理分担资源成本、供水成本和外部性成本的原则，覆盖水资源和水产品服务各个环节的水定价机制。

一、以水权制度为保证

由于水资源市场是不完备的，需要建立明确的水权制度，健全水权交易体系，完善水资源的市场机制。制定优先考虑生态用水需求的流域水资源分配计划，将传统的水资源分配权益转变为可以交易的水权，加强对水资源的管理，明确规定国家、社区、企业和个人在取水、用水、水权保护和转让方面的条件、程序、权利和义务。通过水权交易形成地区间、部门间相互调剂水资源余缺的机制，使水资源流向价值更高的用途，并促使人们对水资源价值的认识更加深入。

二、以政府规制为手段

水定价体系要以政府规制为手段，主要分为三个方面：一是由政府确定水资源价格，使其成为国家在流域水治理方面的主要经济来源。价格水平要体现流域和国家水资源稀缺程度，并能调节水资源总量供需。二是部分以成本为定价基础，由政府确定环境水价。由于污水排放不是一种商品或服务形式的直接消费，而是外部性的表现，因此，治污的责任主体是政府，收取环境水价用来补充政府财政支付环境补偿费用的不足部分。三是工程水价以成本核算为基础，通过企业成本核算、规制部门审核、召开公众参与的听证会进行确定。要加强成本控制和监督，由价格主管部门与行业监管部门（或第三方独立组织）开展成本控制和监督。

为了保障社会的整体福利，政府在进行价格管制时必须要在投资者与消费者之间保持利益平衡，既不使自然垄断行业获得过多的收益回报，也不使行业收入过低以致不能保障正常的产品与服务的供给；既不使公众面临不可接受的水价水平，也不给予用户低价格的错误信号，影响水资源的利用效率。

三、使用者付费和污染者付费

合理的水定价机制必须坚持贯彻污染者付费和使用者付费原则，从而公平而有效率地保证水资源和水产品服务的成本回收和投入来源。

四、合理的成本分担机制

由私人消费者与政府分担水资源和水产品服务的成本是合理的，符合准公共物品有效供给的价格形成理论。自来水具有私人物品的特征，可由私人消费者支付全部费用；污水处理服务具备准公共物品特性，应当根据社会经济条件与社会可接受程度，确定政府、企业和居民的责任；原水和自备井供水则具备公共资源物品特性，应当更注重对水资源费的收取，用于对所有社会成员进行补贴。

总而言之，国家或城市水管理需要建立一个综合全面的水定价机制，以明确的水资源产权为制度保证，以政府价格规制为手段，遵循使用者付费和污染者付费原则，由政府和用户合理分担成本，实现水资源的优化配置和高效利用。如何建立这样一种综合的水定价机制，需要我们总结国际国内的理论研究，分析国际国内的水定价实践，并根据当前的背景情况，提出自己的见解和认识。这也是本书以下各章所要完成的任务。

第三章　水定价研究文献综述

水资源经济研究最早可能由 Boiteux 始于 20 世纪 60 年代[①]，迄今已有 50 多年的历史。其中，水定价理论研究目前在国内外仍然是一个重要的话题。一方面，水定价研究帮助政府和相关部门制订合理的水定价计划，为它们利用经济手段管理水资源和水环境提供理论依据和政策建议。另一方面，水定价研究使得经济学理论在特定行业、特定资源介质和特定公用事业方面得到了扩展和加深。

本章将较为全面地回顾过去几十年间国内外在水定价领域的研究，一方面为本书的理论探索提供基础，另一方面也为我国的水定价实践提供参考。由于水既是一种自然资源，又是产品和服务，水务行业又是具有准公共物品性质的公用事业，与人们的生产、生活和健康息息相关，因此其定价研究甚为复杂，涉及方方面面，研究方法和研究内容多样。各类文献自 20 世纪七八十年代起逐渐积累，数量较多；现在国际上每年也都会发表几篇有关水定价的论文。研究主要分为理论研究、模型研究和实证研究三种，内容包括水价政策的历史、现状和趋势、水定价机制、水价政策的效果评价等。其中，模型研究主要运用供给和需求模型、局部或一般均衡模型、CGE 模型、成本效益模型等方法。实证研究则主要利用计量经济学手段进行历史数据分析和未来趋势预测，或者运用计算机软件进行模拟和系统运算。另外，还有综合多种研究方法的各国综合案例研究。

下面，将按照研究对象对各类研究进行简单综述。

① Boiteux M.（1960）. Peakload Pricing, in *Journal of Business*, 33：157－179.

第一节　各国对水定价实践的调研

为了解各国水定价实践的现状、优缺点和发展方向，许多国家常常开展水定价机制和水价费率调研并发布相关报告。该工作通常由国家的政府环境机构、水行业机构或第三方独立机构完成。简单举几个例子：①1999 年，美国水务协会（AWWA）调查了美国和加拿大的 671 个水务单位的财务和收入情况，包括这些企业的水定价实践①；2000 年，Hewitt② 分析了美国水务协会（AWWA）倡导的水定价方法；2002 年，美国环境署公布了 2000 年社区水系统调查报告③，调查了美国约 2000 个水务单位（water utilities）的运营和财务情况；2000 ~ 2008 年，美国一家财务咨询公司（Raftelis Financial Consulting）每两年就发布一份美国水和污水费率调查报告④，覆盖美国 167 个服务区，6 个加拿大城市和 8 个其他国家的城市。②在其他国家，葡萄牙水研究所（INAG）开展了国家供水和污水系统调查（INSAAR），其中包括水定价机制方面的情况；Garcia 等⑤叙述了法国水行业的水定价实践；等等。

在国家水平上对水公用事业（供排水产品服务）进行调研，尤其是对其水定价实践调研，为各国确定水价改革方向提供了第一手的翔实资料，也为水环境经济学家的理论探索提供了信息。

---

① AWWA.（1999）. WATERSTATS 1999 - Water Utility Financial and Revenue Database.

② Hewitt Julie A.（2000）. An Investigation into the Reasons Why Water Utilities Choose Particular Residential Rate Structures, in *The Political Economy of Water Pricing Reforms*, ed. Dinar, A. Oxford University Press, pp. 259 - 277.

③ EPA.（2002）. 2000 Community Water System（CWS）Survey, EPA815 - R - 02 - 005A.

④ RFC.（2000/2002/2004/2006/2008）. Water and Wastewater Rate Survey.

⑤ Garcia S., Michel M. and Arnaud A.（2004）. Measuring Economies of Vertical Integration in Network Industries: An Application to the Water Sector, in *International Journal of Industrial Organization*, 25（4）: 791 - 820.

第二节　平均成本与边际成本研究

本节主要回顾平均成本与边际成本方面的研究，因为这是文献中最早涉及的争论，不过目前至少在经济学家当中已经达成一致，边际成本定价的理论原则在理论上被普遍接受。

一、平均成本定价与边际成本定价的比较分析

如第二章第五节所简述，平均成本定价是一种常见的垄断部门的定价方法，主要是将供排水企业的财务成本测算作为定价基础，在特定利润率的规定下，依据用水行为方式特征划分不同类型用户，在不同类型用户间进行成本分配，作为费率结构的设计依据。

出于效率原因，很多学者反对平均成本定价。Riordan[①] 提出了多阶梯边际成本定价，将之与典型的平均成本定价方法进行了比较。她发现，后者能使总净效益提高 10% ~20% 。Dandy 等[②]分析了一种有约束的水定价模型，约束为价格从平均成本定价到最佳边际成本定价所能被允许的价格变化幅度。他们发现，这种价格机制虽然没有他们推导出的最佳水定价有效，但与平均成本定价相比，仍能增加社会的收益。Warford[③] 认为对基本生活用水之外的所有用水都征收等于边际机会成本的价格，是一种有效、公平、财务上可行的政策。

Chambouleyron[④] 比较了不同计量方式下（普通计量和最佳计量）的平均成

① Riordan C. (1971) . Multistage Marginal Cost Model of Investment – pricing Decisions: Application to Urban Water Supply Treatment Facilities, in *Water Resources Research*, 7 (3): 463 –478.

② Dandy G. , McBean C. , Hutchinson B. (1984) . A Model for Constrained Optimum Water Pricing and Capacity Expansion, in *Water Resources Research*, 20 (5): 511 –520.

③ Warford J. (1994) . Marginal Opportunity Cost Pricing for Municipal Water Supply, EEPSEA Discussion Paper, August 1994.

④ Chambouleyron A. (2003) . Optimal Water Metering and Pricing, Economics Working Paper WUSTL 0301013.

本定价和边际成本定价，证明边际成本定价是最为有效的定价方法。Briand[①] 建立了一个 20 年时间序列模型，分为两个阶段：在第一阶段，塞内加尔政府执行支持供水的政策，水资源可获得量增加；第二阶段由于人口增加、水需求变化，水资源供不应求。模型结果表明，如果使用边际成本定价与政府补贴相结合的方法，就能在保证商品水生产企业生存的前提下，成功抵御资源短缺带来的冲击，增加 GDP、投资和福利，而且减少失业，并使水稻和其他种植业及饮用水服务业增长。相反，目前的平均成本定价实践却会使长期经济发生衰退、农业生产退步、福利减少、失业增加。

二、边际成本定价理论

如第二章第五节所简述，边际成本定价方法植根于古典经济学理论，目的是促进资源有效利用。其基本原理是，如果消费另外一个单位的资源的收益与取得这份资源的成本（包括放弃其他用途的机会成本）相当，那么资源利用是有效的。如果资源价格与其边际成本相等，那么消费者就能充分比较其消费决策的成本与收益。如果资源的单位价格与成本不一致，消费水平与社会最佳消费水平相比将太高（价格低于边际成本）或太低（价格高于边际成本）。

（一）一种数学模型

Spulber 和 Sabbaghi[②] 用一个多产品（不同水质的水）的数学模型阐述了边际成本定价。假定水的质量为 j，$j=1，2，\cdots；m$；质量好的水价格更高；一个竞争性企业利用几种投入（如地表水、地下水、污水、处理药剂、劳动力、泵和其他技术，用 k 表示），供应 w_j 的水。

生产函数为：$w_j=F(y_{j1}，y_{j2}，\cdots，y_{jk}，q_j)$，

① Briand A.（2006）. Marginal Cost versus Average Cost Pricing with Climatic Shocks in Senegal: A Dynamic Computable General Equilibrium Model Applied to Water, FEEM Working Paper No. 144.

② Spulber N. and Sabbaghi A.（1997）. *Economics of Water Resources: From Regulation to Privatization*, Boston/London/Dordrecht: Kluwer Academic Publishers, 2nd edition, pp. 37 – 50.

其总成本为：$TC = TC(w_1, w_2, \cdots, w_m, q_1, q_2, \cdots, q_m)$

根据企业效益最大化行为的假设，质量为 j 的水供应量为：$w_j = F(y_{j1}, y_{j2}, \cdots, y_{jk}, q_j)$

需求函数有两种：一是水作为最终消费者物品，满足最终用户直接使用的需求，是消费者个人满意度和效用最大化函数；二是水作为中间物品，用于其他物品或服务的生产，其需求来自最后完成产品或服务的最终价值，是成本最小化或效益最大化函数。现在，且不论水是作为最终消费者物品还是中间物品，其需求函数由水的价格 p_j 和其他变量（如水质特点、家庭收入水平、水以外物品的价格等外生变量）决定，即：$w_j^D = w_j(p_{wj})$。

在局部均衡模型中，市场将产生下列表达式：$p_{wj} = MC(w_j^s)$。

不过，边际成本定价在理论基础上存在一些问题。边际成本分为短期边际成本和长期边际成本)，与企业对于需求变化的预期有关系，因为这影响到企业为了满足需求变化而制订的投资计划。

（二）短期和长期边际成本定价

关于短期和长期边际成本定价，研究一般认为，当资本成本已经发生时，静态最佳的实现要求价格定在短期边际成本；在边际成本不变的情况下，短期边际成本定价方法能同时实现资源配置效率和成本回收的双重目标，即使在人口增长的情况下也能够保持较长时期内的扩大投资能力。为了激励水资源和水环境管理保护、为长期投资提供资金来源，则应该使用长期边际成本定价，这一价格是供给方和需求方在理想的水市场环境下相互作用最后得到的价格，在需求增加的情况下也能够满足增加供排水能力所需的成本①。

（三）边际成本最优定价

经济学家认为边际成本定价是实现资源利用效率的最优方式，但这并不能保证足够收入以平衡成本、得到合理的收益。而预算平衡是一个与经济效率同样重

① Munasinghe M.（1992）. Water Supply and Environmental Management：Developing World Applications，Studies in Water Policy and Management，Bolder Colorado：Westview Press.

要的目标。Collinge[①] 指出，尽管水的公用服务通常被看作是一种自然垄断，但是其边际成本不一定低于平均成本。因为人们总是先利用成本较低的水源，边际成本会上升到比供水的平均成本高的水平。因此，边际成本可能产生的问题不是收入不足，而是收入过多。一般情况下这是不被允许的，对穷人的伤害最大，因为水费在他们的预算中占的比重最高。不过，Zarnikau[②] 警告我们，对于资本投入巨大的供排水系统来说，边际成本可能低于平均成本。

实际上，边际成本定价取决于生产函数的形状。如果生产函数的形状是传统的 U 形，那么边际成本定价就取决于企业面临的成本是不变的、递增的还是递减的。如果是递增的，则边际成本高于平均成本（会产生经济剩余），边际成本定价依然适用，政府可适当处置经济剩余；如果是递减的（如果城市供排水体系已经考虑了未来的人口增长和城市扩张，事先在基础设施方面做好了准备，那么其边际成本有可能是下降的），最优价格就会产生经济损失。

Hotelling[③]、Lerner[④]、Meade 和 Fleming[⑤] 等学者对成本递减这种情况进行了思考，建议成本递减情况下使用国家税收和补贴。但 1946 年科斯在其《边际成本争论》一文中[⑥]，对所谓的使用国家税收和补贴的“Hotelling - Lerner ”解决方案提出了批评，证明该法则从静态或动态来说都不导致最优产出。原因有三个：第一，在成本递减的情况下，利用税收来弥补边际成本定价所产生的亏损，将导致用户不能合理选择使用被定价的产品及该产品成本组成的要素，造成生产要素在不同用户之间的错误分配。第二，产生收入再分配的影响将有利于成本递

---

① Collinge R.（1992）. Revenue Neutral Water Conservation: Marginal Cost Pricing with Discount Coupons, in *Water Resources Research*, 28（3）: 617 -622.

② Zarnikau J.（1994）. Spot Market Pricing of Water Resources and Efficient Means of Rationing Water Resources during Scarcity, in *Resource and Energy Economic*, 16（3）: 189 -210.

③ Hotelling H.（1938）. The General Welfare in Relation to Problems of Taxation and of Railway and Utility Rates, in *Econometrica*, July, 1938.

④ Lerner A. P.（1944）. *The Economics of Control: Principles of Welfare Economics*, Macmillan, pp. 102 -104.

⑤ Meade J. E. and Fleming J. M.（1946）. Price and Output Policy of State Enterprise, in *Economic Journal*, December, 1944.

⑥ Coase R. H.（1946）. The Marginal Cost Controversy, in *Economica*, New Series, 13（51）.

减产品的消费者，在全面分析这种收入分配的影响之前，不能断定该影响是否是可忽略的。第三，额外的税收负担将产生有害的影响，比如，一个小型自供水社区，可能转而从受到补贴从而成本较低的公用供水机构接受产品服务，但实际上这种公共供给的总成本可能高于自供水的成本。

因此，科斯建议，在边际成本递减的情况下可采用多部制（尤其是两部制）定价把固定基准费与边际成本补偿结合起来，并认为这是最佳的解决方案。事实上这种定价方式已经在电力行业得到使用，只是人们尚未从此角度解释或被国民经济研究注意到。两部制水价包括固定收费和计量收费，其中，计量收费按供水的边际成本收取，固定收费（作为通水费）则要补足收入的不足。

（四）边际成本次优定价

边际成本次优定价的特点则是利用价格歧视的方式来回收成本。其中最为普遍的是帕累托非线性定价和拉姆齐定价。帕累托非线性定价是阶梯式累退水价或容量折扣水价（DBT）。Altmann① 认为引进阶梯式累退水价将增加企业和消费者剩余，从而增加净福利。Willig② 指出，在存在规模经济、边际成本低于平均成本的情况下，应当根据平均成本来设计累退水价结构。不过，累退水价虽然能使用户享受到成本的节省，但不能直接反映出水的价值和水的机会成本，也不能反映出直接成本，其结果是小用户补贴大用户。而且，如今环境质量和经济活动间的竞争使水资源日益稀缺，由于较易获得的水源日益减少、扩大水源的成本增加，规模经济的假定不再成立，阶梯式累退水价既不促进资源保护，也不能实现经济效率。

拉姆齐定价③是一种以收支平衡为前提条件，实现经济福利最大化的次优定

① Altmann G.（2007）. Marginal Cost Water Pricing: Welfare Effects and Policy Implication Using Minimum Cost and Benchmarking Models, with Case Studies from Australia and Asia, PhD Thesis, School of Economics, the University of Adelaide.

② Willig R. D.（1978）. Pareto – Superior Nonlinear Outlay Schedules, in *The Bell Journal of Economics*, 9（1）: 56 – 69.

③ Ramsey F. P.（1927）. A Contribution to the Theory of Taxation, in *Economic Journal*, 37（145）: 47 – 61.

价方式。该定价方式认为，要实现既不亏损又不产生超额利润的“收支平衡”定价，那么这一价格水平是：

$$p_i = \frac{MC}{1 - \frac{R}{\varepsilon_i}}$$

其中，ε_i 为用户 i 的需求价格弹性；R 是拉姆齐定价系数，是与边际成本偏离的百分比。各类用户的需求价格弹性不同，但都必须按相同的比率 R 打折，其计算方式被后来的学者命名为逆弹性规则，即 $R_i = \left(\frac{P_i - m_i}{p_i}\right) \times \eta_i$。

Baumol 和 Bradford[①] 在拉姆齐法则的基础上对逆弹性规则做了更加明确的研究，说明在最优商品税体系中，对各种商品征税的税率应与应税商品的需求弹性成反比，即应对需求弹性大的商品征低税，而对需求弹性小的商品征高税。可以进一步推论，完全需求无弹性的商品应当承担无穷大的税收。Kim[②] 运用拉姆齐法则建立了一个利用拉姆齐定价原则来平衡预算的供水次优价格模型，由一个供水企业提供两种产品：居民用水和非居民用水。模型结果表明居民用水的价格需求弹性较低而价格更高，因此平衡预算的任务主要落在居民的肩上。

但是 Pushpangadan 和 Murugan[③] 提出，拉姆齐定价存在严重的分配和公平问题。如图 3－1 所示。

为了简单起见，图 3－1 仅考虑家庭和工业用水。很明显，家庭用水比工业用水弹性小，工业用水对水价的反应更为剧烈。这种情况下，水价从 P_0 到 P_1 的变化引起的福利变化也不一样。家庭用户的消费者剩余减少三角形“a”，工业用户则减少“$a+b$”。也就是说，工业用户心理上的损失更大。但是，在拉姆齐定价法则下，家庭用户水价应比工业用户高，这就产生了一个分配问题，即对有较大

---

① Baumol W. and Bradford D.（1970）. Optimal Departures from Marginal Cost Pricing, in *American Economic Review*, 60: 265－283.

② Kim H.（1995）. Marginal Cost and Second－best Pricing of Water Services, in *Review of Industrial Organization*, 10（3）: 323－338.

③ Pushpangadan K. and Murugan G.（1998）. Pricing with Changing Welfare Criterion: An Application of Ramsey－Wilson Model, Centre for Development Studies, p. 6.

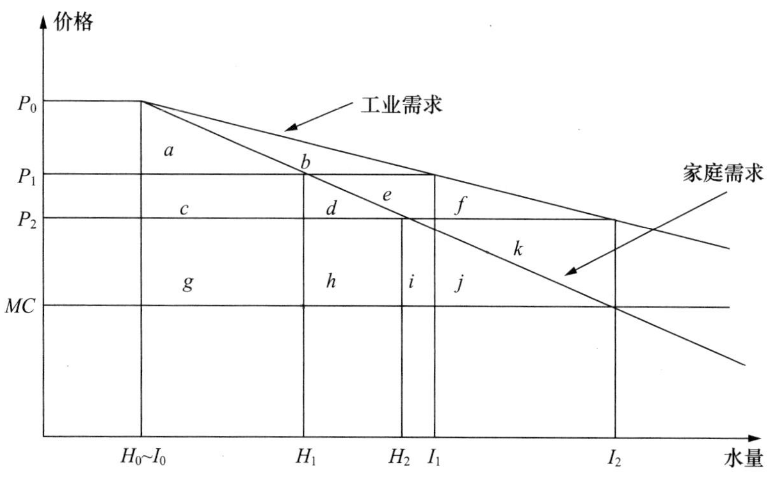

图 3-1　拉姆齐定价的分配与公平问题

能力支付高价的消费者反而价格较低，对有较小能力支付高价的消费者反而价格较高。

在这种情况下，如果家庭用水量比企业单位用水量多，非线性价格将减少家庭用户的福利，但能增加工业用户福利①。以两部制水价为例，该水价体系由进入费（通水费）$(P_1-P_2)\ I_1$ 和 P_2（不变计量水价）组成。大用户的所得为三角区"f"，而小用户的损失为"$a-e$"即 $(a+c+d-c-d-e)$，企业产生的剩余为"$j+k$"。可以看出，小用户的处境更坏，而大用户的处境更好。如果让消费者在线性与非线性水价之间选择，那么小用户可能选择线性水价而大用户可能选择非线性水价。因此，如果把相当于"e"的剩余从大用户转移给小用户，则小用户能够接受非线性水价。不过"H_1"（小于 I_1）是家庭必需用水，因此这种政策将鼓励浪费日益稀缺的水资源。

鉴于此，Wilson② 认为应当采用另外一种福利标准来修正拉姆齐定价法则。

① Brown J. and Sibley D.（1986）. *The Theory of Public Utility Pricing*, Cambridge University Press, p. 69.

② Wilson R.（1993）. *Nonlinear Pricing*, New York: Oxford University Press, p. 107.

在他的模型中拉姆齐系数由不同消费群体的福利权重 ε 决定，消费群体根据消费量分为两组：一组消费 q 以上，另一组消费 q 以下。对消费少于 q 的组指定福利权重为“0”，消费多于 q 的组权重为“1”（权重也可介于 0 ~ 1）。这意味着对消费少的组指定了较大的福利权重，收取边际成本的水价；对消费多的组指定了较小的福利权重，收取垄断水价。相应地，水价可表示为：$P = MC$（对小用户）；$P = MC\{1/(1-1/\varepsilon)\}$（对大用户）。

Collinge[①] 提出了一种不使水业产生过多收益，也不使顾客有过多负担的有效水定价的解决方案。他提出由供水机构发行可交易的折扣票，用户通过折扣票以低于边际替代成本购买水的可交易的水权，并对折扣票规定过期时间。不过这种方法似乎并没有在实践中得到运用。

与经济学家的倡导相反，边际成本定价方法在实践中运用得不多。西方国家的实践说明，边际成本定价甚至不是完全竞争市场下厂商制定价格的具体依据或实际指标。不过，赞同边际成本定价的赖斯特（R. A. Lester）在《美国经济评论》中[②]著文反驳，认为经济学家和工商人士所用名词不能沟通，工商人士在决定价格与产量的思维过程中，实际上是以边际计算为基础的。萨缪尔逊教授也承认：“即使厂商自己不有意识地使用经济理论中的具体的边际工具来解决最大利润问题，就厂商能够准确地猜测到它在什么情况下可以实现最大利润而论，它实际上是在使用边际收益和边际成本大致相等来定价。它做到这一点，并不使用曲线，而是通过试着干的办法摸索到最优状态。”[③]

（五）函数法计算边际成本

利用边际成本定价要求计算供排水企业的边际成本。这是很有挑战性的，因为会计核算并不计算这个指标，而且由于股本的不可分性，将会计学信息转换为

① Collinge R.（1992）. Revenue Neutral Water Conservation：Marginal Cost Pricing with Discount Coupons，in *Water Resources Research*，28（3）：617 – 622.

② Lester R. A.（1946）. Shortcoming of Marginal Analysis for Wage – Employment Problems，in *American Economic Review*.

③ 萨缪尔逊：《经济学》中册，商务印书馆 1981 年版，第 178 页。

边际成本也很困难。

Munasinghe① 提供了从会计学数据推导边际成本的各种解法的最优处理方法，但该公式需要获得未来供排水扩建规划的资金投入信息。2007 年 Altmann② 建立了一个成本模型和需求模型，利用供求局部平衡分析来对边际成本进行实际计算。他的需求函数考虑了历史平均需求量、季节变化、人口增加和人口特征、不同偏好等因素，并以阶梯式水价结构为基础。他的生产函数放松了长期规模生产回报率（return to scale of production）不变的假设，理由是水业基础设施的固定投资巨大，决定了水业的回报率不会不变，而有可能是递增或递减的。在此基础上，笔者根据平均要素价格和产出，通过边际成本和需求曲线的局部均衡分析来计算边际成本。

笔者利用其理论模型，对澳大利亚的维多利亚州和 1997 年开展了水业私营化改革的菲律宾马尼拉的居民用水进行了案例分析。维多利亚州的案例分析表明，城市水生产的规模回报率是递增的，这主要和行业规制（如环境规制）与保全供水资源的成本有关。笔者认为，目前该州城市水企业的计量水价比实际的边际成本水价低 26% 左右，整个地区则低 35% 以上。如果使用边际成本定价，对都市水企业还需要提供 3.3% 的补贴，而对地区水企业还需要补贴 7.2%。另外值得注意的是，如果将折旧计入生产成本中，则地区企业的边际成本要高于城市供水企业，原因是地区供水企业的折旧费用占总成本的 33%，而城市供水企业的折旧费用仅占 10%。2004 ~ 2005 年，用于资产更新的资本支出，地区供水企业占 40%，而城市供水企业只占 25%。这表明计算长期边际成本时，计入资本支出和资本折旧的重要性。

对马尼拉的案例研究主要是针对其水业私营化的改革。私营化改革的主要目

---

① Munasinghe M. (1992). Water Supply and Environmental Management: Developing World Applications, Studies in Water Policy and Management, Bolder Colorado: Westview Press.

② Altmann G. (2007). Marginal Cost Water Pricing: Welfare Effects and Policy Implication Using Minimum Cost and Benchmarking Models, with Case Studies from Australia and Asia, PhD thesis, School of Economics, the University of Adelaide.

的是为了减少政府运营时积累的债务。生产函数分析表明规模回报率是递减的，边际成本与平均成本都是累进的；如果按照边际成本定价，企业就会产生过多的收入，会受到消费者和管制者的批评。

另外一个重要研究是 2006 年 Hall 等①直接运用全成本函数来估算水的长期边际成本，认为这种方法从经济上和统计上都是有效的，而且长期成本函数能够反映开发新水源所需的长期资本，能够激励消费者的节水行为（如使用节水型洗衣机）。为了能够比较结果，笔者建立了两种形式的长期全成本函数，一种是 CD 函数，另一种是 CES 函数。函数中包括变量 θ，即李嘉图稀缺系数，以体现出成本最小的水源总是最先被使用和耗竭、随时间推移新水源的成本总是更高、更需要昂贵的存水设施、水处理成本上涨的现实。CD 全成本函数如下：

$$LRTC=\left[\left(\frac{\alpha}{\beta}\right)^{\frac{\beta}{\alpha+\beta}}+\left(\frac{\beta}{\alpha}\right)^{\frac{\alpha}{\alpha+\beta}}\right]q^{\frac{1}{\alpha+\beta}}\ (\gamma e^{\theta_t})^{\frac{-1}{\alpha+\beta}}v^{\frac{\alpha}{\alpha+\beta}}w^{\frac{\beta}{\alpha+\beta}}+\varepsilon$$

其中，q 为产出，v 是固定投入的价格（指资本成本，如水库大坝、管道、水厂和污水处理厂等基础设施投入），w 是可变投入的价格（指劳动力等人力投入和其他可变投入，用年工资表示），θ_t 为李嘉图稀缺系数。

另一种函数是 CES 长期全成本函数，其变量为 γ、σ 和规模变量 δ：

$$LRTC=\ (\delta e^{\theta_t})^{\frac{-1}{\gamma}}q^{\frac{1}{\gamma}}\ (v^{1-\sigma}+w^{1-\sigma})^{\frac{\sigma}{1-\sigma}}\ [v^{1-\sigma}+w^{1-\sigma}]\ +\varepsilon$$

他们收集分析了南加州城市水区（MWDoSC）提供的 1949～2004 年的数据（包括总成本、年资本成本、年工资成本、供水量和 GDP 平减指数），利用回归方法，计算得到了 CD 函数和 CES 函数的系数。在过去 50 年内，可变和固定投入的价格基本保持平衡，随时间变化的主要因素是李嘉图稀缺系数 θ。水的递增成本主要体现在 θ 上。利用长期总成本函数，笔者预测了 10 年内的边际成本，发现稀缺性增加和需求增加将使成本增加；预示着成本回收在未来将成为一个问题，而解决方法是边际成本水价设计和水资源节约保护。

其他一些实证研究发现供水的边际成本随供水管网长度的增加而增加，原因

---

① Hall D. C., MacEwan D., Carcia M., and Norris C. (2006). Integrating Marginal Cost Water Pricing and Best Management Practices, final report prepared for Metropolitan Water District of Southern California.

可能是距离较长时很难保持恒定的水压和氯气含量。另外，需水高峰期如果与高峰电价时期同步，则边际成本上升很快①。

第三节　资源水价和环境水价的定价研究

由于水资源的不断耗竭和水环境的不断恶化，全世界目前都在关注水资源的可持续利用，水定价理论也向着促进水资源利用可持续性发展的方向不断发展，认为将直接归因于目前水消费活动的资源管理成本和外部性成本传递于消费者是合理的；其传递机制是先传递给供排水者，再传递给消费者②。根据这一原理，水定价理论不仅应考虑水资源和水产品服务的工程成本，还要考虑资源稀缺性引起的机会成本，以及水资源开采和水产品服务的生产、提供、消费以及污水排放对环境和生态带来的外部效应。这也是水资源和水产品服务的资源水价和环境水价的定价研究。将工程水价、资源水价与环境水价结合在一起的研究也称为“全成本”研究。

一、资源水价的定价

资源水价主要与水资源的稀缺性相关。以前人们为了满足水需求的增加，常常扩大供水系统；而随着时间的推移，供水能力不再能无限制地增加，因此人们提出稀缺性定价，即有效的价格应包括稀缺租金所反映出来的机会成本，这就是资源水价的本质。

资源水价的确定与是否存在成熟的水市场、是否存在水权交易密切相关。

---

① Renzetti S. (2003). Municipal Water Supply and Sewage Treatment: Costs, Prices, and Distortions, in *Land Economics*, 32 (3): 688 -704.

② Gardner A., Hatton MacDonald D. and Chung V. (2006). Pricing Water for Environmental Externalities in Western Australia, in *Environmental and Planning Law Journal*, 23 (4): 309 -326.

Hatton MacDonald[①] 提出直接定价法和间接定价法。如果没有成熟的水市场（比如水的稀缺性不能被确定、市场机构不完善、不能进行水权交易），就应当运用直接定价方法，通过行政手段征收价格和收费。间接定价则主要是通过可交易产权体系，揭示出使用水资源的成本。水资源的稀缺性和非排他性产权的建立决定了水资源进入市场交换的必要性和可能性，当水资源进入交换过程换取货币时就具有了价格形式，由此水资源也就具有了商品形式，体现出了水资源的有偿使用和有偿转让[②]。实施间接定价的条件是水资源的价值被社会所理解，水资源的稀缺性能被确定，这样市场就能够形成反映水的稀缺性的价格，但仍需限于资源规制范围限度内。长期来看，随着对水的稀缺性更好的确定、水市场的建立和成熟，虽然还会保留一些直接定价的成分，但将更多使用间接定价方法。

资源水价定价的理论研究主要针对直接定价。在这种情况下，资源水价的本质是水资源级差地租和绝对地租[③]。“地租”体现了水资源的国家所有权和使用权。水资源是依附于土地的自然资源，在许多方面有着与土地类似的一些自然属性和经济属性。水资源地租的产生原因在于对水资源所有权、经营权的垄断，其实质是水资源所有权借以实现的经济形式。

水资源地租区分为级差地租、绝对地租和垄断地租三种类型。水资源级差地租，就是经营具有较优自然条件的水资源所形成的、交归水资源所有者占有的超额利润，这种水资源地租与水资源自然等级的差异相联系，所以被称为水资源级差地租。水资源级差地租的第一形态，是指由经营自然丰度较好或自然地理位置较好的水资源所形成的超额利润所转化而来的地租。水资源级差地租的第二形态，是指由于在同一水源体上连续追加投资，改善了其自然丰度的某些条件，从而形成了由更高的经营效率所带来的超额利润，在一定条件下由这部分超额利润

① MacDonald D. H. (2004). The Economics of Water: Taking Full Account of First Use, Use, Reuse and Return to the Environment, CSIRO Land and Water Client Report for the Australian Water Conservation and Reuse Research Program (AWCRRP), Folio No: S/03/1474, p. 4.

② 李雪松：《中国水资源制度研究》，武汉大学出版社 2006 年版，第 345 页。

③ 英若智：《中国的水资源费问题》，http://www.hwcc.com.cn/newsdisplay/newsdisplay.asp? Id = 12267，2001－06－19。

转化而来的级差地租。

水资源级差地租并不意味着劣等水资源的经营者无须缴纳任何水资源地租。经营者无论经营何种水源体，都必须缴纳一定数量的水资源地租，这就是水资源的绝对地租。水资源绝对地租形成的根本原因在于水资源所有权的垄断，从而不仅在水资源产权利益的享有上具有排他性，而且在水资源产权利益的实现上具有必然性。

水资源的垄断地租，是指由某些具有特殊品质、特殊用途的水资源的垄断价格所带来的超额利润转化而成的水资源地租。例如，某些水源体或水源地是优质矿泉水源，有些是汤泉、温泉，有些属于适合旅游观光的风景名水，具有比一般水源体（地）更高的开发利用价值，可以按照不仅高于其生产价格，而且高于其价值的垄断价格出售或营销。这种垄断价格不是由其生产价格或价值来决定，而是由购买者的购买欲或支付能力决定的[①]。

学者们对资源水价的确定提出了不同的思路，从不同角度来探讨。一般认为有三种定价方法，一是“补偿”定价法，二是稀缺租金定价法，三是影子价格定价法。

（一）“补偿”定价法[②]

“补偿”定价法指对国家水资源开发利用投入的间接社会成本、环境成本以及水资源宏观管理费用的补偿，主要由水资源开发和利用过程中直接劳动消耗补偿之外的前期基础工作费用和用后补偿费用构成。例如，缓解地下水资源耗竭需要的人工回补、另辟水源等费用的补偿。这种方法所需要的信息量巨大，计算过程中主观判断程度较高（如对包括或不包括哪类成本的主观判断）。

（二）稀缺租金定价法

Moncur 和 Pollock[③] 提出了一种水资源稀缺租金（或资源水价）的定价方

① 张瑞恒、侯瑞山：《关于水资源地租若干问题的研究》，《当代经济研究》，2003 年第 10 期。

② 英若智，前引文，2001 年。

③ Moncur J. and Pollock R.（1988）. Scarcity Rents for Water：A Valuation and Pricing Model, in *Land Economics*, 64（1）：62 – 72.

法。他们将地下水作为唯一的公用水源，建立了一个不可更新资源有效开采模型来决定稀缺价值的未来价格，并把为满足需求增加而使用高成本的备用技术（如海水淡化和跨流域调水）所带来的未来成本的增加，作为稀缺租金（假定）。笔者把这一模型应用于夏威夷檀香山市，发现稀缺价值约是目前水费的两倍。从上述方法可以看出，稀缺性定价本质上也是机会成本定价，因为可以假定，将地下水作为海水淡化水或跨流域调水可以产生的价值就是地下水的机会成本。

Merrett① 认为取水费的收费水平应能够限制供水需求，特定水源的开采费应能反映出稀缺价值，比如，水质较好或生态价值较高地方的水，因为比较稀缺，价格应该更高。

有的学者研究了根据不同的区域水资源稀缺性定价的实践。比如，Guerrero 和 Howe② 分析了墨西哥的水定价实践中对稀缺性的考虑。墨西哥在 1986 年水法修改前，一直在全国使用固定计量水价，但目前则有两种水价：一是阶梯式累进水价；二是考虑了可用水资源量的地区差异的固定计量水价。按照水文特点，墨西哥将全国分为四个区域，区域 1 水资源最为稀缺，区域 4 水资源最为丰富，由此确定了定价权重，也就是说，资源越稀缺的地区水价越高。墨西哥将用水分为以下基本用途：灌溉用水、水力发电、城市（自来水）用水和工业用水，各个用途水价不同，从高到低依次为工业用水、城市用水、灌溉用水和水力发电。表 3 - 1 显示了 1993 年墨西哥两部制定价中第一部分的价格。从该表可以看出，资源稀缺地区的第一部分水价是资源丰富地区水价的 5.4 ~ 8.5 倍，表明墨西哥的水价充分体现了稀缺性定价的原则。

---

① Merrett S. (2007). *The Price of Water – Studies in Water Resource Economics and Management*, 2nd Edition.

② Guerrero H. G. R. and Howe C. W. (2000). Water Pricing in Mexico: Principles and Reality, Proceedings of the 10th Annual Conference of the European Association of Environmental and Resource Economists (EAERE), Rethymnon, Crete, Greece.

表 3-1 墨西哥的稀缺性定价实践

区域	区域水资源特点	水价（墨西哥币/立方米）	
		工业用水	城市用水
1	稀缺	1.3	0.060
2	平衡	0.9	0.028
3	足够	0.32	0.014
4	丰富	0.24	0.007

有的学者对稀缺性定价由简入繁运用多个模型分析。Roseta - Palma 和 Monteiro[①] 发现，虽然水资源管理者们认为阶梯式累进水价能够体现稀缺性、减少水资源利用而在实践中运用颇多，但水定价理论文献并没有积极建议使用阶梯式累进水价定价机制。为此，他们翔实分析了文献，并建立了几个不同的模型进行理论分析。

第一个模型是稀缺性静态简单模型，考虑了表示为供给数量约束（w）的稀缺性因素，发现 w 越小，其约束性越强，意味着价格应当上涨以体现稀缺性，而不同消费群体的不同偏好（不同的价格弹性）将引起非线性价格。当价格弹性随着更高的最佳消费选择而下降时，非线性价格应当上升，反之就应当下降。

第二个模型是稀缺性与消费者类型分布模型，是在前一个模型中又引入了一个新的因素 θ，表示消费者的不同偏好，由一些变量决定（如收入、家庭规模、住房等），其结论与上一个模型一致，即稀缺成本不改变价格曲线的形状，不同消费群体的不同偏好（不同的价格弹性）将引起非线性价格。

第三个模型是考虑气候因素的稀缺性定价模型。这个模型又引入了一个新的外生因素，即气候因素 φ，该因素影响水的可得性、消费者收益及供给成本。假定 φ 值越大，天气就越干热，则水需求上升（由于洗澡游泳用水增加），供水成本也上升（由于存在额外的抽水和处理成本）。该模型表明，稀缺成本不改变价

① Roseta - Palma C. and Monteiro H. (2008). Pricing for Scarcity, paper provided by University Library of Munich, Germany in its series MPRA Paper with number 10384.

格曲线的形状，但价格曲线的形状会受到外生天气因素对不同消费者类型价格弹性的影响。如果随着气温升高，高需求消费者的支付意愿的增长比低需求消费者支付意愿的增长幅度高，那么阶梯式累进水价可能更适用于更热更干的气候条件。这刚好与欧洲国家的情况不谋而合，笔者发现欧洲地中海国家更广泛地采用阶梯式累进水价。

第四个模型是动态模型，即假设水的稀缺性能通过长期的需求管理（如定价措施等）和基础设施投入来解决。此模型分析了水的稀缺性增加（如全球气候变暖的后果）对存水和供水基础设施的资本稳定投资的长期影响，认为要考虑气温升高和水的稀缺性对额外单位的资本投入的净收益的影响。

（三）影子价格定价法

影子价格最早源于数学规划，在国外常被称为最优计划价格或效率价格。最初是在 20 世纪 30 年代末 40 年代初由苏联经济学家列·维·康德洛维奇（Kantorovitch）和荷兰经济学家詹恩·丁伯根（Jan Tinbergen）提出的。目前流行的影子价格已失去数学规划中所定义的严格性，泛指实际价格以外的，较能反映资源稀缺程度和社会价值的那种价格；体现的是社会处于某种最优状态下的社会劳动消耗、资源稀缺程度和对最终产品需求的产品及资源的价格。影子价格大于零，表示资源稀缺，影子价格越大，稀缺程度越大；当影子价格为零时，表示资源不稀缺[①]。

影子价格的测算可分为直接法和间接法两种。直接法是把对偶问题的最优解称作原问题约束条件的影子价格。直接法在理论上可行，在实际工作中由于涉及面广、工作量大、数据量要求大，模型参数选定较困难，通过数学规划来求出影子价格的可行性小。因此，通常采取间接办法估计影子价格。也就是以国内或国外市场价格为基础进行调整，调整时要将现实的市场机制与理想状态下的市场机制进行比较，测算出因两者之间的差异而可能导致的价格差异，据此修正现实的

① 张屹山：《影子价格的经济含义及其应用》，《吉林大学社会科学学报》，1990 年第 2 期。

市场价格，从而得出影子价格①。不过，由于水资源长途运输的不经济性和国内市场的垄断性，通过国际、国内市场水资源价格调整来获得水资源影子价格是困难的②。

（四）资源水价的具体测算方法

资源水价的定价方法在理论上是成熟的，但在实践中有的方法却很难运用。因此，一些学者专门研究了资源水价的具体测算方法。如英若智③利用补偿定价法，提出几项资源水价的直接和间接计算法。一是以引用地表水取代超采地下水的成本计算。其依据是，引入外来水等效替代地下水的超采或等效替代引渗回灌。计算方法是使水资源费等于引水工程到用户的全部费用减去地下水超采部分的自身抽水成本。由于在实际中不易分清超采与非超采水量，故可以计算综合的水资源费，向全部的自备井用户收取水资源费。二是以节约用水的边际费用作为对地下水回灌的边际投入费用，间接计算水资源费。不过由于节水数量有限，很难替代目前地下水超采量，且随着节水工作力度的不断增加，节水难度也越来越大，用这种方法计算的水资源费也会越来越大。三是按照再生水回用的边际费用计算水资源费。四是以当地地表水引渗补灌地下水所需费用计算地下水资源费，但是如果地表水利用率高，没有多少可回灌的数量，则这种方法没有太大的实际意义。

（五）与水资源价值理论的区别

当代主流的资源与环境经济学理论在评价自然资源与环境的价值时，提出环境和自然资源的总经济价值（TEV）包括使用价值（UV）和非使用价值（NUV或内在价值），而其中使用价值又可以进一步分解为直接使用价值（DUV）、间接使用价值（IUV）和选择价值（OV）或非使用价值④。水资源的直接使用价值

---

① 姜文来：《水资源价值模型研究》，《资源科学》，1998 年第 20 卷第 1 期。

② 影子价格的具体计算参见厉以宁、章铮：《环境经济学》，中国计划出版社 1995 年版。

③ 英若智：《中国的水资源费问题》，中国水网，http：//www. hwcc. com. cn/newsdisplay/newsdisplay. asp? Id = 12267，2001 – 06 – 19。

④ Pearce D. W.（1995）. Blueprint 4：*Capturing Global Environmental Value*. London Earthscan.

是水资源直接满足人们生产和生活需要的价值，例如，用于工农业生产、居民生活、旅游娱乐等方面的水，就直接产生经济价值。间接使用价值包括水资源和水环境所提供的用来支持目前的生产和消费活动的各种功能中间接产生的效益，具体体现在用于维持生物多样性、提供迁徙栖息地、为生物提供生长和繁殖地、垃圾存储和循环利用等水所产生的价值。水资源的非使用价值包括人们对水资源的审美和精神价值的认可与货币化反映。

有些人在提起资源水价时，往往将其与水资源价值的评价混为一谈。实际上，二者是不同的。资源水价主要取决于水的稀缺性，也就是说，具有同等价值的水资源，随着稀缺性的不同，其资源水价的制定有可能是不同的。比如，在水资源相当丰富、不存在可获得性问题的地区，水资源可能由于水质优良、水景优美而具有很高的价值，但其稀缺程度低，因此，资源水价可能较低。

二、环境水价的定价

环境水价的设计是出于对水资源开采和水产品服务生产消费过程中产生的外部效应的考虑。污水处理费是环境水价的一项重要内容。环境水价的定价是个复杂的问题，因为外部性有正有负，对社区产生直接和间接的影响。一般来说，在大多数资源利用情况下，负的外部性都多于、大于正外部性①。一般在理论研究和实践中，大多考虑负外部性而忽略正外部性。

（一）直接与间接定价法

上文中 Hatton MacDonald 提出的直接定价法和间接定价法也适用于环境水价的定价。直接定价指通过行政手段对水的排放和再使用所造成的直接影响征收价格和收费，适用于不成熟的水市场。间接定价则主要通过可交易污水排放权体系，揭示出使用水资源的外部成本，体现出环境水价，适用于有成熟的可交易污

① Gardner A., Hatton MacDonald D. and Chung V. (2006). Pricing Water for Environmental Externalities in Western Australia, in *Environmental and Planning Law Journal*, 23 (4): 309 - 326.

水排放权体系的市场。Hatton MacDonald 据此分析西澳大利亚州的外部性收费，提出在短期和中期还是应该采用直接定价来决定外部性收费（或环境水价），定价依据是能够补偿对水资源和水生态系统不断增加的危害；在长期应更多使用由市场间接定价的方法。

Hatton MacDonald 还提出将外部性定价与两部制水价结构相结合，通过将外部性明确区分为固定外部性和与数量相关的外部性，来改进两部制水价。其中，相关研究和环境影响监测费用在短期内是不变的，应当作为固定费用。外部性的计量收费则应反映开采和供应一个额外单位的水所产生的递增的外部成本，且应随水源和年度或季节性气候条件的不同而不同。

Hatton MacDonald 还建议外部性收费应运用于水的完整周期，即饮用水的首次使用、再使用和返回环境（而北京市目前对再生水不征环境水价）。征收到的费用可以置于一个环境账户或一个统一账户，用来开展长期性的基础设施建设以减缓环境危害或购买生态用水。

（二）环境水价的具体测算

有的学者研究特定技术经济条件下环境水价的具体测算。比如，2006 年文小兵①以 1 万 ~10 万立方污水/天规模的二级处理厂为模型，探讨污水处理价格形成的因素及各因素所占的权重。他提出污水处理厂的成本主要由经营成本、折旧、摊销和贷款利息组成。经营成本由电费、药剂费、大修费、维护费、工资福利费、其他费用和管理费用构成。其中电费按国内各城市污水处理电价 0. 47 ~ 0. 76 元/千瓦时、二级处理厂电耗指标 0. 15 ~0. 28 千瓦时/立方污水计，计算出电费转成本为 0. 071 ~0. 213 元/立方污水。药剂费主要为污泥脱水使用聚丙烯酰胺的费用和出水消毒使用液氯的费用，计算得出药剂费转成本为 0. 012 ~0. 037 元/立方污水。大修费为污水处理企业用于固定资产大修理的专用基金。按污水处理厂投资估算指标为 950 ~1350 元/立方米污水 · 天、固定资产形成率为 85% 、

① 文小兵：《探讨 BOT 建设的城市污水处理厂收费价格的形成》，行业论文，http：//www. wh - swjt. cn/shownewsinfo. asp？ NewsId =16202，2006 -11 -20。

大修提存率1.7% ~2.0%计算，修理费转成本为0.038 ~0.063元/立方污水。维护费指固定资产的备品备件、低值易耗和固定资产的经常维护修理费。按污水处理厂投资估算指标为950 ~1350元/立方米污水·天、固定资产形成率为85%计算，取固定资产的0.5% ~1.0%为综合费率，维护费转成本则为0.011 ~0.031元/立方污水。工资福利费的计算根据劳动定员指标，按5.5 ~30人/万立方米污水·天计，人员工资按12000元/年·人，福利系数按1.4计，可计算工资福利费转成本为0.025 ~0.138元/立方污水。其他费用包括自来水费，蒸汽费、油料费、污泥运输费等，转成本为0.008 ~0.015元/立方污水。管理费用为污水处理企业为组织、管理企业而发生的办公和服务费用，按前六项费用之和乘以综合费率计算，综合费率一般取10%，计为0.017 ~0.050元/立方污水，经营成本总计为0.18 ~0.548元/立方污水（见表3 -2）。

表3 -2　污水处理单位经营成本分析表　　单位：元

项目	电费	药剂费	大修费	维护费	工资福利费	其他费用	管理费	折旧和摊销	利息	总成本合计	利润
小值	0.071	0.012	0.038	0.011	0.025	0.008	0.017	0.135	0.046	0.363	0.11
大值	0.213	0.037	0.063	0.031	0.138	0.015	0.046	0.177	0.073	0.798	0.17

经营成本加上折旧、摊销和贷款利息，构成了污水处理厂的生产总成本。若假定BOT项目公司投入的资本金占项目总投资的25%，其余75%通过银行贷款解决，且年利率设为6.12%，建设期为两年，还款期为10 ~15年，那么计算得折旧和摊销转成本为0.135 ~0.177元/立方污水，利息转成本为0.046 ~0.073元/立方污水。对目前国内正常运行的1万 ~10万立方污水/天规模的二级处理厂的经营情况进行摸底，结果显示，单位总成本在0.363 ~0.798元/立方污水的范围内。

文小兵建议污水处理收费价格为“单位总成本 + 毛利”，毛利包括污水处理企业的营业税金及附加税、所得税和净利润。污水处理费征收标准应按保本微利的原则，同时投资人对BOT项目的投资回报率有一定期望。若按资本金收益率

（所得税后）≥8%，且项目投资回收期在 7 ~ 11 年（不含建设期）考虑，经测算，当特许权期限（不含建设期）定为 15 ~ 19 年时，对应毛利应为 0. 17 ~ 0. 11 元/立方污水；当特许权期限（不含建设期）定为 20 ~ 24 年时，对应毛利应为 0. 14 ~ 0. 07 元/立方污水。

三、全成本定价研究

全成本定价方面的研究主要有以下几个。卡罗莱大学的 UNC 环境财务中心[①] 在 2008 年对美国东南各州水行业的全成本定价实践进行了分析。在这一研究中，全成本价格更多意味着企业层面上的所有生产经营成本的回收。他提出用运营比例（Operating Ratio，OR）来确定企业是否采用了全成本定价方式。OR 是运行收入除以运行成本的商，笔者假定采用全成本定价的企业其 OR 值等于或大于 1。研究发现北卡罗来纳州只有一半供排水企业、乔治亚州只有 1/3 供排水企业的 OR 值大于或等于 1；其他企业能够成功运行依靠的是公共财政补贴，缺乏基础设施维护的投资。

Renzetti 在 2004 年对加拿大尼亚加拉地区供水和污水处理的全成本核算案例研究，是真正意义上的全成本定价研究[②]。根据渥太华法律，所有水和污水产品服务供应商都要向政府提交两份计划，一份为企业服务的所有成本，另一份为水源保护成本、运行成本、财务成本、更新和重建成本以及服务改进成本。第二份计划决定了企业如何回收所有的成本，计划经渥太华政府批准后企业必须执行。该案例研究采取的核算方式找出了企业尚未核算的内部成本和资源与环境外部成本。笔者发现，尼亚加拉水企业的成本核算在以下四个方面是不完整的：资本成

---

① UNC Environmental Finance Center.（2008）. The State of Full Cost Pricing: Full Cost Pricing among Public Water & Sewer Utilities in the South East, the University of North Carolina, downloadable at http://efc. boisestate. edu/efc/LinkClick. aspx? fileticket = jR2vSnKiT4w% 3D&tabid = 151, 2008 – 10 – 10.

② Renzetti S.（2004）. Full Cost Accounting for Water Supply and Sewage Treatment: A Case Study of the Niagara Region, Canada, in *Canadian Water Resources Journal*, 2004（3）.

本、原水供应、污水排入的影响和能源成本。资本成本核算是不充分的，因为企业的投资回报率低于竞争市场和产品的投资回报率，投资支出有一定的机会成本。企业用电量很大，但是电费未能体现发电所产生的环境和健康危害。在取原水时，渥太华法律允许水企业免费获得水源供应，因此，没有考虑原水的机会成本。最后，污水排放使海滩不得不关闭，随之产生的休闲景观价值的损失也没有得到考虑。因此，笔者利用文献参数和作者测算的方法计算出了渥太华地区的水资源与水产品服务的全成本，高出目前企业核算成本16.4% ~55.1%。由于该企业是加拿大水业中有代表性的企业，因此，该结果适用于该国其他水企业。

Shao Liu① 以北京市为案例研究了全成本水价对可持续发展的作用，提出全成本应包括供应成本、机会成本和外部性成本，建议采取分步渐进的方式将水价逐步调整到全成本定价水平。

一些学者试图利用历史数据综合计算包含资源水价与环境水价的全成本水价。比如李宗梅等②计算了廊坊市居民生活用水的全成本水价。他们用模糊数学方法测得资源水价为2.82元/吨，用平均增量成本法计算得出环境水价为0.50元/吨，从而得出全成本水价为4.62元/吨。

有的学者将全成本定价与边际成本定价相结合，提出资源使用者所付的资源价格应相当于利用一单位某种自然资源由社会负担的资源利用与耗竭的代价，即边际机会成本，包括边际使用者成本（MUC）、边际生产成本（MPC）和边际外部成本（MEC）。边际使用者成本是指用某种方式利用一单位某一稀缺自然资源时所放弃的以其他方式利用同一个自然资源可能获取的最大纯收益。边际外部成本是利用一单位某一自然资源时给他人造成的没有得到相应补偿的损失。作为一

① Shao Liu (2002). Water Pricing towards Sustainability of Water Resources: A Case Study in Beijing, in Journal of Environmental Sciences, 14 (4).

② 李宗梅：《廊坊市城市生活用水全成本定价模式的研究》，《重庆师范大学学报》（自然科学版），2006年第2期。

种环境资源，环境自净能力也具有边际使用者成本①。Pearce 和 Markandya② 在对自然资源管理的研究中，指出边际机会成本（或边际社会成本）应该成为资源配置和利用的成本核算组织框架。此处，笔者并不赞同边际机会成本这一提法，因为这一概念不仅仅局限于一般意义上的机会成本，实际上还包括了外部成本，因此建议固定使用“边际社会成本”。

全成本定价与笔者在第二章所阐述的水资源与水产品属于准公共物品，应合理确定政府和消费者之间的成本分担这一结论有所分歧。为了更深入地分析全成本定价原则，需要进一步探讨各国在这方面的实践。

第四节　水定价的其他方面

本节将回顾水定价研究的其他一些方面，包括季节性和时段性水价、水定价的容量约束、水表计量等。

一、季节性和时段性水价

水业与电业同属公用事业，因此水资源经济学家很早以前就提出了一个问题：如何处理边际成本的时间性变化？水价是否应该如电价一样反映出季节性或时段性的变化？一些学者认为，为了避免季节性供水短缺问题，水价应有季节性的变化，以实现供求平衡。比如，Hirshleifer 等③支持高峰和低谷需求时要制定不同的水价，尤其是夏季用水高峰时要引入高峰价格。Gysi 和 Loucks④ 研究了水价

---

① 章铮：《边际机会成本定价——自然资源定价的理论框架》，《自然资源学报》，1996 年第 2 期。

② Pearce D. W. and Markandya A.（1987）. Marginal Opportunity Cost as a Planning Concept in Natural Resource Management, in *The Annals of Regional Science*, Volume 21.

③ Hirshleifer J., de Haven J. and Milliman J.（1960）. *Water Supply: Economics, Technology and Policy*, Chicago University of Chicago Press.

④ Gisy M. and Loucks D.（1971）. Some Long Run Effects of Water - pricing Policies, in *Water Resources Research*, 7（6）: 1371 - 1382.

结构和季节变动的问题，通过分析5个居民行业的非线性需求函数，发现阶梯式递增水价结合夏季水价的调整是有益处的。

Riley 和 Scherer[①] 回顾了高峰水价与水库规划和运营方面的文献，采用数理模型分析的方法提出了季节性（或高峰）最佳水定价的方法。他们发现，水库蓄水能够减少供水量在供水高峰期和随后期间的供水波动，但是由于储水是有成本的，因此，完全消除这种波动不是最佳选择；相反，水库的修建成本应该与蓄水的益处恰好相等。定价时，需求高峰期的价格要考虑边际存水成本，有时还要考虑边际净水成本。但由于需水低峰期也有储水成本，因此冬季用户还要支付一定的边际存水成本。据此，笔者提出了三阶段高峰水价最佳定价法。首先，消费者在冬季支付水价为 $k+\lambda_{\min}$。其次，在夏季库存减少时水价提高 σ_1 倍（大于1）；其价差应与边际存水成本相等。最后，在之后的盛夏时节，将水价再增加 σ_2 倍（大于1），以减少高峰需求，其水平要能够回收净水成本。这种定价模式不需考虑水表计量的成本，因为一般情况下，读表的间隔时间通常长于笔者所提议的季节阶段。

Grafton 和 Kompas[②] 建议利用季节性的稀缺性定价来协助澳大利亚悉尼市在低降水期间进行水的需求管理。他们估算了一个每日水需求的函数来进行模拟分析。模拟分析表明，如果今后悉尼还出现如2001～2005年的干旱，目前悉尼的供水和水价状况不足以防止这个城市达到低库容的危险水平。笔者建议在水的含量充足时根据短期边际供水制定水价，而在储水下降的干旱期要进行季节性定价，水价要高出50%以上，这样无须用水限额控制就能实现水的供求平衡。

关于季节性水价可能引起企业收益过多的问题，Mansur 和 Olmstead[③] 认为应该根据收入水平进行再分配，使供水企业保持规定的盈利水平。不过，季节水价

---

① Riley J. and Scherer C.（1979）. Optimal Water Pricing and Storage with Cyclical Supply and Demand, in *Water Resources Research*, 15（2）: 233－239.

② Grafton R. Q. and Kompas T.（2006）. Sydney Water: Pricing for Sustainability, Economics and Environment Network Working Papers 0609, Australian National University, Economics and Environment Network.

③ Mansur Erin. T. and Olmstead Sheila M.（2007）. The Value of Scarce Water: Measuring the Inefficiency of Municipal Regulations, NBER Working Papers, 13513.

有可能使用水户减少消费而造成收入减少。

关于水价的时段性变化，Zarnikau[①] 提出了现货市场（spot - market）定价系统，价格要包括运行成本、容量约束产生的成本、稀缺成本，要根据地点和时间（包括每天的不同时段）而不同，从而将水资源合理分配至使用价值最高的用户。这种水价变动可以是频繁的，甚至可包括一天之内水价的变动。但频繁变动可能导致用户长期决策（比如是否对节水技术进行投资）的不稳定性，笔者没有探讨这一问题。采纳这种定价系统要求利用特殊的与用户沟通的系统，告知用户频繁的价格变动，要频繁读表。解决方案是使用电话线或有线电视远程读表技术，使用户对价格日变化做出回应，把高价时段的消费改至较低价格时段的消费。应当注意的是，Zarnikau 开发的这种模型忽略了这种定价系统的执行成本。运行现货市场定价系统的条件是其收益大于成本。笔者通过类比电力行业的类似实践，假定对于大的水用户（如工商业用户或高尔夫球场用户）运用这种定价系统是有益的；对于居民，可以保留传统的水定价系统。为使这种双重定价系统行之有效，向大用户收取的由于容量限制或稀缺性产生的额外费用一定要较多，因为普通居民用户没有被给予相同的价格信号。

二、容量约束下的水定价

容量约束（供给约束）下的水定价研究已有很长的时间，一般涉及系统扩张（system expansion）的问题。其中一个重要结论是高峰价格有可能延缓系统的扩大。Riordan[②] 建立了一个公有（或公共规制下的）垄断企业基于短期边际成本定价的最佳水定价和投资模型；分析表明，当供水趋近供水容量时价格就会上升，从而将需求控制在容量限制之内。

---

① Zarnikau J.（1994）. Spot Market Pricing of Water Resources and Efficient Means of Rationing Water Resources during Scarcity, in *Resource and Energy Economics*, 16（3）: 189 - 210.

② Riordan C.（1971）. General Multistage Marginal Cost Dynamic Programming Model for the Optimization of a Class of Investment - pricing Decisions, in *Water Resources Research*, 7（2）: 245 - 253.

Manning 和 Gallagher① 推导出了一个离散逼近最佳连续定价模型（discrete approximation to optimal continuous pricing policies）。这一模型使用了通过储水在不同时段买卖水进行套利（arbitrage）的概念，提出当水的自然价格（使不同时间的供应与需求不断相等的价格）上涨时，这种套利是有利可图的；当水的需求接近价格无弹性时，水的储存更有利。当没有存储限度和存储直接成本时（除了存储水而不出售水时发生的机会成本），存储水的价格随利率上升。最初的水价要使水在一个周期内的总流入和总需求相等。如果 $p(t_1)$ 是时间 t_1 时水的边际价格，$p(t_2)$ 是时间 t_2 时的边际价格，我们将水从 t_1 到 t_2 存储起来，r 是利率，则 $p(t_2)=p(t_1)e^{r(t_2-t_1)}$，否则，两阶段内套利是可能的。他们还发现，如果储水能力有限，水价将比利率上升得更快。

三、水表计量与水定价

目前在许多国家，甚至包括一些欧洲国家（如英国），不用水表计量仍然非常普遍。Barrett 和 Sinclair② 研究让家庭自己选择是否安装水表计量的政策是否最佳（英国就采取该政策）。笔者的结论是：不去计量每一个顾客、实行让顾客自己选择是否计量的双轨体系是有效率的，但不被计量的顾客要支付更高的固定费用。Chambouleyron③ 结合分析了最佳水定价和水表计量。由于家庭成员数量的不同，消费者是有差异的。笔者比较了四种收费方法：一是 Rateable Value System（不安装水表计量）；二是全部安装水表计量；三是社会最佳水表计量（福利最大化约束下的社会有效数量）；四是企业最佳水表计量（收益最大化下由水公司决定水表数量）。笔者提出，在下面情况下可建议进行全部计量：计量成本能够

---

① Manning R. and Gallagher D.（1982）. Optimal Water Pricing and Storage: The Effect of Discounting, in *Water Resources Research*, 18（1）: 65 – 70.

② Barrett R. and Sinclair P.（1999）. Water Charges and the Cost of Metering, *Discussion Paper* 99 – 105, Department of Economics, University of Birmingham.

③ Chambouleyron A.（2003）. Optimal Water Metering and Pricing, Economics Working Paper Archive at WUSTL 0301013.

通过福利获得补偿（福利指水公司的成本节省和消费者剩余之差）①。

第五节 水定价机制的比较研究

许多学者通过理论分析、模型分析和实证研究等各种手段，对两种或多种水定价机制的优缺点和适用范围进行了比较。比如，2005 年刘晓颖②以北京市城市生活用水水价为例对水价政策从效率与公平的角度进行了分析。价格变化对消费者福利的影响可以分成两部分：收入效应和替代效应。收入效应是指由于水价上涨导致的实际收入的减少，使得用于购买其他商品和服务的潜在支出减少；替代效应则表示消费者把用于购买原物品的支出转移到其他替代品的消费，对于几乎没有替代品的水产品服务而言，表现为由耗水消费品向节水消费品的替换。笔者以长期边际成本定价为参考状态，通过对比水价政策对不同收入群体的收入效应，衡量阶梯式水价政策相对于长期边际成本定价的公平性，并通过对比替代效应描述其效率。数据来源于北京市城调队对北京市 1000 户居民用户 2002 ~ 2003 年的用水调查。研究发现，阶梯式累进水价的使用能有效地抑制消费者对水的消费，减少对城市贫困人群的负面影响，但不能实现成本回收，导致基础设施维修困难，供水服务质量下降，存在因偏离长期边际成本而造成的效率损失。因此，笔者认为还需慎重考虑阶梯式累进水价的实施，并考虑实施一些辅助穷人的辅助措施。

北京大学环境科学与工程学院张世秋等③分析比较了不同的定价政策对不同收入群体福利的影响。他们假定了三种定价政策情景：一是统一的全成本水价；二是基本生活用水四人居民户阶梯式累进制水价；三是基本生活用水三人居民户

---

① 本节一些内容参考了 Monteiro H.（2005）. Water Pricing Models：A Survey，Working Paper 2005，Dinâmia，Centro de Estudos sobre a Mudança Socioeconómica，Lisbon，Portugal.

② 刘晓颖：《水价政策：效率与公平的权衡——以北京市城市生活用水水价为例》，北京师范大学硕士学位论文，2005 年。

③ 张世秋、邓梁春、岳鹏、崔惠珊：《价格政策在用水需求管理中的作用及北京市水价改革对居民福利的影响分析》，世界银行项目报告，2008 年。

阶梯式累进制水价。他们用两个独立的测度来定义福利的变化：一是补偿变化即CV，测度一个家庭户为保持原有费率结构/水平所愿意支付（或者愿意受偿）的收入部分，主要衡量了水价改变的收入效应；二是净损失 DWL，主要衡量了水价改变的替代效应，定义为收入固定在基准水平上、价格体系改变后效用所产生的变化量的货币价值。他们发现，短期内大部分居民户的用水都处于阶梯水价的第一阶梯内，所以相较于单一水价而言阶梯水价的 CV 值并不是很大。在长期，由于居民户开始对水价产生一定的反应，几乎所有的居民户用水都处于第一阶梯内，可以认为所有的居民户都受到了补贴，因此 CV 值为负，说明所有收入群体居民户的情况都有所改善；虽然改善的绝对值并不是很高但是低收入群体居民户获得了更多的改善。此外，在长期所有收入集团的 DWL 值都是为正的，也就是说，在考虑到价格反映的情况下实行新的阶梯制水价能够为所有的收入群体都带来福利的改进。因为从长期来说高收入群体的价格弹性更大，因此高收入集团的 DWL 值改变相对较大。

张博[①]认为在讨论城市用水定价时，必须同时考虑福利原则、收益原则、节水原则和公平原则，因此认为目前国际上通用的水定价方法都各自有所偏颇：边际成本定价没有考虑水的稀缺性；全成本定价法没有关注水的福利性；稀缺租金定价法缺乏可信的理论依据，没有顾及消费者的承受力、水的福利性和公平性；影子价格定价法在实际应用中受到主观因素的很大影响；两部制定价法中固定水费的存在减弱了水的福利性。张博新建的定价模型是使城市生活用水在三个约束（居民的承受能力、制水企业的合理利润、水资源的有限性）之下实现居民福利的最大化，并尽可能保持不同收入阶层的人们在水消费方面的平等性。该模型可用实证方法计算。

2008 年，澳大利亚的一家公司[②]利用其先进的水模拟软件“SIMULAIT WATER”对南澳大利亚州政府提出的水价改革方案进行了评价。南澳大利亚州政府

---

① 张博：《城市生活用水定价研究》，《经济科学》，2007 年第 6 期。

② Intelligent Software Development（ISD）.（2008）. A Fairer Water Pricing Policy for Adelaide Residents.

计划将目前南澳大利亚州运用的二段制计价系统转变为三段计价，研究人员则对这两种阶梯式计价方式的效果提出了质疑，提出了 D10 计价方式，见表 3－3。

表 3－3　南澳大利亚州政府水价改革的备选水价机制

当前水价（二段制）	供水费固定为 160 美元，125 千升以下为 0.50 美元/千升，125 千升以上为 1.16 美元/千升
政府提议水价（三段制）	供水费固定为 160 美元，120 千升以下为 0.71 美元/千升，120～520 千升以上为 1.38 美元/千升，520 千升以上为 1.65/千升
学者提议水价（D10）	单一水价，水价根据水的稀缺程度调整

该公司运用“SIMULAIT WATER”软件分析这三种定价政策的效果和公平性。该软件将阿德莱德市 58 万人口分为 400 多种人口类型，对居民的人口情况、购水和用水行为进行了建模和软件模拟分析，发现 D10 水价能够减少低收入家庭和低用水家庭的财务和节水负担，将这一负担转嫁到了高收入家庭和高用水家庭，实际运用更为简便，能够根据水的稀缺程度变化水价，比三段水价效果更好、更具公平性。因此，该公司建议南澳大利亚州采用 D10 定价方案。

第六节　小结

一、对已有研究的评述

通过文献回顾可以发现，水定价研究自始至今几十年间，其理论基础、研究方法、研究内容、研究深度都有了很大的进展。我们可以看出以下几个特点：

第一，水定价研究与当时所处的水资源与水环境所面临的挑战密切相关。在 20 世纪六七十年代，水资源管理还在供给模式的主导下，因此，许多学者关注容量约束下的水定价机制，并希望通过季节性或时段性水价来解决供水短缺的问题。90 年代以来，尤其是在 21 世纪，水资源短缺和水环境恶化问题日益严重，因此，水资源经济学家越来越关注水价对资源环境可持续性的作用，提出并分析了许多新的概念，如“稀缺性定价”、“全成本定价”、“边际机会成本定价”等，对水定价机制从资源和环境方面进行了多方位、多方法的研究。水定价理论的研究方法、思维深度和覆盖范围都有了长足的进步。

第二，水定价研究在起始阶段，受到了其他公用事业定价理论，尤其是电业定价理论的影响，很多基础理论（如边际成本定价、峰谷价格、两部制定价等）都借鉴了以往学者对电力定价的理论。然而，随着时间的推移，水资源经济学家逐渐认识到，水与电有本质的不同，电是容易传输但不容易存储的；与此相反，水是不易输送而更易存储的。水定价研究因此有了自己的特点和理论研究方向。

第三，总体上，水定价的理论研究是问题导向的，大多数研究内容与研究结果与水定价的具体实践切合得较好。比如，有的研究结合实际的案例分析，比较了不同的水定价机制（水价结构、水价水平等）的资源配置效果与福利影响，从而达到为实践服务的目的。即使纯粹的理论研究也试图利用经济学一般原理分析实际问题，为人们更好地理解现实世界提供思想武器。这些研究为该领域的知识积累起到了很大的作用，并为各国城市水管理提出了可行的建议。

不过，在水定价研究的沿革过程中，也存在如下一些问题。

第一，有一些研究局限于理论分析，缺乏实践意义。一个例子是对在实践中极少运用的边际成本定价的研究。边际成本定价在实践中的运用始于 20 世纪 70 年代末，当时由于城市发展迅速，对电力的需求增加，使现有的供电系统感受到了很大的压力。边际成本定价主要是向消费者传达一种前瞻性的供电成本，从而调整用电习惯、减少需求①。将边际成本定价运用于水定价，由于其计算难度大，更由于人们对供排水企业是否成本递增、递减或不变缺乏认识，因此，在供排水行业极少运用。通常，学者们的研究内容是运用函数方法计算边际成本，将之与实际水价相比，以此为基础提出对现行水价的评论。当然，这类研究也并非

---

① Hall D. C., MacEwan D., Carcia M. and Norris C. (2006). Integrating Marginal Cost Water Pricing and Best Management Practices, Final Report Prepared for Metropolitan Water District of Southern California.

全无实践意义，至少为人们提供了一种水定价机制的思路和备选方法。

第二，到目前为止，水定价研究还很少考虑水的社会循环日益重要的影响。在工业化和城市化不断发展的今天，不断增加的经济活动加大了水资源利用强度，增加了污水排放；水的社会循环对资源环境产生的影响越来越大。人们也越来越认识到提倡水资源利用的循环经济理念、建设和运营一个健康完整的水社会循环系统的重要性。除了在源头减少水资源利用和污水排放，还要建设运营污水收集处理和循环利用的设施网络，最大限度地循环利用废污水，使再生水成为一种新的供水来源。因此，在研究水定价机制时，不应当忽略城市用水的很多部门都可以以成本有效的方式加以利用的中水对新水资源的替代作用。这种替代作用在现实中，尤其是对目前积极推进循环经济社会建设的中国来说，作用是巨大的，影响是深远的，应该在理论研究中得到分析。

第三，水定价的合理性取决于其多重目标之间的均衡，因此社会福利最大化应该是水定价机制的最终目的。然而，文献中还很少有关于这方面的研究。

二、对本书的启示

水定价研究已经有了几十年的历史，在其发展过程中积累了很多基础理论知识、研究方法和研究成果，对于人们指导实践、发展理论研究具有非常重要的作用，为本书回答“什么样的水价机制是有效的?”和“什么样的水价水平是合理的?”这两个问题提供了坚实的研究基础和理论方法。同时，也证实了本书从水的社会循环的角度出发，以社会福利最大化为依据进行水定价机制研究的创新性和必要性。

不过，仅仅了解研究历史和现状是不够的，还需要了解各国水定价实践所取得的经验和教训，才能从理论上和实践上为中国的水价改革提供合理适用的建议。这也是接下来的两章所涉及的内容。

第四章　国外水定价实践

大部分发达国家在20世纪90年代开始了以需求管理为主的水资源管理改革，同时对水定价实践进行了反思。由于当时这些国家遇到的水资源和水环境问题我国现在也正在经历，因此，研究我国当前的水定价问题，一定要借鉴其他国家，尤其是发达国家自20世纪90年代以来的实践，以期达到开阔思路、取长补短的目的。

第一节　美国的水定价实践

美国的水资源有两个主要特点。一是美国水资源相对丰富。美国降水量虽然地区分布极不均匀，但总体上丰富；河流和天然湖泊众多；地下水资源丰富。二是国家对水公用事业及水资源管理提供了大量援助。比如，20世纪七八十年代，美国环境署（EPA）为公共污水处理提供了大量的资金；该项目中止后，由州滚动基础（SRF）项目接替，联邦政府为此提供种子资金来驱动低息贷款用于污水处理[①]。

不过，也正是由于这两个原因，美国的水价长期以来一直偏低。国家对水公用事业及水资源管理提供了大量援助，虽然为改善水资源环境做出了贡献，但是一个出乎意料的结果是削弱了价格机制，使价格机制未能更有效地指导水的供应

① USEPA.（2009）. Clean Water State Revolving Fund，http：//www. epa. gov/owm/cwfinance/cwsrf/，2009－05－06.

与需求。据美国国会预算办公室（CBO）2002 年的估计①，水和污水费平均占美国家庭年收入的 0.5%。与其他发达国家相比，美国消费者所支付的水费是最低的。据同一报告预测，至 2019 年，在未来低成本情景下，水和污水费将占美国家庭年收入的 0.6%；在高成本情景下，水和污水费将占美国家庭年收入的 0.9%，与其他国家相比还是极低的。不过，美国除了水价较低这一问题之外，在水定价机制方面还是有很多可以借鉴之处。

一、水定价体系

（一）水资源管理体系和水定价的法律框架

美国的水管理体系完善，职责分明。200 多年以来，美国的水资源开发和管理主要由政府主导，由联邦政府机构、州政府机构和地方机构三级负责。国家级的行政职能机构负责确定全国水资源规划、管理、协调和水污染控制的目标和准则，制定政策、法规和标准，并建设和管理大型水利工程及跨州、跨流域的水利工程。州及地方行政部门为实施国家总目标和州及地方的各项具体指标提供大部分资金。地方水管理机构是直接向终端用户提供供水服务的机构，也负责当地的水资源开发利用。地方供水机构一般都设立董事会，作为供水机构的最高权力机构。董事会成员通常由中立的第三方产生，他们不在供水机构拿薪金，所以在行使权力时，能够保持公正的立场，既代表用水户审查供水机构的财务开支状况及水价合理性，同时又维护供水机构，实现供水生产的自负盈亏，对合理制定水价具有重要作用②。

水价的制定由州和地方的法律法规规定，各州有所不同。大多数州制定了水法，明确规定公有的水和污水设施的权利，及州对投资商所有的设施的监督权

① Congressional Budget Office（2002）. Future Investment in Drinking Water and Wastewater Infrastructure.

② 毛春梅：《美国的水价制度》，http：//www. hwcc. com. cn/newsdisplay/newsdisplay. asp? Id = 25819，2001 - 12 - 20。

利。联邦法律包括《清洁水法案》（Clean Water Act）和《安全饮用水法案》（Safe Drinking Water Act），不规定水定价政策。

（二）水定价的特点和原则

美国水价制定有两个显著特点。一是成本回收和收入要求方面。联邦法律规定，所有供水企业均不以盈利为目的，但要求用水户全部承担工程运行维护费用和建设资金，这是供水企业与其他企业的重要区别。但是，与我国有重大区别的是：虽然供水机构不盈利，但水利工程投资者的收益却是有保障的，因为资本成本是列入水价的重要内容之一。

二是各地方供水机构采用不同的水价政策，在很大程度上影响着用水户付出的最终价格。例如，一些水机构利用计收水费来充分满足供水所需费用，而另外一些水机构则采用混合征收水费和地方所得税来满足供水所需费用。

（三）水定价和水价调整程序

美国没有全国统一的水价审批机构，各州独立制定政策水价，但水价制定和调整的具体程序基本一致，且程序规范，公开性高，透明度好，有一定的前瞻性。首先由水价决策机构（如公司董事会）审查新增设施的建设计划和有增量费用的预算，由此做出财务现金流量表，然后依据一定方法对 3～10 年的水价做出预测，并根据当年实际情况对水价进行调整。之后，由经营单位将可靠的财务报表交市价格管理委员会研究，通过后再经州公用事业局审批；然后举行公众价格听证会，使用水户较清楚地了解水价的组成和调整水价的原因，收集公众意见，并在必要时予以考虑。有的地方（如瓦胡岛）在水价制定过程中还邀请社会中介机构（如会计师事务所）进行监督，提高了水价的透明度。由于水价很大程度上是由用户决定的，既避免了出现不合理的垄断价格，也为顺利执行价格奠定了基础[①]。

美国的水价制定遵循市场规律。一般要考虑水资源价值、供水及污水处理成

---

① 黄涛珍、黄秋洪：《美国水价考察报告》，http：//www.hwcc.com.cn/newsdisplay/newsdisplay.asp?Id＝17442，2001－08－21。

本、新增供水能力投资。水费包括供水债券、资源税、污水处理费、检测费、管线接驳费等，根据 CPI 指数，人员、材料、能源等成本上涨的幅度，每年或几年就修订一次[①]。

（四）分级水价体系

美国实行分级水管理制度，从而产生了不同的水价制度。水价分为美国联邦供水工程水价、州政府工程水价以及供水机构的水价，实行批发水价与分类水价相结合的水价制度。美国联邦水利工程及州水利工程通常采用批发水价制度。上级供水机构向下级供水机构售水时，无法确定水的用途，因而不区分水的用途，而按工程定价。以下描述主要针对地方供水机构水价结构。

美国水行业协会（AWWA）出版的《水价、水收费的原则》[②]，为水价的制定提供了技术和政策指导。目前采用的水价结构包括累退水价、统一水价和累进水价。制定水价政策时考虑的因素较多，其中包括水资源稀缺程度和供求关系；用水户的排污行为；用水户的承受能力；水资源的季节性变化；水的综合利用与补偿等。受到水资源丰缺程度的影响，美国有的丰水地区采用阶梯式累退收费制度，即用水越少，费率越高。对于大水量用户则降低水价以促进销售，认为这有助于回收供水的固定投资成本。

（五）节水水价

近年来美国许多地方供水机构开始采用有利于节水的水价结构。第一种水资源保护机制是取消累退水价。取消累退水价就消除了保护水资源的不利因素；而累进水价被认为是最好的资源保护水价，但是已经实施的地区并不是很多。据 OECD 调查，美国在 1982 年有 4% 的供水企业采用阶梯式递增水价，60% 采取递减水价。1998 年 AWWA 的调查表明，受调查的 827 个供水机构中有 22% 对居民用水采取分段累进水价；根据 Raftelis 环境咨询集团的“2000 Water and Wastewater Rate Survey”，则有 29% 的受调查地区使用阶梯式累进水价[③]；不过更

---

① 周刚炎：《中美流域水资源管理机制的比较》，《水利水电快报》，2007 年第 28 卷第 5 期。

② AWWA（2000）. AWWA Manual M1, Principles of Water Rates, Fees and Charges, 5th Ed.

③ Raftelis Environmental Consulting Group（2000）. Water and Wastewater Rate Survey, Report.

大样本的调查来自 EPA 的"Community Water System Survey 2000"，发现 9.2% 的供水机构采用阶梯式累进水价。虽然调查结果各异，还是能够发现阶梯式累进水价的采纳呈现越来越多的趋势。

第二种水资源保护机制是排污收费。美国征收的水费中包括排水费，通常情况下根据供水的体积按一定的百分比进行计算，加到供水水费中，理由是不同的用户给污水处理系统增加的费用与其购买的用水数量是成正比的。美国向工业征收污水处理费则根据废弃物超标浓度以及排放量计算。

第三种水资源保护机制是季节性水价。在降水正常或充沛的年份，大多数水机构的供水能力可充分满足现有需求，水价也保持基本稳定。但在干旱年份，水机构征收的水费根据供水的可靠性可能有所不同。例如，在 1987 ~ 1992 年的干旱时期，美国许多供水机构采用高额水价以鼓励节约用水，一些水机构甚至实施惩罚性水价以减少水的使用。这些政策虽然减少了水的使用，但却也减少了水机构的水费收入，使许多水机构不得不在干旱期间多次提高水价。

美国的法律法规目前还不主张利用价格纠正机制（或全成本定价）来实现环境目标，只在固体垃圾、电力方面采取了价格纠正机制。

（六）水价的可承受力

美国水务协会研究基金会（AWWARF）的《水价可承受力的报告》[①] 提供了满足低收入群体的水价结构，其中，生命线（Lifeline）水价结构对低收入家庭的基本用水量收取较低的价格。另一种方法是对水费账单中的固定收费提供折扣，同时达到节水的目的。供水部门还为老年人及其他弱势群体提供折扣[②]。

二、地方案例（以费城为例）[③]

在费城，由费城水务（PWD）统一向费城居民提供水、污水和雨洪服务。

① AWWA Research Foundation.（1998）. Water Affordability Programs, Publication 90732.

② Stallworth H（2000）. Water and Wastewater Pricing: An Informational Overview. U. S. Environmental Protection Agency.

③ Philadelphia Water District（PWD）.（2007）. FY 2008 Operating Budget Testimony.

费城水务每年向市政厅提出水务财政年度预算，预算分为 Class 100，Class 200，Class 300 三类。以费城 2008 年的预算为例，要列出与 2007 年相同的工作量所需要的费用增加和其他增加量。Class 100 预算增加主要是由于职工工资以 4% 的幅度增加。Class 200 为合同服务的预算，增加量主要是污泥处置的额外费用、公用事业单位的费用、新上马的一项防洪项目、保证基金（security bond）、交易成本及新建生物固体废弃物再生利用中心的运行费用。Class 300 预算增加主要是由于水处理、水污染处理厂所使用化学物品增加了，也由于使用了成本更高但更安全的次氯酸钠代替液氯。

在水价方面，从 1997 财政年度到 2006 财政年度，费城水务在 10 年间涨了五次价格，使居民用水及服务的价格上涨了 24.7%，但这低于 31.4% 的费城 CPI 指数，水价甚至不到周围那些投资商拥有设施的地方的一半（见表 4－1）。

表 4－1　2006 年费城地区居民生活用水的水费及污水费

地区	每月水费（美元）	每月污水费（美元）
Aqua Pennsylvania +	50.70	—
Pennsylvania American Water +	45.82	—
New Jersey American Water +	34.08	—
North Penn Water Authority +	26.63	—
North Wales Water Authority +	25.54	—
Doylestown Township	33.60	51.87
CCMUA（Camden County）**	—	26.25
Trenton	23.09	26.36
费城水务	21.52	20.82

注：水费从 2006 年 11 月 27 日起计。雨水费（8.83 美元）未计入污水费中，因为很多行政区或以基本税基支付这类服务的费用，或另外核算。计算以每月 800 立方英尺为依据。** 仅为污水服务。+仅为水服务。

资料来源：译自 Philadelphia Water District（PWD）.（2007）. FY 2008 Operating Budget Testimony.

费城水务提供了该地区最低的水、污水和雨水处理服务的价格，这主要是由于在过去几年，费城水务成功地对成本进行了控制。首先，通过促进员工生产效率成功地控制了成本，实现了优质服务、低廉价格。其次，通过重新设计水价折扣政策，争取更多无偿资助、债务再融资、减少工伤日、能源节约、自动读表、改进企业运行效率等措施，企业每年节省了几百万美元的运行费用。比如，费城水务拥有美国水行业规模最大的自动读表系统（AMR），以此为基础于 2001 年起实行收入保护项目，即利用 AMR 数据来处理账单不一致（billing discrepancies）的问题。至 2006 年，这个项目收回了 1800 万美元的收入，2007 年预计能多回收 200 万美元。费城水务还利用 AMR 系统来确定分配系统中处理后的水的损失，以减少收入的损失。在过去 10 年间，AMR 已经使不能获取收入的水（水损失）降低了 43%，从 10 年前的 1.33 亿加仑每天到 2006 年历史最低的 7600 加仑每天（mgd）。这一成就归功于多项措施，包括泄漏检查和维修项目，节省损失达 130 万美元，为降低水价起到了很大的作用。

费城有着完善的基于市场的水价调整机制。2005 年 6 月，费城水务宣布对 2006 ~ 2008 财政年度的水费进行调整。这是由于以下几种成本因素：债务服务增加；国家对污水处理设施运行不再进行补贴；人员成本增加；利息收入的减少；材料、供应、设备和合同服务成本折旧；安全和相关成本。

费城水务有完备的水价数据，显示出其管理工作的细致和准确。比如，费城水务详细计算了水价调整对居民的影响。对于一位典型的费城居民用户来说，价格调整意味着水费从 2005 年起每月增加 1.90% 或 0.88 美分，从 2006 年 6 月起增加 7.7% 或 3.20 美分，从 2007 年 6 月起每月增加 4.2% 或 2.14 美分。

费城水务对老人采取了优惠的水价政策。老年人享有 25% 的水价折扣优惠，以减轻水价上涨对该群体的不利影响。

在保护环境方面，费城水务为改善当地河流及流域的环境质量、提供饮用和休闲淡水做出了很大的贡献，当然这一工作得益于 30 年前联邦政府《清洁水法案》的实施及州政府的援助。以饮用水源保护为例，2005 财政年度，费城水务制定了 Schuylkill 河计划，将 Schuylkill 河作为主要的饮用水源加以保护，并从美国环保署获得了 115 万美元的流域项目定向拨款，用于实施水资源与水环境保护项目，包括雨洪管理、农业污染控制、减轻矿山酸性排水影响、利用市场激励促进排污交易和公众教育等。2008 财政年度内，还投资建设植被缓冲区处理农业污染，在受影响河流两岸建设围栏减少径流量和拦住牲畜。也就是说，费城在保护环境方面，并没有单纯依赖水价的征收来提供资金来源，而是在联邦和州政府的援助下开展工作。

费城河流达到了 100 年内最为清洁和健康的程度，以前联邦政府认为不能达到环境要求的费城污水处理设施，已获得国家的行业奖励。

第二节　欧盟国家的水定价实践的经验借鉴

欧洲的水问题也很严重，表现为水资源利用过度，六成以上的城市地下水开采过度，地下水位下降，湿地变干，河流生态系统受到威胁等。在西班牙，人们甚至曾经采取绝食的过激行动来引起世人对水资源短稀的注意。长久以来，人们都是通过供水管理来解决这些问题，但这只能把问题从一地转移到另一地，并非长久之计。现在，欧洲也已经把水价作为一个解决问题的有力工具，这一措施已被明确写入《欧盟水框架法令》之中①。

一、欧洲的水定价实践

（一）欧洲水价的三个重要组成部分

总的来说，欧洲水价包含三个重要部分：一是公共供水系统的供水水价。其

① Roth E.（2001）. Water Pricing in the EU: A Review, European Environmental Bureau（EEB）, publication number 2001/2002.

水价结构基本上是为了防止在低需求时的收入变动的风险，因此一般包括固定收费和可变收费。

二是收费，包括取水费和污染费。其设计一般具有明显的环境保护目的；因此，在比利时、法国、匈牙利和荷兰，取水费由环境部门拿走。污染费是实现全成本收费的一个重要步骤。2001 年，7 个欧盟国家已经开始收取污染费，还有三个正在考虑，但欧洲国家的取水费和污染费的收取还都没有达到全成本回收的程度。

三是补贴。与其他国家一样，欧洲国家同样付出大量的补贴；即实际水价下的成本与包括环境成本的全成本之间的差距。一般来说，供水成本的回收率比较高，而污染费的回收率则较低，国家给予的补贴更多。补贴包括国家对用户的直接补贴；政府提供的间接补贴（如政府对水和污水处理设施提供低息借款形式的补贴）；政府对低收入用户的补贴；通过对不同用户的差别水价由工业对居民（或居民对工业）的交叉补贴；还有由环境支付的补贴，因为如果水价未包括环境破坏成本，就只能由环境来支付此“代价”①。

（二）欧洲水价的几个变化趋势

近十几年来，欧洲的水价上涨了很多，一方面是由于对供水和污水处理的要求提高了，另一方面是由于污染加重、清洁的淡水资源越来越难获取，加大了处理和调水的需要。另外，欧洲水定价有从固定收费向计量收费转变的趋势，水价中最低收费的比例也有所下降，表明计量水价越来越重要了。在北西欧国家和南欧国家，单一费率最为普遍，而在中东欧国家，阶梯式累进水价发展得较为普遍，说明南欧国家更关注水价的社会影响和节水效果②。

---

① OECD.（1999）. The Price of Water: Trends in OECD countries, OECD Report.

② Roth E.（2001）. Water Pricing in the EU: A Review. European Environmental Bureau（EEB）, publication number 2001/2002.

（三）欧洲的全成本水定价探索

综观全球，可以说欧洲在水定价实践方面是走在前列的，其在水的全成本定价方面的探索实践就是一个生动的例子。《欧盟水框架法令》[①] 规定了成员国在2015 年前必须达到的水质目标，要求成员国采取措施防止水环境恶化，并在2015 年前实现地表水体和地下水体的良好状态。为了实现这一目标，该法令提出了明确的水定价目标，要求成员国确保水服务全成本（包括环境和资源成本）的回收，严格遵守污染者付费的原则。《欧盟水框架法令》要求 2010 年前，成员国必须保证其水定价政策能够为用户高效利用水资源提供充分的激励作用，为实现法令规定的环境目标做出贡献。各成员国要根据污染者付费的原则开展经济分析，为各类用水户（包括工业、居民和农业）提供负担水服务成本的依据。2010 年前，要根据污染者付费的原则，实施全成本的定价政策和收费措施。

但从国家这一层面来看全成本问题，可以发现目前欧盟各成员国距离这一水价政策目标还是比较远的。芬兰、丹麦和瑞典在过去几十年的时间里，已经有了成熟的供水和污水服务价格系统，但还没有考虑《欧盟水框架法令》中关于在水价中纳入环境和资源成本的规定。德国、芬兰等虽然已经具有向全成本定价方向发展的迹象，但和所有其他国家一样还有较长的道路要走。

从不同行业的角度来探讨全成本问题，成本回收率最高的居民水价仍低于全成本价格；而工业用水的成本回收率比居民用水还要低。对于工业用水，北欧几乎所有国家工业用水的水价都覆盖了运行成本、折旧和资本投入等这些工程成本；而南欧国家则不能覆盖这些成本，从环境保护的角度看是相当不利的。比利时和法国则对大的工业用户给予低价，与水定价的环境目标相背离。需要注意的是，欧洲有 3/4 的工业用水并不利用公共供水系统，一般制定特别的水价协议供水（如在法国和德国），并且一般不对公众公布，工业用水的水价资料很少。但可以肯定的是，欧洲国家对工业用水和污水处理的直接和非直接补贴是巨大的，

---

① EU.（2000）. EU Water Framework Directive, in *Official Journal*（OJ L 327）, 2000 - 12 - 22.

比如欧洲资金（EU Fund）就提供了很多资金，希腊、匈牙利和葡萄牙用这一资金实施水和污水项目。另外，由于工业用水不能用供水量来估算污水排放量和排放成本，因此需要根据污染物含量单独计算工业污水排放价格，但是一些国家（如爱尔兰和波兰）还是简单地根据供水量的百分比计算，不能使用户为其得到的服务准确付费，缺乏合理的减污激励①。

（四）水价与基础设施建设水平的关系

由于新建基础设施与投资紧密相关，因此，考虑水价尤其是全成本水价时，需要考虑不同的基础设施建设水平。在接受凝聚基金（Cohesion Fund）援助的较贫困国家，公共供水率为0~80%，而其他欧盟国家为90%以上。中东欧国家和接受凝聚基金的国家排水基础设施较弱，需要大量的投资；而北欧国家90%的居民已与污水处理网络相连，在南欧为50%~80%。为了达到《欧盟城市污水处理法令》规定的目标，在基础设施较弱的国家需要大量的投资，由于利率或折旧的存在将大大增加水价。

（五）专款专用

对由水价计收的资金专款专用是欧盟一些国家行之有效的办法。几个国家的环境税专款专用率见表4-2。

表4-2　环境税的专款专用率

国家	类别	专款率（%）	用途
丹麦	污水税（浓度税）	100	征收为中央预算，市政污水处理项目
爱托尼亚	取水费	50	地方配套一半资金，用于环境管理
法国	取水费	100	水机构的水质管理
英格兰/威尔士	水资源	100	补偿政府水管理成本
捷克	水污染防治费（浓度费）		征收为国家环境基金

① Roth E.（2001）. Water Pricing in the EU: A Review. European Environmental Bureau（EEB）, publication number 2001/2002.

二、几个欧洲国家的水价实践

（一）德国的水定价经验

德国在水价方面的实践堪称成功。德国的人均占有水资源量居世界前列，但德国政府和民间组织仍很重视水资源保护，在节约用水和净化污水方面成效比较显著。德国的供水水价包括运行维护成本、资本成本、水资源税和利润；污水服务价格包括运行维护成本、资本成本和排污费；对不同的服务受众收费不同，以减少不同用户间的交叉补贴。德国采取两部制定价，能够回收必要的资本成本并反映实物资本的维护成本。成本回收率较高，供水业达 97%，污水服务达 75%，能够保证技术体系的发展，提供高质量的服务，为水资源保护积累资金，减少水的消耗、损失和浪费，实现水资源的更好利用。

德国早在 1974 年就已提出征收污水费，最早由联邦德国（Länder）在 1981 年实施。污水费只针对直接排放征税，包括 8000 个市政污水处理厂和 4000 个工业直接排放点，由联邦负责征收和使用，用于市政污水处理和水质监督。从 1997 年 6 月起，按单位危害征收污水费，每单位包括 50 千克的 COD，25 千克的氮，20 克的汞。如果排放达标或优于标准，征收的价格更低。1998 年征收了 3.7 亿欧元，60% 来自市政，40% 来自工业。

德国的人均每天用水量在多年前已经出现了下降。1990 年为每人每天 145 升，2000 年为每人每天 129 升①。

（二）西班牙的水价需求管理

西班牙在利用水价进行需求管理方面是也一个成功案例。1983 年，西班牙从最低收费无阶梯式计价或固定收费，转为固定收费和二段制计量收费的二部制计价体系。1998 年的干旱使西班牙又引进三段计价，大幅度提高第三段水价，

① Roman M.（2002）. Report on Water Pricing Cost Recovery in the Baltic Sea Countries, Prepared for HELCOM Secretariat.

对工业耗水大户提高了固定和可变收费。出于公平的考虑，固定收费根据房屋的特点设计，第二段的限量考虑家庭规模。这种水价设计提供了很好的节水激励，使得家庭人均用水在 1991 ~1996 年降低了 9%[①]。

（三）英国的水价经验

英国主要由私有化的公共供水行业提供水业服务，完全按市场经济模式进行运作。国家的作用体现为水价的价格上限管制，既为投资者提供了合理的盈利空间，又能切实地保护供排水使用者的利益。公共供水服务受到价格上限的规制，在确保回收成本的同时保证适度盈余，有降低成本的作用（参见第二章第五节关于英国价格上限规制的描述）。

水价由水资源费（或取水费）和供排水系统的服务费用构成，后者包括供水水费、排污费、地面排水费和环境服务费。取水费针对所有持照取水者征收，费率视当地实际情况而定，随用途、地点和季节的影响而有所不同，主要用于环境部门的水管理成本，与水资源的稀缺性并不紧密相关。

英国另一个值得重点提及的特点是水价制定中各相关部门（包括政府、水行业和环境部门等）的角色设计得比较平衡、体现得比较充分。政府的角色是制定价格限定政策，向水组织和企业通报有关水和环境项目的政策。政府在制定水价政策时要考虑来自水行业协会（Ofwat）、饮用水监督委员会、英国自然组织（EN）和环境署等多方的建议，考虑消费者利益和产品服务与环境的改善，规定水企业必须达到的要求和达标期限，并在水价政策的成本有效性、益处、消费者成本、水业新投资能力等方面进行决策。水行业协会的作用是在政府、环境署、饮用水监督委员会的协助下，由总主席确定价格上限，规划和组织定期价格审核，在保证企业正常运转的同时保护消费者的利益。环境和水质规制则由环境署和英国自然组织向政府部长提出建议，防止对水环境的破坏[②]。

---

① OECD（1999）. The Price of Water：Trends in OECD Countries，OECD Report.

② Environment，Food and Rural Affairs Committee.（2003）. Water Pricing：First Report of Session 2003－2004，London.

（四）欧洲其他几个国家的水定价实践

表 4－3 简单列出了欧洲其他几个国家的水定价实践。

表 4－3　欧洲其他几个国家的水定价实践

国家	水价实践
比利时	法律明确规定对地下水和饮用水征税，税率依取水量而定。如果抽取的地下水量（Q）少于每年 500 吨，则不收税；高于 500 吨时，则按阶梯式累进收税。有明确的计算公式：$500 < Q < 30000$ 立方米/年时，税 $= Q \times \alpha \times 5$ 欧分；当 $Q > 30000$ 立方米/年时，税 $= Q \times \alpha \times 6.2$ 欧分 $+ 0.75$ 欧分 $\times Qgwe/100000$），其中 $Qgwe =$ 个体水井的泵水量之和 $\times \lambda$。λ 取决于该地区地下含水层和地下水的状况 对饮用水公司的征税税率较高。每个居民每年都有 15 吨的免费饮用水定额，多余部分则由消费者自己负担。地表水的单位定价随总提取量和水的用途而不同，采取的是阶梯式累进定价
丹麦	水定价对于水的使用和防止水在输水过程中的损失都有积极的影响。一般综合水价为 5 欧元/吨，其中水价占 20%，水税占 14%，污水占 44%，污水税占 2%，增值税占 20%。但不征收取水费和对环境的排水费
芬兰	目前的定价政策为 100% 全成本定价（不含环境成本），即由用户全部支付资本、运营和维护的费用。对于通过公共输水管道供水的工业，定价政策照样适用
法国	法国的水定价政策是在水价中尽可能反映水服务成本和有关的环境与资源成本，征收取水成本、水资源费、污染费等。水资源费用于需求管理、回收水道整修成本、基础设施成本以及补偿因水道变化给人们带来的诸多不便。污染费则专门为工业和家庭排放污染物而制定，理论上应相当于污水的处理成本，但实际上是为了保证预算平衡而设定的。排污费则取决于污染物排放数量，与排放地点有关系。目前法国居民和工业用水的成本回收率为 85% 以上，其中环境收费（取水费和排水费）平均占水价的 15%。鼓励所有行业（居民、工业和农业）实行计量收费，促进节水。对一些旅游城市，夏季还执行高峰水价 与城市供水网连接的工业用水与生活用水同价，但累退的费率使工业作为用水大户可以获得大量折扣，另外，抽取河水、地下水和使用再生水的工业用水户的水价也较低

续表

国家	水价实践
匈牙利	饮用水的定价政策取决于供水机构，水价随地区/服务供应商不同而不同，为每吨 72～278 匈牙利福林。污水收集和处理费用在 50～490 匈牙利福林，但国家每年对污水收集和处理有 50 亿匈牙利福林的补助 工业用水的水价平均比居民用水水价高 8%，以鼓励企业自备井取水。 《水管理法案》规定，取水者要为许可证所允许的取水量或未得到许可但被使用的水量缴纳水资源费（WRC），工业用户要为实际使用的水量缴纳水资源费。计费公式为 $WRC = VA\ mg$，其中，V 是水量；A 是单位收费（每年确定）；m 是计算系数，有计量时为 1.0，无计量时为 2.0；g 随资源类型和特点、地区而不同，变化范围为 1.0～10.0
荷兰	地下水占荷兰供水的 70%。各省普遍征收地下水取水费，并将其作为税制改革的第一步，向环境税的方向改革，为地下水管理提供资金；国家征收地下水取水税。荷兰水价的三大特点是：采取水董事会的水管理体制；水价高；收入用于专项资金
葡萄牙	所有水公共服务（如城市、卫生、灌溉、航运和其他）都征收税费，但没有达到全成本征收、提供节水激励的程度。不同地区的城市供水水价有很大的不同，但是规制局（IRAR）正在建立水价调整的指导大纲，以提出成本回收和平等的原则

注：本表内容主要译自：（a）Roth E.（2001）. Water Pricing in the EU：A Review, European Environmental Bureau（EEB）Publication, No. 2001/2002；（b）Strosser P.（2008）. Environmental Taxes in the Water Sector in Europe：Issues and options, ACTeon Group presentation, http：//www. meif. org/uk/document/download/strosserhungary waterpricingin centralandeasterneurope. pdf, 2008－08－02.

第三节　澳大利亚的水定价实践

澳大利亚是世界上人口密度最为稀少、城市化程度最高的国家之一，虽然降水总量较少，但人均水资源量相对丰富，这一点与我国的可比性较小。但是澳大利亚人口主要集中在沿海地区，经济活动强度大，水资源管理所形成的挑战形势与我国一些城市又有一些相似之处。

历史上，澳大利亚的水资源由国家所有，用户用水要向州水资源管理机构申请取水许可，政府有权通过限制许可证的发放数量和允许取水水量来控制用水。水价在一定程度上也是福利供水。不过，20 世纪 90 年代初，随着低成本易开发的水源逐渐用完，以及新的水源工程要求的巨大经济投入与它带来的日益明显的环境负影响，澳大利亚政府开始实施名为“COAG”的改革计划，从不断增加新水源的管理方式，转为尽量不开发新的水源工程、通过有效的需求管理达到缓解水资源紧缺的目的[①]。与此同时，开始了水价改革。

一、水权

近些年，澳大利亚将水权从土地权中剥离出来，明晰了水权，建立了规范的水市场，使新的用户能够获得水资源，现有的用户能够通过高效用水赢得效益，水向高价值的行业转移。用户可通过出卖他们的用水许可证退出水行业；政府能够进入市场购得用水许可证，随后可收回它们。自明晰水权建立水市场后，澳大利亚水权交易逐年上升。

水权交易后，水资源得以流向高价值的产业（如园艺业），带来更高的回报。水的交易也导致水的价格上涨，使贸易后的水价更接近水的真实价值，是资源价值在市场中的真实体现。另外，水权在保障生态用水方面起到了很大的作用。早在20 世纪 90 年代初，随着水环境的恶化和人们环保意识的增强，人们开始关注生态用水及生态用水与消耗用水之间的平衡。为此，澳大利亚制定了生态系统用水的国家原则，提出应当在尽可能承认现有用户水权的同时满足维持水体生态价值的用水需求；如果现有用水户不能满足生态需水，应采取适当的行动(包括水的重新分配，如由政府或环境组织购买水权等)[②]。

---

① 尉永平：《澳大利亚水改革的成功经验及启示》，《山西水利科技》，2003 年第 4 期（总第 150 期）。

② 尉永平，前引文，2003 年。

二、水价改革和实践

澳大利亚的水价改革始于20世纪90年代。以下分别讨论澳大利亚的水定价原则、水价结构、社区服务的义务、成本定价等有关内容。

(一) 定价原则

澳大利亚的水定价遵循COAG的《水改革框架》[①] 的定价原则。第一，价格由指定的州规制部门制定。澳大利亚很多州的水价（不论是公共还是私人提供者）都受到政府部门或独立规制者的规制，以防止这些提供者滥用其垄断地位。规制形式包括价格控制或价格监测，规制范围各州基本相同。价格一般包括供水成本和自然资源管理成本。在价格规制的背景下，澳大利亚大多数的城市水服务提供者能够取得正的回报率，或逐渐能收回资本成本，包括资本折旧和资本的机会成本，即经过权重计算的平均回报。不过，澳大利亚首府领地州（ACT）在规制价格时还控制水的资源价格，由独立竞争与规制委员会负责向农村和城市用户征收取水费[②]。

第二，在确定水价水平时要遵守如下规定。①除非另有规定，要运用折余价值法（deprival value）评估资产。②资本更新/重置对现金的中长期需要要用年值法（annuity approach）决定。③水企业从价格中回收的，不能超出运营和维护成本、行政管理成本、外部性、税收、资本成本等。④为了可靠起见，水企业应当保证回收的成本包括运营成本、维护成本、行政管理成本、外部性（包括资源管理成本）、税收（不包括收入税）、债务的利息成本、分红（如果有），并为未来的资产更新/重置提供资源。⑤由规制者根据有效率的资源定价和企业成本决

① Council of Australian Governments（COAG）.（1994）. COAG Water Reform Framework, http://www. environment. gov. au/water/publications/action/policyframework. html.

② Production Commission.（2003）. Water Rights Arrangements in Australia and Overseas, Productivity Commission Research Paper, Melbourne.

定水企业的收入水平。⑥定价时要求有透明度[①]。

第三，由于水行业在一定程度上属于公共服务业，因此，澳大利亚国家和州制定了竞争中性政策，城乡供水机构都要服从于竞争中性政策的约束。竞争中性政策要求政府企业也要支付政府税收或费用，支付贷款的商业利率，产生商业上可接受的利润，与私营企业遵循同样的规定。其目的是不让政府企业相对于私营企业享有更多竞争优势的措施，以促进公共和私营企业之间的有效竞争。竞争中性政策下产生的成本都计入了水价之中[②]。

（二）水价结构

澳大利亚各地大多采用多部制（包括两部制）的水价结构，即固定的通水费和以用水量计算的水费。固定水费能够保证回收基础设施的资本投入，而计量收费部分则鼓励用户的节约行为。

有些州的水价设计得比较特殊，更多地考虑了社会目标。比如西澳大利亚州和南澳大利亚州就实行统一水价，也就是位于都市的城镇居民与都市以外的城镇居民支付同样的水价，虽然不同地点的供水成本可能相差很多。其社会目标虽没有在法律文件中明确规定，但也是很明确的，即以统一的价格供水，满足居民对水的基本需求。这种定价方法使用户不能面对水的真实成本，可能造成浪费。因此，为了协调社会目标与效率目标，这一定价方式需要规定合理的用水量临界值，低于临界值的用水量，其固定使用费用可被调到平均支付水平；超出该值的居民要在支付固定水费之后，按计量支付更高的水费，其水费可根据短期边际成本定价。这就是两部制的累进水价，用于达到协调效率与社会目标的目的。在这一定价方式下，临界值的确定和城镇类别的划分非常重要。对不同类别的城镇制定不同的临界值，将使每类城镇超出临界值用水量的居民比例相同，使其付出能够反映成本。

---

① ARMCANZ.（1995）. Water Allocations and Entitlements：A National Framework for the Implementation of Property Rights in Water，Canberra：Task Force on COAG Water Reform.

② Water Services Association of Australia（WSAA）.（2001）. WSAA Facts 2001，Australian Urban Water Industry，WSAA，Melbourne.

澳大利亚在夏季用水量一般比较大，主要是由于园林用水需求大幅度增加，因此有的州在夏季实施不同的价格战略，以鼓励节约园林用水。澳大利亚在这方面开展了很多理论研究和实践探索，认为合理的水价战略比起一般的用水定额限制等措施，其社会福利效应更好。

（三）再生水水价

澳大利亚一些地区的再生水利用走在世界的前列，再生水水价的确定具有一定的特色。比如，南澳大利亚的莫森（Mawson）湖地区，规定再生水水价按照年用水 125 千升以上的饮用水水价的 75% 计算。澳大利亚的亚拉河谷（Yarra Valley）在干旱时期和限水时期，由市政免费提供再生水用于灌溉体育场地。对于居民用水，再生水水价则固定为饮用水阶梯水价的最低价，每季度还另外收取 5 元，但不像饮用水一样收取累进水价①。在悉尼，再生水水价是饮用水水价的 1/3，但是对于家庭来说，用再生水冲厕反而比用一般水要贵，因为还需支付再生水服务费和再生水使用费。西澳大利亚由于水资源极其稀缺，社区强烈期望更多地循环利用水资源，因此再生水水价较低，在柏斯（Perth）更低。不过人们大多认为西澳大利亚的再生水利用规制太过复杂、缺乏透明度，对推广再生水利用不利。

总的来说，再生水水价体系在澳大利亚尚处于发展阶段，因此，2008 年澳大利亚联邦环境、水、遗产与艺术部（Department of Environment, Water, Heritage and the Arts）发出了有关资本投入、城市水价、水规划和管理、再生水和雨洪水利用的国家定价原则的通知，提出再生水的定价要遵循以下几个原则：再生水的价格上限要考虑原水和饮用水的价格；根据质量或服务的可靠程度有一定的价格差异；价格要体现再生水对水资源综合管理的重要作用；由于公众对再生水利用的接受需要时间和得以接受相关教育，因此，再生水水价的制定需要采取渐进方式，先制定比一般水价低的再生水水价，鼓励公众逐步接受再生水的利用。澳大

① Yarra Valley Water. Recycled Water: FAQs. http://www.yvw.com.au/yvw/Home/AlternativeWaterSources/RecycledWater/RecycledWaterFAQs.htm, undated.

利亚水协（AWA）一般并不主张政府补贴，但在一定期限内可采取一定数量的用户间交叉补贴，提供透明的政府社区服务支持（CSOs），尤其是当再生水的利用能够降低系统成本，如能够推迟新建新的供水设施时①。

州级水平上则以国家的定价原则为基础，由政府在争取独立机构和其他利益群体的意见后制定。仍以西澳大利亚州为例，2008 年西澳大利亚州的独立经济规制者 ERA（Economic Regulation Authority of Western Australia）在州政府要求下，就西澳大利亚州的再生水水价问题展开了质询，征求了澳大利亚水协会（AWA）等 15 方的答复，并于 2009 年 2 月公布了最终的质询报告②。

该报告对再生水的定价环境和定价原则进行了详细的规定。主要包括：第一，培育竞争性的再生水市场环境，潜在的再生水供应商应该积极寻找商业上可行的再生项目，供应商之间应该存在竞争，享有同等的再生利用所需资源的途径。第二，购买再生水时，有兴趣的用户应当有机会从污水处理厂直接购买再生水或污水资源，或从家庭和企业直接购买污水，通过第三方途径将污水输送至己处并处理。污水处理厂的污水价格应该为竞争市场价格，应该包括：向用户输送污水资源的成本和处理成本（直接成本）；除去出售污水所避免的成本（比如避免了向环境排放污水的运行成本）；污水供不应求的情况下要额外征收稀缺价格，价格水平通过公平招标过程确定。这一原则涉及对可避免成本的估算，ERA 认为要通过建立一种纠纷解决机制，对可避免成本进行审核，建立透明的中性招标过程来分配污水处理厂的污水资源。第三，水企业在用户愿意的情况下一般希望能从再生水用户手中收回一部分资金以共同负担基础设施的费用。但是 ERA 并不支持这一期望，认为再生水用户并不造成这些成本，反而能够减少这些成本。第四，《州再生水战略》要求对主要工业尽快采取体现成本的价格，并在 2014 年

① Australia Water Association（AWA）.（2008）. Submission to the EPA's Inquiry into the Pricing of Recycled Water in Western Australia, http://www.era.wa.gov.au/cproot/7217/2/20081223%20Public%20Submission%20-%20 Australian%20Water%20Association%20-%20Draft%20Report.pdf, 2008.

② ERA（Economic Regulation Authority）Western Australia. Inquiry into Pricing of Recycled Water in Western Australia, 6 February 2009, http://www.era.wa.gov.au/cproot/7359/2/20090306%20Final%20Report%20-%20Inquiry%20into%20Pricing%20of%20Recycled%20Water%20in%20Western%20Australia.PDF.

前实现体现长期边际成本的定价。但是 ERA 认为这一延迟主要是考虑到水价上涨对住户和低收入人群的社会影响，对工业用户则不存在，因此要尽快采取。第五，ERA 建议污水处理厂的再生水水价不应该受到规制，认为这是供应商与用户之间的事情，但是定价应使供应商之间存在竞争。第六，再生水水价暂时不考虑环境外部性。第七，定价原则应该接受不定期的规制审核。总结 ERA 的最终报告，可以发现西澳大利亚对于再生水水价的制定遵循市场主导的渐进式的原则，这与该州水资源的稀缺现状有很大的关系。

（四）社区服务义务

政府要求一些基础设施提供者承担社区服务义务（CSOs），要求对一些消费者群体提供低价服务。各州一般都对退休人员、慈善机构、学校、老人和双老人、有特殊需要的人群等群体，提供年服务费用等方面的折扣，对达到一定用水量的用户也提供折扣。两种措施都需要由政府向服务提供者支付 CSOs 费用，使其能继续进行商业运作[①]。这种政策对用户水价有一定的影响。比如，在南澳大利亚州和西澳大利亚州的统一水价政策下，CSOs 的支付影响不同群体用户支付的价格。而且，如果企业得不到来自政府的 CSOs，那么它们可能提高向其他用户征收的价格。

（五）水价中的水权管理成本

澳大利亚的水权管理是先进的，对水资源利用起到了一定作用。但水权的分配、管理、监督和执行是有成本的，其中一些不能分配到具体的用户身上，但有一些（如发放新水权和允许水交易的相关成本）可以向个体用户征收。在澳大利亚大部分地区，水价中一般包括一部分水权管理费用，最起码也包括一些或全部处理水权申请的费用，比如某些地下含水层管辖区征收监测和管理地下水权的费用。新南威尔士州是澳大利亚唯一一个具有独立价格规制机构的州，在制定价格时确定水权的管理成本[②]。

---

① National Competition Council（NCC）.（2001）. *Annual Report* 2000－2001，AusInfo，Canberra.

② Production Commission.（2003）. Water Rights Arrangements in Australia and Overseas，Productivity Commission Research Paper，Melbourne.

（六）环境第三方影响的控制成本

澳大利亚没有明确划分水价的资源水价和环境水价属性，而是统一将水的储存、供给和消费过程中产生的资源和环境影响统称为环境第三方影响或外部性，并以此思路来设计水价的制定。

澳大利亚一般采用控制水储存、开采或排放量的方式控制环境第三方影响。大部分地区利用资源计划来分配水的消费与非消费性使用，目的是使其边际环境成本不超出其经济和社会边际成本，并试图通过水利工程建设和水资源利用的政府许可过程控制外部性。

另外，澳大利亚政府议会（CoAG）也提倡利用环境税来控制外部性，使水价覆盖环境第三方影响，但同时也承认外部性的定价是复杂的，因为环境成本可能是非线性的，有不可逆转的环境危害发生的临界值；将环境成本纳入价格的过程也需要行政与交易成本。另外，定价时还需要考虑的因素有取水量、取水地点的敏感性、取水时机、水权转让的影响等。

因此，澳大利亚采取了一种实用简单的方法，就是要求基础设施提供者通过水基础服务设施提供费的形式，征收恢复环境危害活动所产生的环境管理成本。新南威尔士州、维多利亚州和昆士兰州的法律或用水许可条件规定，水基础设计运营者有责任开展特定的环境管理活动，其成本通过水基础设计服务费向用户收取，在消费者的供水费中体现。

国家竞争议会(National Competition Council,NCC) 在2004 年还具体规定了第三方环境影响价格的上限和下限。下限包括水企业发生的或由于水企业而产生的自然资源管理成本,可包括规制机构的水资源管理成本;上限包括水的使用所产生的环境外部性,包括第三方和公众利益的成本或效益,即全成本定价。国家竞争议会规定城市用水定价应当在2008 年前接近全成本回收水平。新南威尔士州还明确规定了在2006 年和2008 年分别实现定价的下限和上限目标①。不过在现实中这一目标并没有如期实现。

① Gardner A., Hatton MacDonald D. and Chung V. (2006). Pricing Water for Environmental Externalities in Western Australia, in *Environmental and Planning Law Journal*, 23 (4): 309 - 326.

第四节　日本的水定价实践

在日本，各大城市的水价有很大的差异。造成水价差异的因素包括缺水的程度、从水源到水厂的距离、人口密度、自来水公司的规模、受污染的原水净化所需费用以及自来水公司的管理水平等。但水价普遍呈现持续上升的趋势，这是因为近年来由于河流污染加重，用一般的净水处理方法很难去除一些不良气味和化学物质，因此需要进行高度净水处理以保持良好水质，造成设备、运行、维修等费用增加，水价也随之上升。另外，人工工资的提高，也是水价提高的原因之一。

在日本，自来水费用包括四个部分：自来水利用基本费用（固定费）、浮动利用费用、水表利用费用和相应的消费税。在征收水费时，日本对负担能力不同的用户制定不同的水价，称为用户差别收费制度，分为家庭用水、工厂用水、公共浴池用水、商业用水等。由于用户的划分和价格的差异与政策有关，具有一定的随意性①。

日本自来水价是根据用户使用的水量多少、水表管径的尺寸大小来决定的。它由两部分构成，一部分是必须负担、与用户使用的水量多少无关的基本费用，称为基本水费，用来负担包括自来水净化和水管设施等建设和维修的固定费用。另一部分是计量水费，用来负担自来水净化的药品费和动力费等变动费用。对于计量水费部分，有的地区采用固定水价，但大部分地方采取的是累进水价。不过，有的地区出于经济发展或回收成本的考虑，也采用累退水价②。

日本自来水供应成本大部分由用户承担，但是在污水处理设施的建设、维护与运营中，日本各级政府均发挥主导作用，承担了几乎全部的建设资本与一半以上的运营维护成本，使用者仅在污水处理设施的维护与运营中承担较重要的责任，

① 赵立祥：《日本的循环型经济与社会》，科学出版社 2007 年版，第 60－63 页。

② 薛梅、冯玉春：《日本的自来水价格及水价制度面临的新课题》，《水利经济》，2004 年第 22 卷第 1 期。

总体上仅承担运营成本和大约5%的基础设施投资。

日本形成了严谨的价格形成机制。水价制定原则是在自来水公司高效经营管理的前提下，公正妥当地反映水的价值。制定水价时，如果是地方公共团体经营的自来水公司，水价要由地方议会根据条例决定，变更水价时要经过厚生省批准。民营的自来水公司，必须经厚生省认可才能运营。具体的水价制定方法是根据日本各自来水公司组成的日本水道协会制定的章程决定，要考虑未来几年内水的需要量、经济景气状况、净水厂和配水管等设施的设计施工等因素。同时，还要考虑公司过去的经营业绩和如何提高经营效率。每个地区会根据本地区水资源的丰富程度对基本费用和阶段性价格进行调整。

日本的自来水运营都是独立结算，自来水公司对费用征收一丝不苟，每个月都会向用户寄送用水小票，用水小票上面注明使用量和应缴费用以及各个用水阶段的费用一览，居民可以合理计算自己的用水尺度。

第五节　国外水定价实践对我国的启示

一、国外水定价实践的特点分析

根据上述内容与 Dinar 和 Subramanian① 负责编写的世界银行对22个国家长期以来的水价制定经验的报告，以及 Jones 对29个世界经合组织（OECD）国家水价政策的研究②，总结分析世界各国的水定价探索实践，发现世界各国的水价实践有如下特点。

（一）水价实践与各国的社会经济和资源状况有关系

各个国家，甚至一国的各个地区之间，由于水资源丰缺程度不一，经济发展

① Dinar A. and Subramanian A.（1997）. Water Pricing Experiences: An International Perspective, World Bank Technical Paper, No. 386.

② Jones T.（1998）. Recent Developments in the Pricing of Water Services in OECD Countries, in *Water Policy*, 1998（1）: 637 -651.

水平有所差异，对于水资源和水产品服务的管理有不同的目标侧重，因此在水定价方面的实践也有所差异。比如，美国是水资源相对丰富的国家，经济发展水平高，其水定价改革起步早，体制完善、程序合理，注重对水业投资者利用的保护；但由于注重可获得性、平等性和可承受力等社会目标，水价长期偏低，取消累退水价、采纳累进水价的供水机构比重较低。而同样经济发达、人均水资源占有量较高的德国，利用水价机制进行水管理的机制早已成熟，资源与环境管理的目标明确，水价的成本回收率高，对不同的服务受众公平收费，既为水资源保护积累资金，又能促进水资源的更好利用。

（二）各国水价实践表现出几种共同的发展趋势

（1）水表计量越来越普及，从固定收费向水表计量收费转变，两部制费率体系更加普遍，其中固定水费部分主要用来回收资本成本和资本折旧，由于不随消费量变化而易于保障成本回收；计量部分消费则主要是出于节水（累进水价）或经济发展（累退水价）的考虑，其设计与水价的社会、经济与环境目标紧密相关。如欧洲国家阶梯式累进水价运用得较为普遍；日本和美国有些地区出于经济发展或回收成本的考虑或由于水资源丰富而采用累退水价，但近年来从不注重水价的节水和环境保护作用逐渐向注重转变，逐步采取有利于节水的水价结构。

（2）各国的水价普遍上涨。原因一方面是对城市供水和污水处理的要求提高了，另一方面是由于污染加重、清洁的淡水资源越来越难获取，加大了处理和调水的难度。同时，政府减少对供排水业的补贴也是一个原因。

（3）政府补贴和交叉补贴有减少的趋势，但尚不能实现全成本水价定价。世界各国各地区以前和中国一样，政府通常对供排水行业给予大量补贴，补贴形式有多种，包括对供排水业的直接补贴、政府以低息借款形式的间接补贴、以公共资源管理项目资金提供的隐性补贴等。近些年来，许多国家都在试图减少对资源性水产品和服务的补贴，提高水务服务供给的成本回收水平；它们已经认识到政府提供补贴不一定是实现行业经济或整体社会目标的最好方式，长远来看，补贴甚至会损害某些经济和社会目标。

随着对政府减少补贴重要性的认识逐渐深入，全成本定价手段作为消除水资源开发利用的“第三方”外部性影响的一种手段，在欧盟各国、澳大利亚等国家得到了大力提倡，并列入了其法令当中，其他一些国家也正在探讨如何运用这一手段。然而，由于一些技术性难题和社会及经济方面的考虑，全成本定价手段还没有得到具备一定深度和广度的实施。美国的法律法规目前还不主张在水公用事业领域利用价格纠正机制（或全成本定价）来实现环境目标，而只在固体垃圾、电力方面开始采取了价格纠正机制。另外，对世界经合组织国家水价政策的分析显示，这些国家虽能基本上实现供水的财务成本回收，但是很少能反映真实的经济成本。

（4）大部分国家有完整的水价组成部分，但各部分比重不同。虽然全成本水价尚不能实现，但是水价的四个组成部分，即资源水价、公共水利工程水价、城市供水工程水价和环境水价在大多数国家是完整的。大部分国家同时征收四种水价，虽然收取的名义不尽相同，比如地表水和地下水取水费/税等，不过，一些国家的资源水价和环境水价并没有严格按照稀缺性、外部成本等影响因素来收取，而主要由政府根据其水资源与水环境管理的资金需求和财政能力而决定。比如英国的资源水价和环境水价与水资源的稀缺性和用水的环境影响并不紧密相关，主要是根据环境部门的水管理成本而定。澳大利亚水认为外部性的确定是复杂的，是需要行政与交易成本的，因此没有明确覆盖外部性成本，一般通过水基础服务设施提供费或土地费的形式征收类似于资源水价或环境水价的费用，由基础设施提供者采取环境恢复活动。

（5）供水的成本回收率高，污水处理的成本回收率低。几乎所有国家对供水成本的回收率都比较高，而对污水服务的成本回收率则比较低。比如，荷兰用户承担100%的供水成本，包括资本成本和运营维护的费用。法国居民和工业用水的成本回收率为85%以上。日本的自来水供应成本大部分由用户承担，但污水处理设施则由日本各级政府承担几乎全部的建设资本与一半以上的运营维护成本。德国的供水成本回收率高达97%，但污水服务的成本回收率仅为75%。

（6）注重水价的社会目标。社会目标主要是水产品服务的可获得性、可承受力和平等性。对于发达国家，水产品服务的可获得性基本不成问题，也都制定了不同的政策对待可承受力和平等性问题。比如，澳大利亚的西澳大利亚州和南澳大利亚州让都市内城镇居民与都市外的城镇居民支付同样的水价（虽然二者的供水成本相差很多），以此平等满足居民对水的基本需求，精心设计用水量临界值避免这种定价方式的无效率，并对一些弱势消费者群体提供低价服务。美国很多城区的供水部门对老年人提供水价折扣，或利用生命线（Lifeline）水价结构对低收入家庭的基本用水量收取较低的价格。

（7）建立了考虑各方利益的水价制定程序和顺应市场规律的水价定期调整程序。美国、日本、英国等很多国家都有严谨的价格形成机制，在政府规制和协调下，在独立机构的监督下，多方利益相关者有效参与，建立规范的水价制定和调整程序，章程明确，公开性高，透明度好。

很多发达国家还建立了顺应市场规律的水价调整程序。从美国、日本、澳大利亚、欧洲多国的实践中可以看出，水价一般按照市场规律定期调整，根据 CPI 指数预测供水及污水处理成本的增加（包括材料费用、能源费用、人力费用等）和新增供水能力的投资，每年或几年就修订一次，且有一定的前瞻性。合理的水价调整程序为水企业回收成本、提供优质服务奠定了基础，也为消费者有效使用水资源发出了正确的价格信号。

（三）一些国家采用用户差别水价

针对不同用户群体收取公平差别水价是水定价理论所提倡的，在现实中也得到了实践。比如，匈牙利工业用水的水价平均比居民用水水价高 8%，以鼓励企业自备井取水；对工业耗水大户的固定和可变收费都更高。日本对家庭用水、工厂用水、公共浴池用水、商业用水等不同用户实行差别收费。德国对不同的用户收费不同，力争实现公平收费、减少交叉补贴。不过，在有些国家，与城市供水网连接的工业用水与生活用水同价，但累退的费率使工业作为用水大户可以获得大量折扣，另外，抽取河水和地下水的工业用水户的水价也较低。

（四）一些国家采用季节水价和干旱水价

有相当数量的国家或城市在不同季节采用不同的水价标准，即峰谷水价，如法国一些旅游城市和澳大利亚的一些州在夏季执行高峰水价。在干旱年份，美国许多供水机构采用高额水价以鼓励节约用水；一些水机构甚至实施惩罚性水价以减少水的使用。

（五）再生水定价机制正在发展之中

由于再生水利用系统的建设是最近十几年的事情，因此，再生水水价的定价机制也处于发展之中。但存在一些共识，即再生水的水价最初应有一定的优惠，从而产生一定的激励再生水利用、延迟新水源开发的作用。

（六）各国实践提供一系列的最佳实践手段

各国实践虽然差异颇大，有些国家还颇具自己的特色，但能够为我们从技术上提供一系列的最佳实践（Best Practices）手段。如美国的分级水价体系，英国的相关角色设计，欧盟国家在全成本收费方面的尝试，澳大利亚在水权交易和再生水价定价方面的经验，美国费城的成本控制、自动读表系统等。这些实践方式不一定都适用于国内复杂多样的情况，但无疑代表了一种发展方向。

二、对我国的借鉴意义

在迅速的城市化、工业化进程中，中国，尤其是中国的城市地区，正在遭受着发达国家过去曾经历的水资源耗竭和水环境恶化的问题。了解国外，尤其是发达国家在过去二三十年间的水定价实践，将帮助我们开阔思路、完善知识、少走弯路、起点更高，让我国能够更有效地借助水价这一经济手段开展城市水管理。

当然，不同国家有不同的国情，我们不能照搬国外经验，要根据自己的实际情况选择自己的方法。但由于不同国家之间依然存在共性特征和规律，因而国外实践还是具有参考与借鉴意义的。

（一）中国国情的异质性决定了水定价实践应该多样化

各个国家，甚至一国的各个地区之间，由于水资源丰缺程度不一，经济发展水平有所差异，因此在水定价方面的实践也有所差异。中国是一个大国，从南到北，从东到西，其地理、气候、水文等自然条件迥异，尤其是水资源南北差异巨大；人口、发展水平、经济实力、生活水平等社会经济条件也相差甚多，甚至对于水资源和水产品服务的管理目标有着不同理解。比如，在经济发展比较落后、生活水平较低的地区，城市水管理的目标可能首先是保障居民对水产品和服务的普遍获得途径，也可能是优先发展某些工业企业，因此，其水定价决策不可避免地要更注重社会和经济目标。而对于经济发展水平和生活水平已经很高的大都市，比如北京和上海，对城市水管理的目标侧重点可能已经转移，转而更关注环境生态的改善，这也将转变政府的水定价决策和执行。因此，中国的水定价实践一定要考虑中国不同地区的差异性，采取最适合当地实际情况的方法和体系，并明晰当时所采取方法的局限性。

（二）要合理实现水定价不同目标和不同群体利益的均衡

第一章指出水定价有不同的经济、社会和环境目标，涉及政府、消费者和企业等多方利益；政府的水定价决策就是要实现不同目标和不同群体利益的均衡。从国外实践可以看出，即使对环境生态非常注重的国家，水定价决策也不是只注重环境生态目标的，也要考虑经济发展，还要考虑社会平等性。比如，有些国家工业用水的水价高于居民用水水价，但也有一些国家出于经济发展的考虑，对工业用水的补贴是巨大的，而且是不透明的。不同定价目标、利益群体之间的均衡，一方面能为社会稳定、经济发展做出贡献，但另一方面也有其不利影响，以工业用水补贴为例，普通居民就有可能为此支付本不应该支付的交叉补贴，而工业企业可能缺乏应有的节水激励。我们只有清醒地认识到这一点，才能更好地反思和改进中国的水定价实践，实现真正意义上的社会最优，而不只是强大势力的博弈胜利。

（三）中国的水价实践有可能呈现与发达国家相同的发展趋势

上文总结了世界各国水价实践的共同特点和发展趋势。笔者认为，中国有可能呈现相同的发展趋势，毕竟这些共同特点和发展趋势在理论上是合理的，在实践中也得到了运用。这一思路有助于帮助我们了解中国水定价的发展趋势。当然，中国实践是否真的会呈现这些发展趋势，在何时能够实现这种转变，还需要在实践中得到证实。

（四）中国应该适当学习国外的最佳实践

中国人最具备学习精神，善于采纳众家之长、补己之短。各个国家，尤其是发达国家的水定价实践为我们从技术上提供了一系列的最佳实践，我们应该善于分析总结，找出最适合自己的实践组合，促进中国的城市水管理。

（五）水定价不是单纯的价格制定或规制的问题

水定价不仅涉及水价制定程序和原则、水价结构、水价水平等问题，更涉及政府规制体制、水资源管理体制、水权管理、公共投入、社会公平、公众教育等多方面的问题。在全球水资源短缺、水环境恶化的今天，各国都面临着水资源管理的不同挑战，一定要在水价手段之外，采取综合全面的水资源管理措施，才能实现水资源和服务的社会、经济与环境目标，为促进人类福利做出贡献。

本章分析了国外，尤其是发达国家的水定价实践，总结了其共性和具体特点，归纳了对中国的借鉴意义。不过我们还需要进一步了解中国的水价实践，发现我们自己好的做法和需要改进之处，才能够有目的地借鉴他人经验，立足国情，促进我国的城市水管理。

第五章　中国水定价实践

在我国，水价（尤其是城市水价）的形成机制有什么历史沿革和特点？实践中都存在哪些问题？未来的发展和改革方向是什么？要研究中国的城市水定价机制，一定要对上述问题有清晰的认识。

第一节　水价制度的历史沿革

一、中国水价制度的沿革

（一）新中国成立以前

在中国历史上，水价最早限于水利工程供水水价这一内容，而且主要是针对农业用水。中国水资源开发和引水灌溉农田的历史悠久，收费制度应运而生，早在公元前 2 世纪，四川都江堰灌区就执行了每亩水田缴纳 5 公斤稻谷的水费制度。从古至今持续正常使用的水利工程都有一套比较合理的收费制度，水利工程供水水价在各个历史时期对工农业生产起到了显著的作用①。

在城市用水方面，中国的城市化进程开展得较为迟缓，长久以来城市居民基本上靠自己取用地下水生活。以北京为例，1910 年以前京城普通百姓一直取用土井的井水，无须付费。家境较好的人家买城里的甜井水喝，类似于现在的桶装水性质，没有真正意义上的水产品和服务的大众提供。这种状况一直持续到 1910

① 李雪松：《中国水资源制度研究》，武汉大学出版社 2006 年版，第 345 页。

年，北京成立了第一家自来水厂，经过一定时间的免费试用后，自来水公司正式向北京市民出售，进行大众供应。市民向公司购买“水筹”后，凭水票到水龙头处购水。每张水票合 0.25 枚铜元，可买一担水，使用期限为一年。还有一种特别水票，专门用于清道用水，计每票一张取水一百磅，其水价是普通水价的八折。自来水公司还针对一些人无力挑水的问题，发售一种“特别水票”，这种水票每张铜元一枚，由于送水到家，因而较贵[①]。由此可以看出，当时的自来水水价是将产品与输水服务分开定价的，而且根据不同用途水价略有不同。另外，当时的自来水公司性质为招商集股的官督商办的企业，属于营利性质的企业。

（二）新中国成立之后[②]

1949 年新中国成立后至今，水价制度先后经历了公益性无偿供水阶段、水价无序阶段、政策性低价供水阶段、商品水阶段，水价大幅度改革阶段五个重要阶段，得到了建立、健全和改革。

1. 新中国成立后的公益性无偿供水阶段（1949～1965 年）

新中国成立初期，以公益性供水为主，基本不收取水费，无水价可言。1964 年，原水利电力部召开了首次全国水利管理会议，提出《水费征收和管理的试行办法》，开始改变无偿供水的状况。

2. 水价无序阶段（1965～1980 年）

1965 年 10 月 13 日，国务院批准了水利电力部制定的《水利工程水费征收、使用和管理试行办法》，文件中规定：“凡已发挥兴利效益的水利工程，其管理、维修建筑物、设备更新等费用，由水利管理单位向受益单位征收水费解决。水费标准应当按照自给自足、适当积累的原则，并参照受益单位的情况和群众的经济力量自行确定。”这是我国第一个有关水价制度的重要文件，它确立了按成本核

① 毕延龄：《北京自来水的九十年》，北京市市政工程设计研究总院建院四十五周年论文集，2002 年 12 月。

② 本节内容主要参考：王浩、阮本清、沈大军：《面向可持续发展的水价理论与实践》，科学出版社 2003 年版，第 23－27 页；陶晓华：《我国水价制度的历史沿革》，《治淮》，2004 年第 12 期；李雪松：《中国水资源制度研究》武汉大学出版社 2006 年版，第 345－350 页。

定消费的基本模式。这一时期水费征收工作比前一阶段无偿供水时期有了较大进步，但是由于过多地考虑不加重人民的负担而没有考虑供水成本，水价标准过低，水价标准的制定没有按规律办事，不符合商品定价原理，很大程度上仍然是“福利水”、“大锅水”的观念在起作用，水利管理单位难以实现“自给自足，适当积累”；同时，《水利工程水费征收、使用和管理试行办法》未能在全国范围内执行，加之文化大革命的十年冲击，水利工作处于停顿状态，水费收取工作无法推进。

3. 政策性低价供水阶段（1980~1985年）

1980年我国财政体制改革，国务院提出“所有水利工程的管理单位，凡有条件的要逐步实行企业管理，按制度收取水费，做到独立核算，自负盈亏”。各省、自治区、直辖市对水利工程管理单位开始实行“自收自支，自负盈亏”的管理方式，水费工作开始起步。1980年，水利部组织了大型水利工程供水成本调查，首次提出了“水的商品属性”概念，为有偿供水奠定了理论基础。1982年中共中央一号文件指出，“城乡工农业用水应重新核定水费”。

4. 水价改革起步阶段（1985~1995年）

1985年7月国务院颁布了国发94号文《水利工程水费核定、计收和管理办法》（以下简称《水费办法》），规定“凡水利工程都应该实行有偿供水”，首次提出以供水成本为基础核定水费的计收标准，规定“水费标准应在核算供水成本的基础上，根据国家经济政策和当地水资源状况，对各类用水分别核定”。但由于历史原因，该办法将水利工程视为行政事业性服务，将水费作为行政事业性收费进行管理，没有将水利工程供水纳入商品范围，没有明确按价值规律确定供水水价。

1988年1月全国人大通过的《水法》第34条明确规定：“使用供水工程供应的水，应按规定向供水单位缴纳水费。”这是我国最高立法机关对水利工程供水实行有偿收费的重要法律规定，是依法制定水利工程供水水价的基础。1990年国务院办公厅下发了10号文《关于贯彻执行〈水利工程水费核定、计收入和管理办法〉的通知》，规定“用水户和用水单位都必须按各地核定的水费标准和规定日期交付水费”。《水费办法》和《水法》使水费工作走上规范化、法制化的道路。

至此，我国的平均水价有了大幅度提高，但仍未达到供水成本，水价标准及水费征收管理仍存在许多问题，有待在实践中进一步发展和完善。

5. 水价改革发展阶段（1995～2003 年）

1994 年 12 月，财政部以 C（1994）财农字 397 号文件颁发了《水利工程管理单位财务制度》，明确规定“水管单位的生产经营收入包括供水、发电及综合经营生产所取得的收入”，第一次将水利工程水费定义为生产经营收入，这是对水利工程供水以及水费收入性质认识上的突破。

1994 年 12 月国务院以国发 158 号文颁布了《城市供水条例》。1998 年国家计委、建设部以计价格 1810 号文发布了《城市供水价格管理办法》。该条例和办法的核心内容是：城市供水企业（主要指自来水公司）的生产按工业企业财务核算，考虑供水成本、费用、税金及供水生产利润，遵循补偿成本、合理收益、节约用水、公平负担的原则，由政府确定商品水价格。1995 年水利部财务司出台了按水的用途实行分类定价的标准（见表 5－1）。不过，当时的水费标准并没有完全达到标准规定的水平。

表 5－1 各类用水价格确定原则

用水分类		水费标准
农业	粮食作物	供水成本
	经济作物	略高于供水成本
工业	—	供水成本＋供水投资 4%～6% 的盈余
生活	—	供水成本＋微利
水力发电	结合其他用水	售电电价的 12% 或电网平均售价的 8%
	不结合其他用水	综合用水水费标准的 2～3 倍

1997 年，国务院发布了《水利产业政策》。规定的核心内容是“合理确定价格，规范各项收费，推进水利产业化”，同时明确水利供水价格，要按照新工程

满足运行成本和费用、缴纳税金、归还贷款和获取合理利润的原则制定水价；老工程要根据国家的水价政策和成本补偿、合理收益的原则，区别不同用途，使水价逐步调整到位。还规定“根据工程管理的权限，由县级以上人民政府物价主管部门会同水行政主管部门制定和调整水价”。

2000 年 8 月，国家计委、财政部、农业部联合发文，明确将水利工程水费转为经营性收费，将水利工程供水价格纳入国家宏观调控指导下的商品价格范畴进行管理，彻底解决了水利工程水费的性质问题，这是水利工程供水价格和水费征收使用管理改革进程中的一个重要转折点。水利工程水费转为经营性收费后，水价开始以价值为基础，初步反映了市场的供求关系；适当考虑了水管单位的经济状况和水利工程的运行维护需要。

2002 年 8 月 29 日，全国人大常委会通过了修订后的《水法》。《水法》重申实行取水许可制度外，还强调了水资源的有偿使用原则，必须通过“缴纳水资源费，取得取水权”。新《水法》的颁布为水价改革提供了可靠的法律保证。

6. 水价改革新阶段（2003 年至今）

在这一阶段，我国已经充分认识到在中国大部分地区（尤其是许多城市），水资源短缺、水体污染严重、水环境恶化的问题日益凸显。在这一背景下，由国家颁发的两个重要文件标志着中国进入了水价改革的新阶段。第一个文件是2003 年 5 月《水费办法》废止后，由国家发改委、水利部正式颁发的《水利工程供水价格管理办法》（以下简称《水价办法》），于 2004 年 1 月开始实施。《水价办法》明确了水利工程供水的商品属性，从法规层面将水利工程供水价格纳入了商品价格范畴进行管理；规范了水利工程水价形成机制以及核价的原则和方法，明确了水利工程供水价格要按照补偿成本、合理收益、优质优价、公平负担的原则制定，并根据供水成本、费用以及市场供求的变化情况适时调整；要求实行超定额累进加价、丰枯季节水价和季节浮动水价制度；逐步推广基本水价和计量水价相结合的两部制水价制度。《水价办法》的实施，对促进水利工程供水价格改革，维护正常的供水价格秩序，保护供用水双方的合法权益，合理利用和保护水资源，建设节水型社会发挥了重要的作用。

第二个文件是2004年4月国务院办公厅发布的《关于推进水价改革促进节约用水保护水资源的通知》（以下简称《通知》）。《通知》指出，“我国水价改革取得了一定进展，但是水价机制和管理还存在不少问题：一是部分地区终端水价偏低，不利于提高用户节水意识；二是水利工程水价仍低于供水成本，致使工程老化失修；三是污水处理收费不到位，污水处理设施难以维护正常运转；四是水资源费征收标准偏低，不能反映我国水资源紧缺状况；五是各类水价比价关系和计征方式不合理，不利于合理配置水资源”。

《通知》指出，今后水价改革的目标是“建立充分体现我国水资源紧缺状况，以节水和合理配置水资源、提高用水效率、促进水资源可持续利用为核心的水价机制”。水价改革要遵循的原则一是按照不同用户的承受能力，建立多层次供水价格体系，充分发挥价格机制对用水需求的调节作用，提高用水效率；二是水价制定与供水设施建设相结合，积极建立和培育水资源开发利用市场，实现水资源合理配置；三是合理利用水资源与防治水污染相结合，努力实现污水再生利用；四是合理补偿供水单位成本费用；五是强化水价对供水单位的成本约束。

《通知》提出了水价改革的方向：一要扩大水资源费征收范围并根据水资源紧缺程度提高征收标准；逐步使城市供水公共管网覆盖范围内取用地下水的自备水费高于自来水价格；地下水严重超采的地区，应加大水资源费调整力度，以限制地下水过度开采，促进再生水的利用。二要逐步提高水利工程水价。三要合理调整城市供水价格，要综合考虑上游水价、水资源费情况，以及供水企业正常运行和合理盈利、改善水质、管网和计量系统改造等因素，在审核供水企业运营成本、强化成本约束基础上，合理调整城市供水价格。四要限期开征及提高城市污水处理费征收标准，将污水处理收费标准调整到保本微利水平。暂时达不到保本微利水平的，要制定城市污水处理费最低收费标准，确保污水处理设施正常运行。五要合理确定再生水价格，再生水价格要以补偿成本和合理收益为原则，结合再生水水质，用途等情况，与自来水价格保持适当差价，按低于自来水价格的一定比例确定，引导工业、洗车、市政设施及城市绿化等行业使用再生水。

《通知》还提出要加快推进对居民生活用水实行阶梯式计量水价制度。不过，虽然2008年11月通过的《循环经济促进法》第46条规定，“国家实行有利于资源节约和合理利用的价格政策，引导单位和个人节约和合理使用水、电、气等资源性产品”。但是，该法删除了国家对城市居民生活用水、电、气等资源性产品实行累进加价收费制度的规定。这一点说明，中国水价改革的道路不能走得过快过急，还要考虑中国的国情和实际执行的难度，采取渐进式的手段。

以上对中国水价实践历史沿革的描述说明，人们对于水价体系的认识越来越深刻，水价目标从原来的福利供水、保障居民的基本生活生产需要，进一步向保障供水系统的资金能力和供给能力转变；在水资源日益短缺、水环境日益恶化的近些年，水价制定目标更加全面和综合，靶向直接定位于用水效率的提高、水资源的合理配置和水资源的持续利用。在这种情况下，建立一个成熟完善的水定价机制就显得更加重要和急迫了。

二、各水价组成的历史沿革

前面笔者以时间为顺序，主要从行政、法律、法规等方面描述了中国的水价历史。由于完整的水价一般包括工程水价、环境水价（污水处理费和排污费）、资源水价和再生水价四部分，因此，下面笔者将以此为框架分析我国的城市水价体系。可以发现，这四部分内容出现的时间有先有后，而且发展成熟的程度也有所不同。

（一）工程水价

工程水价分为水利工程供水水价和城市供水水价。

1. 水利工程供水水价

1980年，我国首次提出了“水的商品属性”概念。1985年7月国务院颁布了《水利工程水费核定、计收和管理办法》，首次提出以供水成本为基础核定水费的计收标准。2000年财政部两次发文明确将水利工程水费转为经营性收费管理，不再作为预算外资金纳入财政专户管理，是我国水价改革的一个重要转折点。2003 年 7 月国家发展与改革委员会、水利部颁发的《水利工程供水价格管理办法》规定：水利工程供水价格按照补偿成本、合理收益、优质优价、公平负担原则制定，并根据供水成本、费用及市场供求的变化情况适时调整。现在，水利工程供水价格已纳入了国家商品价格管理体系，由国家计委价格司负责水利行业水价的具体管理。

2. 城市供水水价

城市供水包括城市公共供水、自建设施供水和地表水供水。1994 年 12 月国务院以国发 158 号文颁布了《城市供水条例》，规定城市供水价格应当按照生活用水保本微利、生产和经营用水合理计价的原则制定。城市供水价格制定办法，由省、自治区、直辖市人民政府规定。

1998 年国家计委、建设部以计价格 1810 号文发布了《城市供水价格管理办法》。该办法明确规定，城市供水价格由政府确定，考虑供水成本、费用、税金及供水生产利润，遵循补偿成本、合理收益、节约用水、公平负担的原则；实行分类水价，并根据使用性质分为居民生活用水、工业用水、行政事业用水、经营服务用水、特种用水五类。

（二）环境水价（污水处理费和排污费）

环境水价主要为污水费。污水费严格来说分为两类。第一类是最先开始征收的，即排污费。1982 年我国颁布了《征收排污费暂行办法》，开始实施排污收费制度。1996 年以前，污水处理费的征收只针对工业企业且费率较低，通常在 0. 08 ~0. 10 元/吨，难以筹集足够的资金。2002 年 1 月 30 日国务院发布了第 369 号国务院令《排污费征收使用管理条例》，规定直接向环境排放污染物的单位和个体工商户（以下简称排污者），应当依照本条例的规定缴纳排污费。排污费的征收要根据污染物排放种类、数量决定。

第二类是污水处理费。1996 年出台的《水污染防治法》为对所有连接城市排水管网的用户征收污水处理费提供了法律依据，规定市区污水应集中到污水处理厂进行处理，并通过收取污水处理费的方式确保相关设施的有效运行。1998 年，国家计委和建设部制定了《城市供水价格管理办法》（计价格［1998］1810

号)，正式提出污水处理费计入城市供水价格，按城市供水范围，根据用户使用量计量征收。

1999 年 9 月 6 日，国家计委、建设部、国家环保总局发布了《关于加大污水处理费的征收力度建立城市污水排放和集中处理良性运行机制的通知》(计价格［1999］1192 号)。该通知明确指出，污水处理费是水价的重要组成部分，要在供水价格上加收污水处理费，根据用户用水数量（包括从城市供水企业取水、自备井和从江河湖泊取水）征收。由城市供水企业在收取水费中一并征收，按月划拨给排水和污水处理企业（单位)，用于城市排污管网和污水处理厂的运行、维护，以补偿城市排污和污水处理成本，建立污水集中处理良性运行机制。污水处理费应按照补偿排污管网和污水处理设施的运行维护成本，并以合理盈利的原则核定。运行维护成本主要包括污水排放和集中处理过程中发生的动力费、材料费、输排费、维修费、折旧费、人工工资及福利费和税金等。

排污费和污水处理费的征收，消除了可能出现的“收费漏洞”，因为污水处理费的征收只针对那些连接了公共污水收集与处理系统的用户，而排污费的收取可以制约那些不利用公共供水系统、又直接向环境排放污水的用户。

目前，我国污水处理业正处于基础设施建设的高峰期。截至 2008 年 6 月，我国的城镇污水处理厂已经超过 1400 座，仅 2008 年上半年建成进入运营环节的污水处理厂每个月都有 50 多座，而且这还仅仅是指县城以上的，不包括一般建制镇。污水处理厂建成后就转入设施运营服务行业，随着城市水业的发展其比重将逐渐增大（在水业成熟的发达国家，城市水业主要的形态是服务业，一般占到 60% 以上)①。污水处理费对基础设施建设和服务运营两个方面都非常重要。

在中国，污水费的收取主要存在如下几种问题。第一，现有污水处理费水平的成本回收非常低。目前我国各城市的污水处理费在 0.25 ~ 1.00 元/吨，在这种费率水平下，污水处理费征收规模为 40 亿 ~ 50 亿元，但是以每吨处理费 1.5 元

① 傅涛：《水业产业时代的战略联盟》，中国水网，2008 - 10 - 29，http：//www.bdc.cn/cenweb/portal/user/anon/page/BeijingDrainage_ CMSItemInfoPage.page? metainfoId = ABC00000000000004953&app_ id = 0000000000000000136&categoryId = 140120。

计算，污水处理费用约需750亿元，存在700亿元的污水处理建设与服务资金的缺口①。如果完全依赖政府行为，政府将负担不起，水污染问题也将很难解决。第二，运行费用不够。根据建设部2007年3月的统计，在29个省市的城市中，只有16.09%的污水收费能够达到该费用的50%②。第三，因为各地经济发展不同，污水费的收取情况不一样，某些地方至今不收污水费（有些是因为尚未建设污水处理设施）。

（三）资源水价

1993年之前，国家一直没有有关水资源费征收方面的规定。1993年9月1日起施行的国务院《取水许可制度实施办法》也没有规范取水者缴纳水资源费的问题，但在实践中有水资源费的征收措施，只是政策不统一、征收程序不规范。2002年修订的水法开始明确规定，水资源属于国家所有，由国务院代表国家行使所有权，凡是直接从江河、湖泊或者地下取水的单位和个人，都应当按照国务院规定，申请领取取水许可证，并向国家缴纳水资源费。

由于我国幅员辽阔，地区间水资源状况、经济发展水平存在很大差异，因此于2006年4月正式生效的《取水许可和水资源费征收管理条例》（以下简称《条例》）取代了原有的《取水许可制度实施办法》，其中规定，除中央直属和跨省水利工程水资源费征收标准由中央制定外，水资源费由相关地方政府负责制定，各地区根据不同的水资源现状和经济社会发展水平收取不同的水资源费。为了规范水资源费的分配和使用，确保水资源费“取之于水、用之于水”，《条例》规定，水资源费应当解缴国库，全额纳入财政预算，主要用于水资源的节约、保护和管理，任何单位和个人都不得截留、侵占或者挪用水资源费。目前全国已有29个省市自治区出台水资源费征收管理办法，30个省市自治区已开征水资源费，初步扭转了水资源无偿取用、无序取水的局面。

---

① 陈晨：《污水处理产业：700亿元缺口难题》，《科学时报》，http：//www.sciencenet.cn/sbhtml-news/200843003 436302205940.html，2008-04-29。

② 杜会娇：《污水处理厂运行水量达70%是正常现象》，中国水网，http：//news.h2o-china.com/market/watermarket/628081191986100_1.shtml，2007-10-10。

（四）再生水价

再生水作为一种新的供水水源能够缓解城市水资源短缺问题，其利用是近几年发展起来的一种新的城市水资源管理方式。相应地，再生水的定价机制也正在发展之中。从表5－2中几个城市的再生水价格可以看出，再生水定价主要是出于鼓励再生水利用的目的，并没有建立明确的成本核算和回收等定价体系。

表5－2　几个城市的再生水价格

城市	一般水价（元/吨）			再生水价格（元/吨）		
	居民	工业	其他	居民	工业	景观
北京	3.7	5.6	5.4	1.0	1.0	1.0
天津	2.9	4.6	4.6	1.1	1.3	1.5
天津	2.9	4.2	4.2	3.9	3.9	3.9
西安	1.95	2.25	2.55	1.17	1.17	1.17
青岛	1.6	2.0		1.0	1.0	0.6
泰安	2.5	2.9	3.11		0.38/0.5/0.6	0.38
石家庄	2.6	3.7	3.5	1.0	1.0	1.0

资料来源：《城市污水再生利用案例分析》，首届中国城镇水务发展战略国际研讨会，北京，2005。

从本节分析可以看出，我国的水定价体系中，对于工程供水的价格成分已经有了成熟的发展，定价、征收等方面都有了成熟的体系。但是在水资源费、污水处理费和再生水费方面，尚处于初始发展阶段，都存在一定的改进和明确的空间。

第二节　中国区域城市水价

了解中国区域性的城市水价现状，能够帮助我们更深入地了解中国复杂的水定价实践和现状，帮助我们发现问题和解决问题。

一、各省会城市和直辖市的居民用水综合水价

表5－3是中国各省会城市和直辖市2008年执行的居民生活用水水价，包括综合水价、供水水价、水资源费和污水处理费的有关内容。

表5－3　2008年我国各省会城市和直辖市执行的居民生活用水综合水价

单位：元/吨

城市	批准时间	综合价格	其中		
			供水费	水资源费	污水处理费
北京[N]	2004.8	3.7	1.7	1.1	1.1
天津[N]	2005.12	3.4	2.38	0.22	0.8
石家庄[N]	2005.12	3.63	2.5	0.8	0.33
太原[N]	2003.11	2.35	2.1		0.25
呼和浩特[N]（阶梯水价）	2005.11	2.4/4.35	1.95/1.5		0.45
沈阳[N]	1999.7	1.9	二次加压费0.4		0.5
长春[N]	2001.1	2.5	1.6	还贷0.3，引松0.2	0.4
哈尔滨[N]	2001.12	2.3	1.8		0.5
上海[S]	2005.12	2.4	1.03	0.021	0.9/1.0（基数内/外）
南京[S]	2007.4	2.5	1.12	0.2	1.1
杭州[S]	2005.1	1.85	1.35		0.5
合肥[S]	2007.6	2.15（含0.04城市附加）	1.29	0.06	0.76
福州（阶梯和季节水价）[S]	2005.7	2.0/2.6/3.0	1.2/1.8/2.4		0.8
南昌[S]	2003.4	1.1	0.88		0.22
济南	2005.7	2.6	1.93	0.25	0.36

续表

城市	批准时间	综合价格	其中		
			供水费	水资源费	污水处理费
郑州	2005. 4	2. 4（含 0. 1 元附加费）	1. 5	0. 15	0. 65
武汉（阶梯水价）S	2006. 5	1. 9/2. 45/3	1. 1/1. 65/2. 2		0. 8
长沙S	2007. 3	1. 88	1. 21	0. 02	0. 65
广州S	2006. 1	2. 02	1. 32		0. 7
南宁（阶梯水价）S	2005. 11	1. 68/2. 11	1. 06/1. 58		0. 6
海口S	2006. 8	2. 35	1. 55		0. 8
重庆S	2002	2. 42	2	0. 02	0. 4
成都S	2005. 7	2. 15	1. 35		0. 8
贵州S	2007. 1	2. 2	1. 5		0. 7
昆明S	2006. 1	2. 8	2. 05		0. 75
西安N	2007. 4	2. 9			0. 65
兰州N	2005. 12	1. 95	1. 45		0. 5
拉萨	2001		0. 6		
西宁N	2005. 11	1. 3	（含城市公用附加费 0. 065）	0. 06	0. 27
银川（阶梯水价）N	2004. 7	1. 75/2. 35/2. 95	1. 3/1. 9/2. 5	0. 05	0. 4
乌鲁木齐（阶梯水价）N	2002. 6	1. 53/1. 5/2 倍	1. 2	0. 03	0. 3

注：（1）表中数字来自《城市供水统计年鉴》（2008）和各城市物价局对自来水价格调整的批复文件。

（2）上标“N”指分类为北方城市；上标“S”指分类为南方城市。

（3）对未明确列出水资源费的城市，水资源费一般包括在供水费中。

二、区域水价对比

通过对北方城市水价的对比，可以发现全国最高的水价出现在我国水资源危机最为严重的华北地区，华北三大城市（北京、天津和石家庄）的居民生活用水平均综合水价为3.58元/吨。这是因为华北地区城市密集、人口众多，而且水资源量长期不足，水资源过度利用，生态环境不断恶化。西北地区虽然水资源缺乏，但地广人稀、经济欠发达，人均用水压力不大，目前仍是全国水价最低的地区，三大城市（西宁、银川和乌鲁木齐）平均为1.53元/吨。

通过对南方城市水价的对比，可以发现，东南九大城市（上海、南京、杭州、合肥、福州、南昌、武汉、长沙、广州）的平均水价为2.015元/吨；而西南五大城市（南宁、重庆、成都、贵州、昆明）的平均水价为2.25元/吨，比东南城市稍高。

对南北城市间的对比则发现，随着时间的流逝、经济的发展，城市水价的南北差异在逐渐减小。根据资料，2001年北方城市的平均生活和工业水价分别超过南方城市的32.7%和57.7%，南北方水价差距甚大，笔者认为这反映出南北地区在气候和水资源等方面的差异及对水资源危机的敏感程度①。但本研究对表5-3中各城市居民生活用水综合水价的分析表明，北方13个省（市、自治区）的平均综合水价为2.43元/吨，南方15个省（市、自治区）的平均综合水价为2.09元/吨，北方城市平均水价比南方平均水价高0.27元，比南方平均水价高13%。也就是说，南方城市与北方城市之间的水价差距在逐渐减小。这可能是由于南方的水质性缺水达到了这样一种程度，使得水和污水处理的成本大幅度上升，因此区域水资源优势不如以前明显了。

---

① 张德震、陈西庆：《我国水价的变化过程及其区域特征的研究》，《地理科学》，2002年第4期。

第三节　存在问题

分析中国水定价实践的现状，可以发现，中国在迅速进步的同时还存在一些亟须改进的问题。

一、近年来综合水价水平普遍上涨，但水价仍然较低

从 20 世纪 90 年代开始，伴随着经济改革的进程，中国各城市的水价经过了多次调整，绝对水平上涨了许多。如北京市在 1991 年 8 月至 2004 年 8 月，自来水价格经历了 9 次调整，从原来的每吨 0. 12 元上升到了每吨 2. 8 元，再加上污水处理费用，居民每吨用水的实际支出费用为 3. 7 元。重庆市水价从 1999 年的每吨 0. 85 元涨至 2006 年的每吨 2. 8 元。西安市在 2004 年 5 月至 2007 年 4 月的三年间，自来水价格经过了三次调整，从每吨 1. 5 元涨到了每吨 2. 45 元。

然而，人们普遍认为综合水价水平仍然较低。中国水务集团董事局主席段传良在 2008 年第一季度的业绩会上提出，目前国内水价占成本支出的比例仅为国外的一半左右。住房和城乡建设部在《城乡缺水问题研究》中指出，为促进公众节约用水，水费收入比达到 2. 5% ~3% 为宜，目前还没有达到这一水平，占居民生活费用不足 0. 5% 。水利部提供的数据显示，2007 年全国城镇居民人均可支配收入为 13786 元，人均生活用水量为 70 吨，若水费收入比达到 2. 5% ，平均水价应为 4. 92 元/吨，远远高于现行平均水价。对于工业用水，水费在工业产品成本中占 0. 1% ~0. 4% ，而在其他发达国家中则远远高于这一比重。国外不少发达国家 1 吨水的价格相当于 10 ~20 度电的价格，而中国大部分地区 1 吨水的价格相当于 3 ~5 度电的价格[①]。因此，我国现行水价无论从绝对价格还是相对价格看都是偏低的；与其他国家一样，中国的地方政府对水资源提供各种形式的补贴。

---

① 建设部：《城乡缺水问题研究》，建设部课题研究报告，2008 年 9 月。

现行水价总体上偏低造成了一些不良的影响。第一，许多城市为了提高供水可靠性、扩大供水量和改善水质，需要新建或更新供排水管网和处理设施，要求大量的基本设施建设投入，这直接导致了供水成本的增加。世界银行 2007 年的报告《展望中国城市水业》提出，低价的水定价政策导致中国的许多城市供水公司面临着财务和运营上的压力。统计资料显示，2008 年 1 ~5 月，全国水务行业税前利润率为 -1.17%，其中，供水行业和污水处理行业均呈现亏损[①]。另外，许多城市面临原有水资源出现耗竭趋势、人口增长使水需求增加、水环境恶化导致原水水质下降、需要寻找新的水源或从更远的地区引水、环境标准的提高要求增加污水处理能力等共同问题，这也在很大程度上引起了供排水成本的增加。由于现行水价初始定价不到位或调价不及时等原因，不能对这些增量费用给予应有和及时的补偿。供水公司往往被迫依赖于市政财政支持和补助，然而即使获得政府支持也不足以弥补真实的服务成本与水费收入之间的缺口。

第二，社会和公众要求城市水管理部门（水务部门、水利部门和环境保护部门）进一步开展生态建设和环境保护，这将增加水资源和水环境修复与管理成本，而在现有的水定价机制下，水资源费和污水处理费的征收虽然已经起步，但是其征收量仍然无异于杯水车薪，绝大部分仍然依赖政府投入。

第三，水价过低不利于水资源的高效利用。大量统计数字表明，目前我国水资源利用方式粗放，水资源利用效率依然偏低，平均每立方米水实现国内生产总值仅为世界平均水平的 1/5。就城市用水而言，中国的城市用水总量经过了快速增长期后已经进入了平缓发展阶段，城市人均综合用水量有了较大幅度的下降，但仍较部分发达国家平均水平高出 1 倍以上[②]。供水损失率也较高，一般在 10%左右，许多城市输配水管网和用水器具的漏失率甚至高达 20% 以上[③]。水资源的低效利用与长期以来的低水价政策不无关系。

① 傅凯：《全国水务行业全线亏损，水务企业急盼水价上涨》，网易财经，http：//money.163.com/08/0910/08/4LFG57SQ00252G50.html，2008 -09 -10。

② 宋序彤：《我国城市用水发展和用水效率分析》，《中国水利》，2005 年第 13 期。

③ 中国城镇供水排水协会：《2008 城市供水统计年鉴》，2008 年。

第四，低水价可能对服务的普遍可获得性和收入分配造成不良的后果。大多数地方政府一般是不愿意提高水价的，认为会对居民，尤其是低收入居民带来额外的负担。世界银行的专家以重庆市为例对此进行了研究。1999 年，重庆市居民水价约为每吨 0.85 元，政府需要为供水公司无偿提供固定资产投资的资金，相当于每吨补贴 1.34 元。市政供水公司每年约需 5 亿元用于建设、扩建和改进供水服务，该金额超出了每年所有市政建设的总预算，其结果导致供排水服务不足，范围受限，供水质量差，危害到更多公众，尤其是弱势群体。当时，融资不足导致仅有 20% 的市政输水管道符合国家技术标准，而居民消费者获得的自来水则很少能满足最低的饮用水标准。同时，只有 6% 的市政污水经过处理，未经处理的生活污水和工业污水污染了公共水体，进而威胁人体健康。另外，低水价意味着用水量大的高收入消费者受到更多的水补贴。2001 年的一次居民调查发现，月收入 500 元的典型贫困户每月仅能从用水补贴中获得 3.4 元，而月收入超过万元的富裕家庭每月能获得 22 元之多①。

二、水价结构趋于完整，但各部分水价的水平距离目标甚远

中国现行的水价结构事实上已经全面具备了不同属性的构成部分，即工程水价、环境水价和资源水价，而且这三部分水价的收取已具备了比较全面的法律法规基础，近年来各城市在实践中也取得了很大进展。

不过，分析各部分的水价水平，将发现这三部分水价都没有达到应有的水平。这就好像是一朵花，三片花瓣都长齐了，只是都未长满。根据本书第二章的理论分析结论，自来水供水水价应尽量做到全回收，而污水服务的成本应该由政府和用户分担。这一建议实际上为三部分水价的定价目标制定了原则，即“全成本”和“分担成本”的原则。具体到三个水价结构，意味着工程水价应该做到

① 世界银行：《中国的水价改革：经济效率、环境成本和社会承受力》，政策分析与建议项目“中国：解决水资源短缺——从分析到行动”政策研究报告，2007。

全成本回收（全成本定价），环境水价应该做到部分回收（分担成本定价），而资源水价的制定则给予政府较大的决策空间，弹性较大。

据此分析中国的各城市的水定价实践会发现：第一，资源水价确定较低。水资源费是水资源的机会成本，与水资源的稀缺程度相关。北京市的水资源费是全国最高的，为1.1元/吨，其次为石家庄市（0.8元/吨）、济南市（0.25元/吨）和天津市（0.22元/吨）；但是在其他明确规定并征收水资源费的城市，水资源费大多不到0.1元。对此分析可以发现，石家庄市和天津市同为华北大城市，同样面临水资源短缺的问题。石家庄市人均水资源量仅为全国人均水资源量的1/8，而天津市人均水资源量仅为全国人均水资源量的1/15，同为全国最少的省市。但是，石家庄市的水资源费比天津市高出0.58元，是天津市的3.64倍；如果假定石家庄市的水资源费是比较合理的，那么天津市的水资源费水平就太低了。另外，水资源费的征收主要是用于政府对水资源的管理。以重庆市为例分析，资源水价为每吨0.02元，按2008年公共供水售水总量为53222万吨计，可征收资源水价为1064多万元，即使加上自建设施的取水者支付的水资源费，对城市开展水资源和水环境管理工作也是杯水车薪（见表5－3）。

第二，我国工程水价定价偏低。虽然我国的《水利工程供水价格管理办法》和《城市供水价格管理办法》明确规定以成本为基础定价，再加上一定水平的利润率，但是长期以来的趋势是定价偏低，是很多水利工程低于成本供水、供水行业普遍亏损的一个原因，影响城市水产品和服务供应的长期可持续性。

第三，环境水价的定价亟须改进。很多地区尚未开始征收污水费（省会城市中还剩下拉萨没有开征污水处理费）；且有些地方征收水平较低（如南昌为每吨0.22元，石家庄为每吨0.33元），低于运营成本；仅在极少数的城市对居民消费者征收了非象征性的、切实的污水处理费，也还是在提供贷款的国际多边机构的合同要求下实施的[1]。另外，对于污水处理费的定价，国内有很多不同的意

① 世界银行：《中国的水价改革：经济效率、环境成本和社会承受力》，政策分析与建议项目“中国：解决水资源短缺——从分析到行动”政策研究报告，2007。

见，其中受到较多质疑的是关于污水处理费的成本核算，尤其是固定资本折旧费的问题，从 2008 年 12 月 30 日在广州举行的污水处理费调整听证会上的争论就可略见端倪。广州听证方案提出的成本测算里，固定折旧费用占总成本的比重很大。对此，听证会上，消费者、污水处理公司、成本调查队的三方代表展开了激辩。消费者代表认为，固定资产折旧费占总成本的近 50%，固定资产应当作为政府对公用事业的投入，由政府来埋单，不应当分摊到老百姓头上，否则体现不出公用事业的公益性。企业代表则认为治污服务并非完全的公益事业，维护费和折旧费是两个不同概念，而且“谁污染、谁付费”是全世界的惯例。成本调查队则称固定资产折旧费计入价格成本是有相关依据的，符合《关于加大污水处理费的征收力度建立城市污水排放和集中处理良性运行机制的通知》中的规定，即污水费应当包括排放和集中处理过程中发生的材料费、维修费、折旧费、人工工资等。

第四，再生水定价亟须厘清。要明确再生水价格究竟是基于完全成本回收的市场化运作与管理，还是出于激励再生水利用目的以政府补贴为定价出发点。要合理规定不同类型供水、不同供水水质之间的价格差。要明确由谁支付再生水水费的问题，明确政府和用户的成本分担比例。

三、中国的城市水价结构正在由单一向多元发展，但仍需进一步改进

中国的城市水价结构正在由单一费率向多元水价发展。第一，为了鼓励节约用水，一些城市开始采用阶段累进水价（见表 5 - 4）。第二，对于一部分非生活用水，部分城市实行超定额累进加价。比如，福州对除市政、环卫、绿化、消防等公共用水外的非居民生活用水，实行超定额用水累进加价。用户用水定额内的水量按各用户用水类别基础水价计价；用水量超过定额 10% 以内（含 10%）部分，加价 15%；用水量超定额 10% 以上至 20%（含 20%）部分，加价 35%；用水量超定额 20% 以上至 30%（含 30%）部分，加价 80%；用水量超定额 30% 以上部分，加价 150%。银川市对居民生活用水和公用事业单

位用水以外的其他用水，在定额内的用水量按2003年调价前的标准执行。超定额价格标准为：行政事业单位用水每吨1.65元；工业、经营服务用水每吨1.90元，特种行业用水每吨6.00元。第三，一些城市有了覆盖原水（水资源费）、产品水（水利工程供水水价）、商品水（包括城市供水水价）、污水（污水处理费）、再生水（再生水水价）的完整的价格体系。北京市就是一个较好的例子（见表5-5）。

表5-4　几个城市的阶段累进水价

城市	第一阶梯	第二阶梯	第三阶梯	备注
上海	≤户15吨/0.9元	>户15吨5/1.0元		
太原	≤每人3吨/X-0.1元	每人3~4.5吨/2X元	>每人4.5吨/3X元	
呼和浩特	楼房户≤10吨，平房户≤7/X	楼房户>10吨，平房户>7/1.5X		污水处理价格不纳入阶梯水价
福州	≤户18吨/1.2元	户18~25吨/1.8元	>户25吨/2.4元	对未实现一户一表的居民实行季节性加价，6~10月加价20%
银川	≤户12吨/1.3元	户12~28吨/1.9元	>户18吨/2.5元	
南宁	≤每人8吨×4人/1.08元	超出部分/1.61元	污水处理价格不纳入阶梯水价；4人以上家庭可申请落实额外的每人8吨基础用量，基础用量以月为单位	

注：表中数字来源于各城市物价局对自来水价格调整的批复文件。

表 5-5　北京市的水价体系

名称	内容
水资源费	水利工程供水（除农业和环境用水外）、市区县自来水企业取用地下水皆为每吨 1.10 元
	自备井取用地下水：生活、工业每吨 2.00 元；乡镇企业每吨 2.00 元；纯净水企业、洗车业每吨 40 元；洗浴业每吨 60 元
水利工程供水价格	工业消耗水为每吨 1.77 元（含水资源费）；供自来水企业加工自来水的地表水为每吨 1.72 元（含水资源费）；公园、湖泊用地表水为每吨 1.30 元；工业贯流水每吨 0.20 元；循环水每吨 0.15 元
自来水价格	居民生活用水为每吨 2.80 元；行政事业用水为每吨 3.90 元；工商业用水为每吨 4.10 元；宾馆、饭店、餐饮业等用水为每吨 4.60 元；洗浴业为每吨 60 元；洗车业、纯净水用水为每吨 40 元
污水处理费	居民用水为每吨 0.90 元；其他用户每吨 1.50 元
中水价格	每吨 1.00 元，暂不征收污水处理费

资料来源：北京市水务局网站，http：//www.bjwater.gov.cn/。

目前，中国在完整水价体系方面进行的实践是很有实际意义的，应该在更大范围内开展，建设综合全面的水价体系，在实践中进行进一步的检验和改进。

四、现行水价体系纳入了对社会和政治目标的考虑，但还需进一步改进

根据第一章，水定价有三个基本的社会目标：一是保障水产品服务的广泛可获得性；二是考虑居民对水价的承受能力；三是考虑对社会收入分配的扭曲影响。在广泛可获得性方面，政府出于对社会目标的考虑，不愿意增加水价，但成本回收不足有可能导致供排水服务不足，危害到更多公众，尤其是弱势群体。在收入分配方面，低水价意味着用水量大的高收入消费者受到更多的水补贴。在承受力方面，中国的许多居民调查显示，城市和城镇居民在一定程度上愿意为供排水服务付费，但其支付意愿水平随收入水平的不同而有所区别。其中，弱势群体

的承受力是值得特别关注的问题。

目前，中国的一些城市已经对特定的弱势群体给予不同形式的用水补贴，使他们免于受到水价上涨的影响。一般情况下，出于可操作性的原因，用水补贴都是针对城市低保人群和特困企业特困职工的。比如，南京市对民政低保对象和特困企业特困职工采取先收后补的办法，每户一次性补贴 30 元。合肥市对下岗特困家庭提供每户每月 4 吨用水免费补贴，保障其基本生活用水需要。广州市对持《低收入困难家庭证》的居民户实行生活用水价格优惠，每人每月平均用水量在 7 吨以下的居民用水，按 0.70 元/吨计收水费；超出部分按现行居民生活用水价格计收水费。南宁市对低保对象的自来水价格实行优惠，每户每月用水量在 8 吨以下的，按现行水价的 90% 收取，污水处理费减半收取。海口市对经市民政部门确认的城市低保户实行优惠政策，即城市低保户生活用水价格按调价前的标准执行。昆明市的低保障户每户每月用水量在 6 吨以内的，按原价（即 1.80 元/吨）执行，如果超出按新水价格执行。西宁市对城镇低保户实行优惠措施，每户每月用水量 7 吨以下的部分仍执行原价格 1.40 元/吨（含污水处理费 0.40 元/吨），超出 7 吨以上的部分执行新的价格，即 2.20 元/吨（含污水处理费 0.70 元/吨）。太原市对低保户每人每月补贴 2 元水费。

不过，针对弱势群体的水价政策由于刚刚起步，有很多不足的地方：用水补贴的政策并没有在全国各地得到普遍的实施；有的用水补贴政策是一次性的，没有长效机制；有的补贴方式的社会成本较高，对受惠人群和管理部门均不够便利；受惠人群比较单一。比如，南京市为了减轻水价上涨的影响，对民政低保对象和特困企业特困职工每户一次性补贴 30 元，受惠群众需要携本人身份证、户口簿、市级特困职工证明或低保金领取证、缴纳水费发票，到所属供水单位领取补贴。这种补助是一次性的，没有长效机制，领取手续繁杂，对供水企业和受惠人群都不便利，社会成本较高。另外，用水补贴都是针对城市低保人群和特困企业特困职工，没有像发达国家一样覆盖社区一些公共设施（如养老院、孤儿院）和老人等。中国还应该考虑是否建立类似澳大利亚的 CSOs 机制，由国家以透明和有效的方式通过供水企业给予弱势群体以适当补贴。

五、中国有自己的水价制定和调整程序，但是尚需进一步思考和改进

中国已经建立了自己的水价制定和调整程序。1998 年国家计委和建设部制定的《城市供水价格管理办法》（价格［1998］1810 号文）对城市水价的申报与审批程序做了详细的规定。根据该办法，①供水企业在这三种情况下可以提出调价申请：按国家法律、法规合法经营，价格不足以补偿简单再生产的；政府给予补贴后仍有亏损的；合理补偿扩大再生产投资的。②城市供水企业应向所在城市人民政府价格主管部门（如物件局）提出书面申请，调价申报文件应抄送同级城市供水行政主管部门。城市供水价格的调整，由供水企业所在的城市人民政府价格主管部门审核，报所在城市人民政府批准后执行。③城市价格主管部门接到调整城市供水价格的申报后，应召开听证会，邀请人大、政协和政府各有关部门及各界用户代表参加。城市供水价格调整方案实施前，由所在城市人民政府向社会公告。④调整城市供水价格应按以下原则审批：有利于供水事业的发展，满足经济发展和人民生活需要；有利于节约用水；充分考虑社会承受能力；有利于规范供水价格，健全供水企业成本约束机制。

然而，我国的水价调整机制还存在一定缺陷。

第一，各城市水价常常是几年调整一次，供水企业如有亏损，常常存在多年积累的情况，因此，水价上调幅度要考虑抵消累积亏损的需要，幅度很大。

第二，我国的水价调整程序仍然以政府规制为主，缺乏市场机制。很多发达国家的水价调整程序按照市场规律定期调整，根据 CPI 指数预测供水及污水处理成本的增加（包括材料费用、能源费用、人力费用等）和新增供水能力的投资，每年或几年修订一次。与之相反，2008 年国家发改委向地方政府发出了关于水价等资源性产品价格调价的有关说明，要求各地调整水价应与地方稳定物价工作挂钩，对 CPI 上涨压力比较大的城市，尽量不考虑上涨水价。因此可以说，政府目前还是不赞同水价调整按照市场规律进行，甚至还将水价作为宏观经济调控的

手段，但对其是否有效及其有效程度缺乏相关的研究和实践证明。

第三，水价成本审核的技术问题有待解决。以前是平均成本定价法定价，所依据的是企业的个别成本（企业成本），在此基础上设定一个固定的收益率，成本基数越高，收益也越高，因此一些企业将自己的成本报得很高。政府目前正在考虑由企业成本定价向社会成本定价转变，也就是根据全国或一定范围内经营者生产同种产品的社会平均合理费用支出作为政府制定价格的一个基本依据，或以社会成本定价，即以同一部门内同企业生产或提供同种商品/服务，或不同部门（如电业、电信业）相同要素投入（如工资、电费）的平均成本定价。对此供水企业提出了异议，认为不同企业的融资成本各不相同，不能确定合理的社会成本①。另外，政府提出供成本参考的其他行业——电业和电信业——也属于自然垄断行业，似乎缺乏可信度。

第四，目前我国没有建立由独立第三方的水价成本监审机构审核水价成本的机制。清华大学水业政策研究中心主任傅涛指出，于城市供水而言，如何真正有效地监管水价事关重大。没有一个独立第三方的可问责的监管机构，《水价成本监审》的效果将大打折扣。

第五，水价听证会未能起到有效的监管作用。由于我国缺乏独立第三方的水价成本监审机构，对供排水业的成本、服务、水质缺乏客观、公正的系统监管。企业成本不透明，公众即使有代表参加听证会，也无法对企业的成本做出准确的判断，无法判断垄断企业是否将垄断成本通过涨价转嫁到公众身上。

第四节　改革方向

通过分析我国水定价实践的沿革、现状和存在问题，提出以下几个方面建议对我国的水价体系进行调整和改进。

① 唐铁军：《谈城市供水定价政策》，中国水网，http：//www.hwcc.com.cn/newsdisplay/newsdisplay.asp？Id＝192047，2008－04－03。

一、提高水价总体水平

由于中国的水价总体上依然较低，政府主要出于对经济、社会和部分政治目标的综合考虑，不得不以各种形式对供排水业进行补贴，妨碍了供排水业生产和服务能力的提高，不能充分为政府提供水资源和水环境改善管理的资金来源，阻碍了居民广泛获得优质的产品和服务，也没有起到应有的激励水资源高效利用的价格信号作用。因此，中国政府应该均衡考虑价格机制的各类目标，积极寻找解决问题的合理途径。在工业化和城市化的背景下，在水资源短缺和水环境恶化的背景下，政府制定水定价政策时应该更多考虑水定价的环境目标。

二、合理提高不同部分的水价水平

所谓“合理”提高不同部分的水价水平，指的是要根据不同水价部分的性质，相应制定不同定价和调价策略。

（一）扩大水资源费征收范围并适当提高征收标准，合理规定水资源费的定价方法

未征收的地区要尽快开征水资源费。根据水资源紧缺程度确定各地水资源费的水平，逐步提高征收标准，但也要综合考虑本地区的经济发展水平、政府财政能力、居民收入水平等。调整自建设施取用地下水的水资源费，使之高于自来水价格。地下水严重超采和地表水利用率极高的，要大幅度增加水资源费。水资源费调整后，征收总量将大大增加，今后可以考虑将水资源费转变为水资源税，并采用专款专用的管理办法，使水资源税切实用于水资源和水环境的改善与管理，保障水资源税使用的透明度。同时，要合理规定水资源费的定价方法，使之既符合理论，又能用于实践之中。

（二）按全成本定价方法确定工程水价

工程水价分为水利工程供水水价和城市供水水价。按照《水利工程供水价格管理办法》的规定，将非农业用水的水利工程供水价格尽快调整到补偿成本、合理盈利的水平；按照《城市供水价格管理办法》，在考虑监审供排水企业成本、保证供排水企业正常运行和合理盈利、改善水产品和水服务的质量、满足需求增长等多种因素的情况下，合理调整城市供水价格，减少政府补贴，使之基本上实现“全成本”收费。

（三）扩大环境水价的征收范围，合理调整城市污水处理费征收标准

未开始征收污水处理费的地区要尽快开征污水处理费。已开征污水处理费的城市，要将价格水平逐渐调整到能够回收运营成本的水平。中国政府是领导能力强大的政府，在污水处理领域应当充分发挥其领导优势，充分提供这一具备准公共物品性质的服务。在确定政府与私人用户的成本分担水平时，要考虑政府的财政能力和市民的支付意愿与能力。一般来说，政府应对污水收集与处理承担固定资产投资的责任。

（四）合理确定再生水价格

为了促进水的循环利用，可将再生水作为一种新的供水水源以缓解城市水资源短缺问题，并合理确定再生水价格。由于使用再生水的地方一般是水资源极其短缺的地方，因此，在现阶段要按照低于自来水价格的原则确定，以适当差价激励再生水使用成本较低但效率较高的行业（如电业、洗车业）和市政设施及城市绿化使用再生水。使用再生水不用缴纳水资源费，对保持差价是一个有利条件。另外，要分析用水的受益对象，区别对待由谁支付再生水费的问题。私人用户获益的用水，要通过再生水水价由私人用户支付。公众或社会受益的，要将再生水视为公共用品，由政府采购（比如政府购买再生水用于环境生态用水），目前石家庄、青岛、泰达、合肥等已经采取这种措施[①]。

① 郑兴灿：《城市污水再生利用案例分析》，首届中国城镇水务发展战略国际研讨会，北京，2005。

三、建设综合完善的水价体系

中国的城市水价结构正在由单一向多元综合的方向发展，部分城市已经开始采用阶梯式累进水价和超定额累进加价；许多城市有了覆盖水的不同环节的完整价格体系。今后，可以考虑采用固定水价与计量水价相结合的两部制计价方法，在保障成本回收的同时，提供节水激励。继续推进阶梯式计量水价和超定额累进加价制度，使第一阶梯水价保证一般收入人群的承受能力，第二阶梯或更高阶梯价格适当反映经济和环境成本。

四、改进弱势群体水价补贴政策

进一步完善对弱势群体的水价补贴政策。可制定有针对性的、长期性的补贴政策，建立起执行政策的长效机制。扩大补贴人群范围，在条件允许的情况下，使之覆盖一些社区公共设施（如养老院、孤儿院）和老人等。

五、建设水价调整程序和体制

建立以市场规律为主导的城市水价定期调整机制。根据 CPI 指数预测供水及污水处理成本的增加（包括材料费用、能源费用、人力费用等）和新增供水能力的投资，定期进行调整。明确规定成本核算的办法，并建立独立于第三方的水价成本监审机构，使各方利益相关者通过水价听证会进行有效的监督。

六、学习发达国家的“最佳实践”经验

为了使中国的定价实践在最短的时间里取得最大的进步，一定要虚心学习各国的最佳实践手段。如美国的分级水价体系，英国的相关角色设计，欧盟国家在

全成本收费方面的尝试，澳大利亚在水权交易方面的经验，美国费城的成本控制、自动读表系统，日本的用水小票等。当然，我们一定要因地制宜，不能生搬硬套。

第五节　小结

笔者在本章中回顾了中国水定价实践尤其是城市水定价实践的历史沿革，比较分析了区域城市水价，并对当前现状和存在问题进行了分析，在此基础上对未来我国水价改革方向提出了几条建议。笔者建议，我国要提高水价总体水平；要根据不同水价部分的性质，制定相应不同的定价和调价策略；要根据实际情况，建设综合全面的水价体系，可考虑采用两部制计价并继续推进阶梯式计量水价和超定额累进加价制度；改进弱势群体水价补贴政策，扩大补贴人群和补贴设施的范围，建立起长效机制；建设以市场规律为主导的城市水价定期调整机制。

在这些政策当中，意义最大、影响最深刻的应该是第一条，即提高水价总体水平。这是因为，不论采用何种计价方式和计价结构，居民或企业最关心的还是定期需要支付的水费总额是多少。而且，水资源和水产品服务与人们的生产生活如此息息相关，水价上涨一直是人们极为关注的事情，也是政府非常谨慎对待的事情。

第二条建议则与环境资源经济学家经常倡导的“全成本定价”有所不同。笔者通过对水定价理论基础的分析和国内外水定价实践的分析，认为至少在现阶段和未来几十年，我国的水定价实践还不能实现“全成本定价”，不能在水价中囊括水的生产、供给和消费所发生的所有财务成本、资源成本和环境成本。笔者认为，这样一种目标即使对于私人物品性质显著、外部性不明显的产品都很难做到，何况是水这样一种基本的资源性产品。因此，一定要区别对待水价的不同组成部分，制定不同的成本回收和定价战略。

从上述建议可以看出，本书通过对水定价理论研究和国内外实践的分析探讨，已经初步回答了本书一直围绕的两个基本问题，即什么样的定价机制是有效的？什么样的水价水平是合理的（或价格应该提高到什么程度?)？在下一章，本书将从现代社会日益重视水的社会循环的重要性的背景出发，以水的不同用途消费所产生的不同效用为分析的出发点，用数理模型的分析方法从新的角度考虑对这两个问题的答案。

第六章 社会福利最大化的水定价模型

本书第三章回顾了学术界在水定价领域的研究；第四章和第五章从不同角度总结了国外和国内的水定价实践。可以看出，由于水的重要性与复杂性，国内外在水定价实践的基础上对水定价的理论研究已经开展了几十年，取得了很多成果，有了很多进展。不过，目前还没有学者在现代社会水循环重要性增加的背景下，从水的不同消费用途的效用出发，研究在中水循环利用、供水约束变化的条件下，使社会福利最大化的最优定价机制。因此，这将是本书理论探索的关注重点。

第一节 建模思路和方法

水定价机制的一个研究思路是借鉴经典经济学的分析方法体系，将资源和环境问题考虑进经济模型当中。这是近几十年来经济学研究的一个热点和难点，也是资源与环境经济学的研究重点。

一、建模考虑的主题

（一）三个主题

资源与环境经济学考虑的三个主题是：效率（efficiency）、最优（optimality）和可持续性（sustainability）。这三个主题为资源与环境经济学提供了基本的研究思路。

“效率”通常指的是技术或物质生产上的效率，但是经济学家更感兴趣的是资源配置上的效率。由于资源利用带来的环境问题经常出现负的外部性问题，因此，技术上有效率的资源利用在资源配置上不一定是最优的。比如，假设发电厂的可选燃料有两类，一类是会生产重度污染的矿物燃料，另一类是较轻污染的替代燃料。因为矿物燃料价格较低，往往被以利润最大化为目标的电力生产厂商所选中。然而，该污染导致了健康及清污方面所需的开支，这些开支可能大大超过电力厂商使用较廉价燃料所节约的成本。如果电厂真的利用污染大的矿物燃料，那么技术上可能是有效率的，但是资源配置方式的选择仍然会导致无效率。而利用污染较少的替代燃料，整个社会可能获得正的纯收益。在纯粹的市场经济中充满了自然资源和环境利用的无效率。也就是说，资源配置上的“效率”概念不同于技术或物质上的“效率”概念，是考虑了资源利用的环境影响等外部性问题、从整个社会的福利角度出发的一种概念。

“最优”是指，如果一种资源的利用方式的选择在受到任何可操作的、相关约束的情况下，能够使目标最大化，那么该选择就是社会最优的选择。“效率”和“最优”二者之间有密切的联系，其原因在于一种资源配置如果没有效率就不能最优。也就是说，效率是最优的必要条件。但是，效率不是最优的充分条件，因为即使资源配置是有效率的，也不一定令全社会都满意。其产生的原因是，几乎总存在各种不同的有效率的配置，但从社会观点看只有一个是最优的。

“可持续性”第三个主题。人们可能觉得已经有了最优的概念，可持续性就是多余的，因为，若资源的配置是最优的，它必然也是可持续的。其实事情并不这么简单。通常经济学中所考虑的最优，没有必要也不可能充分地照顾到子孙后代。如果照顾子孙后代被看作是一种伦理义务，那么对最优的追求就要用可持续性要求来约束①②。

（二）最优——福利最大化

本次研究的主题选择了“最优”。根据定义，“最优”指在受到相关约束的

---

① ［英］罗杰·珀曼、马越、詹姆斯·麦吉利夫雷、迈克尔·科蒙：《自然资源与环境经济学（第2版）》，侯元兆译，中国经济出版社 2002 年版，第 2 页。

② 刘强：《资源与环境约束下的中国最优产业结构研究》，中国社会科学院数量经济与技术经济研究所重点研究室资助的研究项目论文，2007 年 9 月。

情况下，如果一种资源的利用方式的选择能够使目标最大化，那么该选择就是社会最优的选择。

任何一种水定价政策都有其多种政策目标，即经济目标、资源环境目标和社会政治目标。而这些目标总体上是为了满足人们对水资源和水产品服务的不同用途的消费需求。因此，本书要分析水的不同用途为人们带来福利的最大化问题。而这种最大化问题受到居民的预算约束和不断变化的供水约束的限制。

二、建模思路

（一）基于水的三大用途

一般来说，水资源和水产品服务有三大用途：生活用水、生产用水和生态用水，为人类提供了存续、发展和健康必不可少的条件。根据水资源调配与国土整治课题组对未来三五十年我国水资源总需求的预测，到 2030 年，我国水资源总需求达到 9000 亿吨（不含生态用水量），其中工业用水量 1852 亿吨，农业用水量 5495 亿吨（此处含灌溉用水），生活用水量为 1815 亿吨。不过，消费型城市的工业用水比重可能逐步下降①。

有一点需要指出，有一部分生态用水与城市用水和农业用水有相互交叉重叠之处，比如，绿化景观用水和灌溉用水能间接回补地下水、提供蒸发量等。不过，本书出于简化的目的将忽略这一点。

（二）基于个人效用和社会福利

本定价模型的基础是以个人效用为基础的社会福利。根据庇古理论，福利是指个人获得的效用和满足②；直接地说就是人的快乐，既包括感官上的愉悦和疼痛，也包括精神上的快乐和痛苦。个人效用则来自商品和服务的消费以及自然环境状态。比如，人们利用自然资源“生产”商品或服务，为人类存续和健康提

---

① 水资源调配与国土整治课题组：《我国水资源供求总量及其结构的初步分析》，参天水利资源工程研考会《工作通报》1999 年 3 月 8 日。

② ［英］庇古：《福利经济学》，华夏出版社 2007 年版，第 29 – 37 页。

供必不可少的条件，而且人们会因为有诸如清洁美丽的河流和鱼类这些环境资产的存在而更加快乐。

水为人类提供的福利主要来自水的三大用途给人们带来的效用。①生活用水：是人们生存所必需的物质资料；人们需要方便稳定地使用清洁干净的自来水（或其他来源的水）。②生产用水：人们将水作为一种中间产品来生产所需要的物品。③生态用水：人们还更需要生活在一个健康美观的环境中，能够去尽情地休闲（钓鱼、划船）或欣赏美丽的水景。这些是人类的基本需求，但是，在工业化和城市化进展迅速、环境恶化的今天，却并不太容易充分满足。

社会福利和社会福利最大化是福利经济学研究的重要内容。伯格森最先于1938 年[①]提出社会福利是社会各成员个人效用水平的函数，当每个个人的效用增加时，或者某个人效用的增加没有引致其他人效用的减少时，那么社会福利自然增加。相应地，社会福利可被表示为一些与福利相关的因素的函数，如收入或寿命等。社会福利函数可被视为社会目标的表达；不同社会目标下，社会福利函数的表达和结果有所不同。社会福利最大化探讨如何使一个经济社会的资源（包括生产要素和产品）在各个部门或不同的个体之间的配置或分配达到最优或最适度配置（optimal allocation），使产品在消费者之间达到最适度分配（optimal distribution）。

本模型的建模思路是利用数理模型分析方法，建立一个三部门的、受到供水约束的、基于水的三种效用的社会福利最大化的最优定价模型。其内在机理见图 6-1。

三、建模方法

本次建模将主要运用社会福利函数进行分析，另外还将涉及其他环境与自然资源经济学常用的生产函数模型分析知识。

---

① Bergson（Burk）A.（1938）. A Reformulation of Certain Aspects of Welfare Economics, in *Quarterly Journal of Economics*, 52: 310-334.

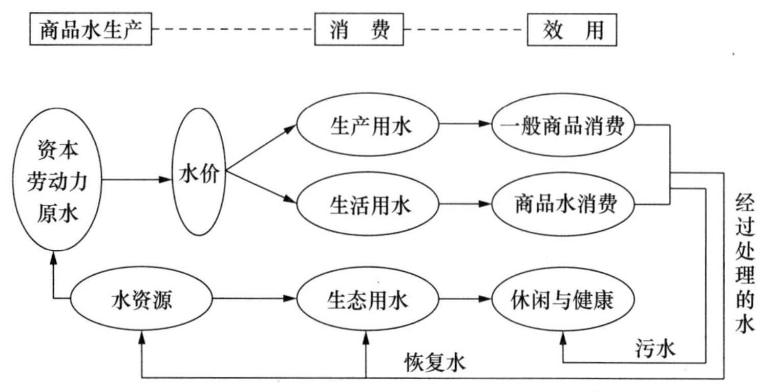

图 6-1 水定价模型框架示意图

（一）社会福利函数

1. 社会福利函数的演变

用数学模式表达，社会福利可被定义为个人福利的向量，即：

$W = W(W^1, W^2, \cdots, W^I)$

其中，W^i 是第 i 个人的福利，I 是相关的人数。相应地，可以把社会福利函数直接定义为个人序数效用的向量。即：

$W = (U^1, U^2, \cdots, U^I)$

其中，U^i 是代表第 i 个人序数偏好的效用函数①。

社会福利函数研究经历了古典效用主义时期、转折时期、困惑时期和古典效用主义复兴时期的演变②。古典效用主义的社会福利函数把社会福利看作所有社会成员的福利或效用的简单加总，任何社会成员的福利都被平等对待，即 $w = \max(u_1 + u_2 + \cdots + u_i)$。

转折时期，伯格森和萨缪尔森（P. A. Samuelson）提出了实值的社会福利函

① ［澳］黄有光：《福祉经济学——一个趋于全面分析的尝试》，张清津译，东北财经大学出版社 2005 年版，第 2 页。

② 陈银娥：《西方福利经济理论的发展演变》，《华中师范大学学报》（人文社会科学版），2000 年第 4 期。

数（bergson－samuel－son social welfare function，SWF）。这是一种实值的福利函数，认为社会福利值 w（用序数表示）取决于被认为影响福利的所有可能的实值变量 z_i，即 $W=w\ (z_1,z_2,\cdots)$。同一时期，肯尼斯·阿罗（Kenneth J. Arrow）于1951 年提出了一种不同的社会福利函数，即阿罗社会福利函数（Arrowian SWF）。这一函数由定义在社会状态集合 x 上的个人偏好排序 r_1，确定社会排序 r 的某种社会决策规划，即 $r=f\{(r_i)\}$。该函数不同于伯格森—萨缪尔森社会福利函数：它的函数值正好对应一种伯格森—萨缪尔森社会福利函数。

阿罗提出了著名的阿罗不可能性定理（arrow's impossibility theorem）[①]，证明了在某些条件下阿罗社会福利函数是不存在的。阿罗不可能性定理使社会福利函数的研究处于停滞状态，福利经济学家们在思考，阿罗式的社会福利函数存在什么缺陷，从而使合理化的社会选择机制不存在呢?

古典效用主义复兴时期从 20 世纪 70 年代开始。阿马蒂亚·森（Amartya Sen）的研究表明，使用基数效用可以获得人际间效用比较方面的信息，从而可以得出一定的社会排序。同时，只要有人际间效用比较方面的信息，基数效用的使用并不是必需的，甚至序数式的人际间效用比较就足以逃出不可能性的结论了[②]。同一时期，采用基数效用的许多社会福利函数出现了。例如，新古典效用主义的社会福利函数（neo－utilitarianism swf），其中，u_i 表示如果作为社会中某个人 i 会具有的效用，π_i 表示相应的概率。这一函数是维克里（W. Vickery）和海萨尼（John C. Harsanyi）等在古典效用主义的社会福利函数基础上考虑了不确定性因素后所得到的结果。

又如，精英者的社会福利函数（elitist swf），其函数形式是：

$$w=\max(u_1,u_2,\cdots,u_i)$$

即社会福利水平取决于社会中效用最高或境况最好的那部分人的福利水平。

---

① Kenneth J. A.（1950）. A difficulty in the Concept of Social Welfare，in *The Journal of Political Economy*，58（4）：328－346.

② 李仁贵、党国印：《1998 年度诺贝尔经济学奖获得者阿马蒂亚·森生平与学术贡献》，《经济学动态》，1998 年 11 期，第 50－58 页。

该函数允许极度的两级分化，因而受到广泛的批评。

与此相对的是罗尔斯主义的社会福利函数（rawlsian swf）：

$w = \min(u_{1,}u_{2,}\cdots,\ u_i)$

即社会福利水平取决于社会中效用最低的那部分人的福利水平。罗尔斯社会福利函数遵循的是最大最小标准，即社会福利最大化的标准应该是使境况最糟的社会成员的效用最大化，同时使所有人在机会平等的条件下都有事情可做。

再如，纳什的社会福利函数（nash's swf）：

$w = u_1 u_2,\ \cdots,\ u_i$

即社会福利水平为所有社会成员效用水平的乘积。该函数形式有以下两点不足：一是当某一效用水平为负、其他效用水平为正时，社会福利水平也为负，而与其他社会福利水平为很小的正值的社会状态相比，这实际上不一定是一种不可取的社会状态；二是当某些效用水平为极小的纯小数时，会同样出现上述情况[①]。

2. CD 福利函数

2005 年黄有光[②]提出了 Cobb – Douglas 效用函数的标准情形，即：

$$U = \sum_g (\alpha_g \ln x_g)$$

$$\text{s. t.} \sum_g p_g x_g = M$$

其中：M 为常规的预算约束，p_g、x_g 分别是物品 g 的价格和数量。A 是［0，1］区间的实数，描述用户对商品 g 的偏好程度。经济学中的柯布—道格拉斯（Cobb – Douglas）函数常被应用于表述个人效用，因为该函数方式能够较好地反映各模型变量之间的权衡。

本章的模型分析将采用 CD 福利函数形式。

① 陈银娥：《西方福利经济理论的发展演变》，《华中师范大学学报》（人文社会科学版），2000 年第 4 期。

② ［澳］黄有光：《福祉经济学——一个趋于全面分析的尝试》，张清津译，东北财经大学出版社 2005 年版，第 62 页。

（二）生产函数模型

1. 一般生产函数模型

古典经济学中，自然资源通常被看作国家财富及其增长的决定性因素。土地（有时用来指整个自然资源）被认为是生产必不可少的投入，其可获得性是受限制的；表现出报酬递减的性质，将最终使经济增长不可避免地进入稳定状态。典型的分析方法是级差地租的分析，这在李嘉图、马克思和马尔萨斯等的著作中都有体现。

20 世纪 20 年代末，美国数学家 Charles Cobb 和经济学家 Paul Dauglas 提出了生产函数这一名词。早期新古典经济学利用生产函数模型进行经济分析，主要是探讨一定技术条件的制约下投入与产出之间的关系。在方法论上，新古典经济学应用边际分析技术，在给定生产函数的情况下，根据边际生产率递减规律，为早期的报酬递减概念提供了一个理论基础。

早期新古典经济学往往只考虑劳动、资本等要素的投入，而不考虑土地或任何自然资源要素。生产函数一般用方程式表达为：$Q = f(x_1, x_2 \cdots, x_n)$ 或 $Q = f(x)$。

若以 L 表示劳动的投入量，以 K 表示资本的投入量，则生产函数也可以表达为：

$$Q = f(K, L)$$

一般生产函数有许多具体的数学形式，其中，科布—道格拉斯生产函数（CD 生产函数）由于具有很多特性而受人欢迎，它的表现形式为：

$$Q = AL^{\alpha}K^{\beta}$$

其中，A 指技术水平；α 是劳动力产出的弹性系数；β 是资本产出的弹性系数。根据 α 和 β 的组合情况，它有三种类型：

（1）$\alpha + \beta > 1$，称为递增报酬型，表明按现有技术用扩大生产规模来增加产出是有利的。

（2）$\alpha + \beta < 1$，称为递减报酬型，表明按现有技术用扩大生产规模来增加产出是得不偿失的。

（3）$\alpha+\beta=1$，称为不变报酬型，表明生产效率并不会随着生产规模的扩大而提高，只有提高技术水平，才会提高经济效益[①]。

2. 考虑自然资源的生产函数模型

20 世纪 60 年代之后，资源和环境问题越来越引起世人的关注。20 世纪 70 年代，经济学家开始把自然资源引入新古典经济增长模型。当时，新古典经济学家第一次系统地调查了资源的效率及最优的消耗。这项工作及随后的发展就产生了自然资源经济学。

一般来说，资源和环境经济学中应用颇为广泛的经济模型是解决特定约束条件下最优化问题的拉格朗日乘数法最优化模型。自然资源经济学常常利用这类模型讨论如何最优地利用自然资源，通常是一些基于最优化技术的分析模型。一个简单的例子是用拉格朗日乘数法解决有一个约束条件和 2 个变量的函数最优化问题：

$$\max\ln U(X,\ Y)=a\ln X+b\ln Y$$

$$\text{s. t.}\ P_xX+P_yY=M$$

以此构建拉格朗日函数：

$$L=a\ln X+b\ln Y-\lambda(M-P_xX-P_yY)$$

然后分别微分，并得到一阶条件，就求得了最优化条件。拉格朗日乘数有非常有用的解释力。它们是约束条件的“影子价格”。在约束条件下求解最优化问题的情况下，拉格朗日乘数能够告诉我们，约束条件稍加放松（极小的放松）对目标函数最大值的影响[②]。

如果在 CD 函数中考虑自然资源的投入（记为 R），其函数形式就变成了：

$$Q=AL^{\alpha}K^{\beta}R^{\gamma}$$

其中，α 是劳动力产出的弹性系数；β 是资本产出的弹性系数，γ 是自然资源产出的弹性系数。同样，根据 α、β 和 γ 的组合情况，它有三种类型：

---

① 高鸿业：《西方经济学（微观部分）》（第 4 版），人民大学出版社 2007 年版，第四章。

② ［英］罗杰·珀曼、马越、詹姆斯·麦吉利夫雷、迈克尔·科蒙：《自然资源与环境经济学》（第 2 版），侯元兆译，中国经济出版社 2002 年版。

（1）$\alpha+\beta+\lambda>1$，称为递增报酬型，表明按现有技术用扩大生产规模来增加产出是有利的。

（2）$\alpha+\beta+\gamma<1$，称为递减报酬型，表明按现有技术用扩大生产规模来增加产出是得不偿失的。

（3）$\alpha+\beta+\gamma=1$，称为不变报酬型，表明生产效率并不会随着生产规模的扩大而提高，只有提高技术水平，才会提高经济效益。

（三）其他分析方法

资源与环境经济学在多年的演进过程中，在主流经济学分析方法的基础上，发展出了许多其他的经济模型研究分析方法。

1. 成本收益分析模型

在环境政策分析中，常运用成本收益分析法分析社会福利。此时，福利被定义为扣去成本以后的净收益。如以下模型：假定总收益 B 和总成本 C 是环境质量水平 U 的连续函数，$N(U)$代表净收益，则可以通过净收益最大化的方法决定环境质量的优化水平：$N(U)=B(U)-C(U)$。

净收益最大化的条件是：

$$\frac{\mathrm{d}B}{\mathrm{d}U}=\frac{\mathrm{d}C}{\mathrm{d}U}$$

2. 环境核算（或绿色核算）

环境核算是在传统的国民账户核算体系中，把资源和环境的价值也考虑进来。一种做法是试图通过资源和环境数据对国民账户核算体系得出的 GDP 数据进行扣减，得出的数据往往被称为绿色 GDP。在很大程度上，这种评估还缺乏科学的方法论与科学的统计体系支撑。

3. 环境投入—产出分析

投入产出分析，是研究经济系统各个部分间表现为投入与产出的相互依存关系的经济数量方法①。列昂惕夫编制了第一张投入产出表，即“美国经济表”。

① 钟契夫、陈锡康、刘起运：《投入产出分析》，中国财政经济出版社 1993 年版，第 1 页。

1974～1976年中科院数学与系统科学研究院经济组编制了中国第一个国民经济投入产出表（1973年61类主要产品投入产出表）。在投入产出表模型中包含经济—环境关系的尝试最早是在20世纪60年代。尽管不同作者开发的模型之间存在着巨大差异，但是它们都具有共同的投入—产出方法基础，包括比例固定收益的生产方程（列昂惕夫生产方程），这种方法不允许投入之间的替代。

具体来说，投入是产品生产过程中所必需的生产消费，它包括最初投入和中间投入。最初投入是各种生产要素的投入。中间投入是生产过程中消耗的货物和服务，也称为中间消耗。最初投入与中间投入之和为总投入。产出包括中间产出、最终产出和总产出。当某种产品被用作中间投入时，它也就是中间产品；最终产出就是最终产品，是用作最终使用的产品，包括消费品、投资品和净出口。总产出是中间产出和最终产出之和。

在投入产出表中投入方程组为：

$$\sum_{i=1}^{n} x_{ij} + D_j + v_j + m_j = x_j$$

其中，x_{ij}表示生产的i产品中作为j产品的中间投入部分；D_j表示固定资产折旧；v_j表示劳动报酬部分；m_j表示劳动者创造的社会纯收入，如利润、税金等；x_j或x_i表示第i部门的总产品或总投入。

产出方程组为：

$$\sum_{j=1}^{n} x_{ij} + y_i = x_i$$

其中，y_i表示最终产品。

根据投入与产出方程组，可得出两个系数：直接消耗系数a_{ij}和分配系数h_{ij}。

$a_{ij} = \frac{x_{ij}}{x_j}$，其中，$x_{ij}$表示$j$部门生产时所消耗的$i$产品数量；$x_j$表示$j$部门的总产出。

$h_{ij} = \frac{x_{ij}}{x_i}$，其中，$x_i$表示第$i$部门的总产品或总投入。

4. 局部均衡及一般均衡模型方法

局部均衡模型和一般均衡模型是两种常用的分析政策的模型。对水政策分析而言，局部均衡考虑水政策对某一特定市场的影响，忽略与整个经济之间的关系。一般均衡模型以瓦尔拉斯一般均衡理论为基础，要考虑与整个经济中其他产品或产业的联系，更适于分析不同定价机制的影响（见第三章中有关均衡理论的描述）。

在分析环境政策时，近年来环境一般均衡模型根据生产与污染的相互作用推导而来，将价格作为模型的内生变量，由“市场”所决定，以产品市场和生产要素市场由于价值的调整而实现均衡时的经济状况为分析背景，模型中的供给函数和需求函数由生产者的利润最大化行为和消费者的效用最大化行为推导而来。环境一般均衡模型通常是多部门和非线性的，内含资源约束，更接近于现实，显示出了在环境政策模拟上的优势。环境一般均衡还可进一步发展为 CGE 模型，即可计算的一般均衡模型，在数据的支持下，能够求得数值解。自 20 世纪 80 年代后期以来，学者经常使用 CGE 模型分析环境政策[①]。

综上所述，本书探讨在既定资源约束之下能够实现福利最大化的水定价机制。将主要运用社会福利函数和包含自然资源变量的生产函数的分析方法进行研究，并涉及投入产出分析方法的一些概念和公式。

第二节　模型结构和模型结果

一、模型结构

假定水资源可利用量为 $\overline{W}$，包括各种来源的水资源（地下水、地表水等）。并假定水有三种用途，分别为生产用水、生活用水和生态用水；假定三种用途的水的需求量与供给量各自相同，分别为 W_1、W_2 和 W_3。

假定有三个生产部门。第一是商品水的生产部门，利用原水为原料，生产并

① 穆贤清、黄祖辉、张小蒂：《国外环境经济理论研究综述》，《国外社会科学》，2004 年第 2 期。

供应商品水，用来满足人们的生活用水要求和生产部门的生产用水要求。第二是一般商品的生产部门，满足人们对日常生活用品的需要，这里将一般商品视为水商品以外的一种商品。第三是生态水部门，以生态水为投入生产休闲与健康。

1. 一般商品生产部门

CD 形式的生产函数为：

$$X = AL^{\alpha}K^{\beta}W_1^{\gamma} \tag{1}$$

其中，X 是一般商品的产出，A 代表技术经济水平，L 是劳动投入，K 是资本投入，W_1 为生产用水量，一般商品的价格为 p_X。l，k 分别为劳动力和资本的价格。

假定 $\alpha + \beta + \gamma = 1$，即生产函数是规模报酬不变的。

2. 商品水的生产部门

假定商品水的生产量为 $W_1 + W_2$，用于满足生活用水和生产用水的需求，价格均为 p_w。在现实生活中，生产用水和生活用水的价格常常不同，此处假定相同是出于简化模型的考虑。

对生产用水的最终需求为 $Y = (1 - a_{11})X$，a_{11} 为投入产出关系的直接消耗系数，X 是一般商品的产出。

3. 利用生态水的休闲健康生产部门

本部门的投入为生态水 W_3，产品为健康与休闲效用。假定生态用水量为可用水资源量 $\overline{W}$ 减去生活用水量 W_1 和生产用水量 W_2，再加上生产用水和生活用水使用后产生的污水经处理后排放到环境的符合生态环境要求的用水。则生态用水量 W_3 为：

$$W_3 = \overline{W} - W_1 - W_2 + c_1W_1 + c_2W_2 = \overline{W} - (1 - c_1)W_1 - (1 - c_2)W_2 \tag{2}$$

其中，c_1、c_2 分别为生产和生活用水使用后产生的污水经处理后恢复为生态用水的比例；由于学术界对此还没有一个确切的定义，此处暂时将之称为恢复率。这里需要注意的是，本书定义的恢复率与污水循环利用率的变化方向正好相反，就是说，循环利用率上升时恢复率下降。

假定生态用水使生态环境得到改善，减少了居民的医疗支出；居民的医疗价格为 p_m。则居民的医疗需求为：$M = M_0 W_3^{-\theta}$，$\theta > 0$，表示生态用水越多，居民的医疗需求越少。

本部门的产出是健康与休闲效用，假定健康与休闲效用与医疗需求成反比，则：

$$H = M^{-\nu} = (M_0 W_3^{-\theta})^{-\nu} = M_0^{-\nu} W_3^{\nu\theta} \tag{3}$$

其中，v 是健康与休闲效用与医疗需求的反比系数。

4. 社会福利函数

因为居民的效用或福利来自商品和服务的消费以及自然环境状态，因此假定居民的效用由三个部分组成：一是消费一般商品（X）所获得的效用，二是消费水商品（W_2）所获得的效用，三是享受生态用水所带来的休闲和健康（H）。

社会福利函数的构建依照黄有光（2002）提到的 Cobb - Douglas 效用函数的标准情形。

$$\max U = \lambda_1{}' \ln X + \lambda_2 \ln W_2 + \lambda_3 \ln H = \lambda_1 \ln Y + \lambda_2 \ln W_2 + \lambda_3 \ln M_0^{-\nu} W_3^{\nu\theta} \tag{4a}$$

$$\text{s. t.} \quad p_X Y + p_w W_2 + p_m M = R \tag{4b}$$

$$W_3 + (1 - c_1) W_1 + (1 - c_2) W_2 = \overline{W} \tag{4c}$$

式（4）中，U 指总效用或总福利。λ_1、λ_2 和 λ_3 分别为居民对 X、W_2 和 H 的偏好程度或重视程度，并假定 $\lambda_1 + \lambda_2 + \lambda_3 = 1$。上述社会福利函数服从于两个约束：一是居民的预算约束（R），分别用于购买水商品、一般商品和休闲健康；二是水资源总量约束（$\overline{W}$）。

二、模型结果

现在求解预算和供水总量约束下上述社会福利函数的最优解。

（一）生产函数一阶条件

$$X = AL^{\alpha} K^{\beta} W_1^{\gamma} \tag{5a}$$

$$\frac{\partial X}{\partial L}=\alpha AL^{\alpha-1}K^{\beta}W_1^{\gamma}=\frac{l}{p_X\ (1-a_{11})} \tag{5b}$$

$$\frac{\alpha X}{L}=\frac{l}{p_X\ (1-a_{11})} \tag{5c}$$

$$\frac{\partial X}{\partial K}=\alpha AL^{\alpha}K^{\beta-1}W_1^{\gamma}=\frac{k}{p_X\ (1-a_{11})} \tag{5d}$$

$$\frac{\beta X}{K}=\frac{k}{p_X\ (1-a_{11})} \tag{5e}$$

$$\frac{\partial X}{\partial W_1}=\alpha AL^{\alpha}K^{\beta}W_1^{\gamma-1}=\frac{p_w}{p_X\ (1-a_{11})} \tag{5f}$$

$$\frac{\gamma X}{W_1}=\frac{p_w}{p_X\ (1-a_{11})} \tag{5g}$$

$$X=\frac{p_w W_1}{\gamma p_X\ (1-a_{11})} \tag{5h}$$

$$p_X=\frac{p_w W_1}{\gamma X\ (1-a_{11})} \tag{6a}$$

$$lL=\alpha X p_X\ (1-a_{11})\ =\alpha\frac{p_w W_1}{\gamma} \tag{6b}$$

$$kK=\beta\frac{p_w W_1}{\gamma} \tag{6c}$$

$$p_X Y=p_X X\ (1-a_{11})\ =\frac{p_w W_1}{\gamma} \tag{6d}$$

（二）构造拉格朗日方程并求解

由于社会福利函数为：

$$\max U=\lambda_1\ln X+\lambda_2\ln W_2+\lambda_3\ln H=\lambda_1\ln Y+\lambda_2\ln W_2+\lambda_3\ln M_0^{-\nu}W_3^{\nu\theta}$$

$$\text{s. t. }\ p_X Y+p_w W_2+p_m M=R$$

$$W_3+(1-c_1)W_1+(1-c_2)W_2=\overline{W} \tag{7}$$

因此包含供水约束的拉格朗日方程为：

$$L=\lambda_1\ln(AL^{\alpha}K^{\beta}W_1^{\gamma})+\lambda_2\ln W_2+\lambda_3\ln(M_0^{-\nu}W_3^{\nu\theta})+r_1[\overline{W}-W_3-(1-c_1)W_1-(1-c_2)W_2] \tag{8a}$$

对上式用拉格朗日乘数法求解，得到：

$$\frac{\partial L}{\partial W_1}=\frac{\lambda_1\gamma}{W_1}-r_1\ (1-c_1)\ =0 \tag{8b}$$

$$\frac{\partial L}{\partial W_2}=\frac{\lambda_2}{W_2}-r_1(1-c_2)=0 \tag{8c}$$

$$\frac{\partial L}{\partial W_3}=\frac{\lambda_3\nu\theta}{W_3}-r_1=0 \tag{8d}$$

$$\frac{\partial L}{\partial r_1}=\overline{W}-W_3-\ (1-c_1)\ W_1-\ (1-c_2)\ W_2=0 \tag{8e}$$

不妨假定 $\theta=1$，则：

$$W_1=\frac{\lambda_1\gamma\ \overline{W}}{(1-c_1)\ (\lambda_1\gamma+\lambda_2+\lambda_3\nu)} \tag{9a}$$

$$W_2=\frac{\lambda_2\ \overline{W}}{(1-c_2)\ (\lambda_1\gamma+\lambda_2+\lambda_3\nu)} \tag{9b}$$

$$W_3=\frac{\lambda_3\nu\ \overline{W}}{(\lambda_1\gamma+\lambda_2+\lambda_3\nu)} \tag{9c}$$

$$r_1=\frac{\lambda_1\gamma+\lambda_2+\lambda_3\nu}{\overline{W}} \tag{9d}$$

（三）模型结果分析

1. 存在一个保证水在不同用途间合理分配的最优水价

由于式（9a）、式（9b）和式（9c）是社会福利最大化的目标函数在供水约束和预算约束下的一个解，因此，存在一个最优水价，它能够保证水在生产、生活、生态方面的合理分配，并使社会福利最大化。

2. 水价的节水作用

根据式（5g）$\frac{\gamma X}{W_1}=\frac{p_w}{p_X\ (1-a_{11})}$

可得出 $W_1=\frac{\gamma X p_x}{P_w}\ (1-\alpha_{11})$ （10）

说明当其他因素不变时，水价上涨提高将引起生产用水的需求量 W_1 下降。

另外，根据（6a）：$p_x = \frac{p_w W_1}{\gamma X\ (1 - a_{11})}$

可得出一般商品的价格与水价呈正相关关系。当水价上涨时，企业为了保持产品价格不变或控制涨幅，将减少生产用水量 W_1。

由上述两点可以看出，水价，尤其是水价提高对于节水目标是有作用的。

3. 真实水价提高，则循环利用率提高，而恢复率下降，生态用水量的变化却不确定

根据式（1）：$X = AL^{\alpha}K^{\beta}\left[\frac{\lambda_1\gamma\ \overline{W}}{(1 - c_1)\ (\lambda_1\gamma + \lambda_2 + \lambda_3\nu)}\right]^{\gamma}$

可以得出，提高生产用水恢复率（c_1）有助于提高生产水平。

根据式（1）、式（9a）和式（10），得出水价对其他商品的比价$\frac{p_w}{p_X}$（即真实水价）为：

$$\frac{p_w}{p_X} = \frac{(1 - a_{11})\ \gamma X}{W_1} = (1 - a_{11})\ \gamma AL^{\alpha}K^{\beta}\left[\frac{\lambda_1\gamma\ \overline{W}}{(1 - c_1)\ (\lambda_1\gamma + \lambda_2 + \lambda_3\nu)}\right]^{\gamma - 1} \qquad (11)$$

根据式（11）可知，$\frac{\partial \frac{p_w}{p_x}}{\partial c_1} < 0$，即水价对其他商品的比价$\frac{p_w}{p_X}$（即真实水价）与恢复率 C_1 的偏导小于零，表示当恢复率 C_1 提高（循环利用率下降）时，水价对其他商品的比价倾向于降低。如果颠倒因果顺序，也可以说提高水价时恢复率倾向于下降，而循环利用率提高。

由此推导可得知：真实水价上升将导致恢复率下降，也就是水价越高，企业就会更多地循环用水，工业用水量和生活用水量相应减少。

根据式 $W_3 = \overline{W} - W_1 - W_2 + c_1 W_1 + c_2 W_2$，可知，真实水价提高后，工业用水量和生活用水量相应减小，有增加生态用水量的作用；然而由于工业用水和生活用水恢复率的减少，对于生态用水量又有减少的作用。两种截然不同的影响相加，使得我们不能据此来判断生态用水量的变化方向。不过，根据 $W_3 = \frac{\lambda_3\nu\ \overline{W}}{(\lambda_1\gamma + \lambda_2 + \lambda_3\nu)}$，可知生态用水量与恢复率并不存在相关关系。

4. 仅仅提高水价不能使总体福利最大化

由社会福利函数式（4a）和推导出的均衡用水量式（9a）、式（9b）和式（9c），即：

$$L=\lambda_1\ln\ (AL^{\alpha}K^{\beta}W_1^{\gamma})\ +\lambda_2\ln W_2+\lambda_3\ln\ (M_0^{-\nu}W_3^{\nu\theta})$$

$$W_1=\frac{\lambda_1\gamma\,\overline{W}}{(1-c_1)\ (\lambda_1\gamma+\lambda_2+\lambda_3\nu)}$$

$$W_2=\frac{\lambda_2\,\overline{W}}{(1-c_2)\ (\lambda_1\gamma+\lambda_2+\lambda_3\nu)}$$

$$W_3=\frac{\lambda_3\nu\,\overline{W}}{(\lambda_1\gamma+\lambda_2+\lambda_3\nu)}$$

对上面的模型进行仔细分析后可以发现，单纯提高水价并不一定能够提高社会福利。这是因为，当真实水价上升时，由于生产用水和生产用水下降，人们从消费一般产品和水产品中所获得的效用相应地有所下降。虽然这是模型公式所显示的，但是在现实生活中这种结果也是可能和合情合理的，因为水价上涨确实影响人们的用水行为，而且也会引起其他商品，尤其是高耗水商品的涨价。

在这种情况下，提高水价能否增加社会福利就只能依赖于人们对从生态用水量所获得的福利的判断。但是，如前文所分析，真实水价上升时生态用水量的变化方向是不确定的；而且，即使生态用水量增加、人类由此获得的生态福利也相应增加，也不能够确定其增加量能够抵消或超过生产和生活用水下降所带来的福利损失。因此，我们可以做出一种判断：仅仅提高水价并不一定能够提高社会福利。

将这一推断置于经济现实中，我们可以这样理解：单纯提高水价能够促进企业循环用水，但生态用水量并不随水价的提高而有明确的变化方向。只要企业的生产技术效率不变，用水效率不变，它就不会没有减少总的污染量，生态环境就依然等不来急需的生态用水。另外，如果企业用水造成的环境污染没有得到及时的处理和清理，还会继续破坏水环境的生态功能，总的生态用水量还会继续减少，人类的生态福利就会下降。

这一结论似乎有些出人意料。有人可能会提出这样的疑问：真实水价上升，水的循环用水率就会上升，同样产出和生活用水条件下就会减少从自然界的取水，从而会减少污染排放，社会福利肯定会增加；怎么可能还不确定，甚至有可能下降呢？其实，要回答这一疑问，最好的办法就是再重新回顾本书第一章所提到的水资源利用的循环经济理念。水资源利用的循环经济理念，要求从源头做起，在生产和生活的全过程和各个环节预防废弃物排放和减少环境污染。主要是做到：第一，利用节水技术和有效的管理，减少单位产出的水资源消耗，从而减少废污水产生。第二，利用清洁生产技术（如工业用水的循环再生技术）减少生产过程中的废污水生产和排放。第三，建设与运营污水收集和循环利用的设施网络，最大限度地处理和循环利用废污水。可见，水的循环利用只是减少污染排放、改善环境的一个方面。在水资源日益稀缺的今天，人们不能再守着传统的想法将上游排放的水看成是污水，而是要将其看成是可以利用的资源。如果人们在经济活动中只是加强了水的循环利用，而没有通过技术进步和效率提高来真正减少水的消耗，那么，迫切需要得到生态用水的生态环境还是等不到足够的水。

由此可见，单纯提高水价并不一定能够提高人类总体福利；保障和提高人类生态福利的最终办法还是要确保循环利用后排放的水仍然具备生态功能，也就是提高恢复率或保障企业减轻排放水的污染程度。这意味着我们应该结合其他水资源与水环境管理措施，保障生态环境的用水需求。

第三节 政策意义

本章采用了福利经济学的分析框架，针对水的社会循环的重要性日益显著的背景情况，通过把供水总量约束和生态恢复率因素引入福利最大化函数，建立了使人类生活、生产和生态用水三个方面的福利最大化的水定价模型，探索福利最大化的最优水定价机制。

根据模型分析和模型结果，可以得出上述水定价机制在以下几方面的政策含义：

第一，模型证实存在使水资源与水产品在不同用途间实现合理配置的最优水价，这为政府部门制定合理的水定价政策提供了强有力的理论依据。

第二，水价尤其是水价的提高有利于促进节水目标的实现，这与水资源经济学家们所做的实证研究结果相一致，为现实水价的增长趋势提供了理论支持。

第三，模型表明真实水价提高时水的循环利用率提高，而恢复率却会下降，生态用水量的变化方向不能够确定。这再次提醒我们，提高水价并不是唯一的管理水资源与水环境的办法。这也从另一个角度印证了笔者在前文中所探讨的有关全成本定价的问题，说明我们不应该盲目追求理论上不太合理、实践中很难实现的全成本定价方法和全成本价格水平。

第四，单纯提高水价并不一定能够实现人类总体福利的最大化；保障人类生态福利的办法最终还是保障循环利用后排放的水仍然具备生态功能，也就是提高循环率或保障企业减轻排放水的污染程度。这意味着我们不能单纯依靠提高水价来管理水资源和水环境，应结合其他水资源与水环境管理措施，采取技术标准规范、政策引导、社会推动等措施，通过规制和大众教育实现节约水资源、保障生态环境的用水需求、改善水环境的目标。

第七章　理论与实践的结合：北京市案例研究

北京是中国乃至世界上缺水最为严重的城市之一，人均水资源量不足300吨，是全国平均水平的1/8、世界平均水平的1/32①。近二三十年来迅速的城市化进程，对北京市的水资源和水环境造成了越来越大的压力，水已经成为城市经济社会发展的重要制约因素。

20世纪90年代以来，北京市政府把水价改革作为经济政策改革的一项重要内容及改善水资源和水环境状况的主要手段之一，至今已经产生了重大的积极影响。不过，与全国其他城市一样，北京市的水定价机制还需要进一步的改进和完善，有待形成一个完整综合的定价体系，从而为首都的水资源可持续利用和水环境的改善贡献力量，增进全体居民的社会福利。

第一节　水资源和水环境概况

一、水资源条件

北京市的水资源条件主要有以下四个特征。

（一）水资源补充少且波动性大

水资源一般通过降雨或过境水补充。北京境内没有大江大河，过境水量不充

① 陈云：《水资源问题及其对策》，《人民日报》，2002年4月7日。

足，多年平均入境水量16.1亿吨。事实上，2003～2007年，进入北京的入境水平均每年仅为5.12亿吨。北京多年平均降雨量不高，为585毫米，除蒸发外平均可形成35.98亿吨水资源量（含地表径流和地下水）[①]，且丰枯交替不均，自1999年至2007年，北京已经连续11年干旱，平均年降水量仅为460毫米左右，比多年平均低100毫米以上，水资源补给总量平均为21.762亿吨，其中地表水资源为6.9亿吨，地下水资源为15.6亿吨[②]。从上述数据可以看出，如果气候持续干旱，即使南水北调工程在2014年实现10亿吨长江水入京[③]，仍然达不到北京多年平均的水资源补充量。因此，北京市的水资源严重稀缺。

（二）地下水超采严重

北京是主要依靠地下水供水的城市之一，地下水供水占70%以上。中国地质调查局水文地质环境地质部对北京市经过多年数次水资源计算评价和长期开采监测验证，提出北京市地下水可开采资源量为每年24.53亿吨[④]。2003～2007年的地下水开采量（除2004年以外）都在这个限值以内，可是都大大超过了地下水资源的补充量，也就是说，地下水资源的补充跟不上开采的速度；本来已迅速耗竭的地下水资源亏损更加严重，水位连年下降。2003～2007年，地下水补充量与开采量之间的差别累计达到了44.24亿吨，地下水位下降了3.75米。2007年与1960年相比，地下水位下降了19.6米，与1980年末比下降了15.55米，平均每年下降0.832米。地下水储藏量急剧减少，下降速度加快，2002～2007年，地下水储藏量平均每年下降约5.6亿吨，2007年比20世纪80年代下降了79.6亿吨，与1960年相比，下降量更是达到了惊人的100多亿吨。2007年地下

---

① 北京市地调研究院、河北地调研究院和中国地质大学（北京）：《首都地区地下水资源和环境调查评价》，国土资源大调查首批项目成果报告，2004年1月。

② 依据相关年度《北京市水资源公报》，北京市水务局官方网站，http：//www.bjwater.gov.cn/。

③ 周芸：《截至2月底南水北调工程在建项目进展最新情况》，http：//news.h2o－china.com/market/project/788271237342060_ 1.shtml，2009年3月18日。

④ 岑嘉法：《北京水资源现状与应急供水主要对策》，2004年9月17日，国土资源部咨询研究中心，http：//www.crcmlr.org.cn/results_ zw.asp？newsId＝L709171045516567。

水严重下降区（埋深大于10米）的面积达5195平方公里，比2003年增加了26%；地下水降落漏斗面积达1028平方公里，比2003年增加了13%①（见图7-1）。

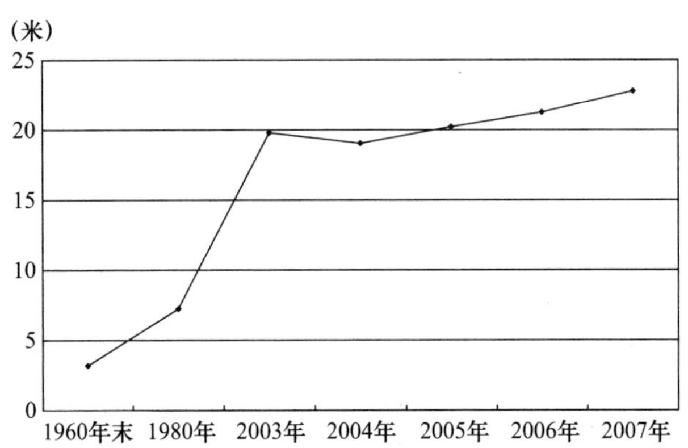

图7-1　北京市平原区地下水位变化图

（三）地表水资源利用率高

2003～2007年，地表水补充量和地表水开采量之间差距很小，2003年供水量甚至超过了补充量（见表7-1）。

表7-1　北京市水资源补充量与使用量的关系　　单位：亿吨

年份	地下水资源补充量	地下水开采量	地表水资源补充量	地表水供水量
2003	14.79	25.42	6.06	8.33
2004	16.54	26.8	8.19	5.71
2005	18.46	24.9	7.58	7
2006	15.4	24.34	6.67	6.36
2007	16.21	24.18	7.6	5.67
5年累计	81.4	125.64	36.1	33.07

资料来源：各年度《北京市水资源公报》。

① 依据相关年度《北京市水资源公报》，北京市水务局官方网站，http://www.bjwater.gov.cn/。

（四）生态用水严重不足

北京在牺牲生态和环境用水、超采地下水的前提下，勉强维持了生活和工业用水。虽然环境用水从2003 年的0. 6 亿吨增加到了2007 年的2. 72 亿吨，但这一数字仍然非常小，环境用水的优先性仍然远远落后于满足生活、工业和农业生产的用水需求，处于“夹缝中”的境地①（见图 7 –2）。

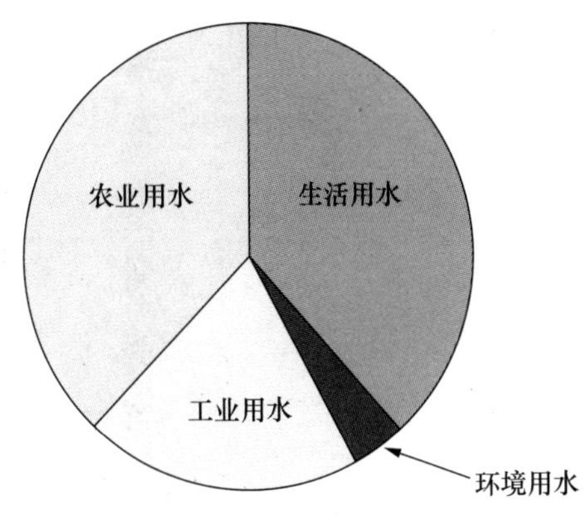

图 7 –2　2002 ~2007 年北京市平均生活用水、工业用水、农业用水和环境用水比例

二、水环境状况

北京市自 20 世纪 90 年代起逐渐加大了污水处理力度，但污染治理情况依然不容乐观。2004 年，北京市城区的污水处理率还只有 59. 1% ；2007 年增加到 76% ；2008 年达到 93% 。但是北京市的污水排放量也在逐年加大，2007 年排放了 12. 98 亿吨污水（包括生活污水和工业污水），平均每天排放 359 万吨，这一数字比 2000 年的 259 亿吨多出了整整 100 亿吨。由于污水排放的绝对数值大，城区未经处理的 7% 的污水依然造成很大的污染；郊区的污水处理工作尚待进一

① 依据相关年度《北京市水资源公报》，北京市水务局官方网站，http：//www. bjwater. gov. cn/。

步开展。

根据2001～2007年《北京市环境质量报告书》，2001年，受监测的2095公里河段中，符合相应功能水质要求的河长占实测河流长度的39.8%，其余河段均受到不同程度的污染。二类、三类、四类、五类水体中，超标河段长度分别占到相应功能河段长度的33.3%、26.7%、89.0%和100%；劣于五类水体河长占总评价河长的27.4%。至2007年，受监测的2546公里河段中，符合相应功能水质要求的河长占实测河流长度的49%，比2001年有所增加；二类、三类、四类、五类水体中，超标河段长度分别占到相应功能河段长度的56%、89%、92%和97%，劣于五类水质标准河长占总评价河长的40%，比2001年呈现恶化状况，呈现“优者虽优、劣者更劣”之势。监测湖泊面积中达标面积占评价面积的80%。

同时，城市饮用水源受到污染的威胁。2001年，一类至三类、四类、五类受评价水井中，超标水井分别占42%、78%和80%。也就是说，一半以上平原区浅层地下水受到污染。2007年，一类至三类、四类、五类受评价水井中，超标水井分别占48%、74%和78%。主要超标指标为总硬度、氨氮、硝酸盐氮、氟化物等。浅层地下水水质并没有得到明显改善。官厅水库仍不能作为城市饮用水源，密云水库上游来水也有污染的趋势。水质恶化将进一步减少可利用的水资源，增加水的处理成本。

从本节分析可以看出，北京市目前面临着水资源严重短缺、水环境严重恶化的严峻形势，在短期内很难得到彻底的扭转。摆在未来北京市水资源和水环境管理部门面前的挑战是：即使有南水北调工程也可能达不到北京多年平均的水资源补充量；地下水超采在短时期内可能很难得到恢复，地表水资源利用高的情况在短期内很难得到改善，水污染控制治理的需要仍然非常急迫。面对如此严峻的考验，北京市水资源管理部门今后更需要有效地利用水价这一市场手段来管理北京市的城市用水。

第二节　城市用水分析

一、北京市总用水分析

根据1999～2007年的《北京市水资源公报》等资料，对北京市的城市用水进行分析（见表7－2）。

表7－2　北京市1999～2007年用水量　　单位：亿吨

年份	总用水量（包括输水损失）	生活用水	环境用水	工业用水	农业用水
1999	41.71	11.41	1.29	10.56	18.5
2000	40.4	12.96	0.43	10.52	16.49
2001	38.93	12.05	0.3	9.18	17.4
2002	34.62	10.83	0.80	7.54	15.45
2003	35.8	13	0.6	8.4	13.8
2004	34.55	12.78	0.61	7.66	13.5
2005	34.5	13.38	1.1	6.8	13.22
2006	34.3	13.7	1.62	6.2	12.78
2007	34.8	13.89	2.72	5.75	12.44

由表7－2可以看出，北京市的总用水量呈逐渐下降的趋势，1999年总用水量为41.71亿吨，在2005年后减少到了每年34～35亿吨。市政自来水系统供水在城市用水（不包括农业用水）中的比例有所增加，2003年供水量（含输水损失）为5.5201亿吨，2008年为8.8511亿吨，6年间供水比例从25%增加到了39%左右。全市城市人口的自来水用水普及率达到了99.02%①，见图7－3。

① 依据相关年度《北京市水资源公报》，北京市水务局官方网站，http：//www.bjwater.gov.cn/。

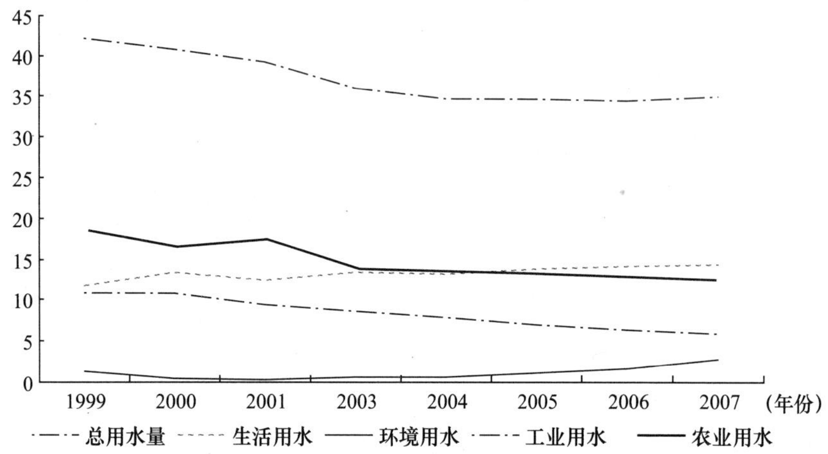

图 7－3　北京市 1999～2007 年用水趋势

北京市的城市用水主要分为生活、环境、工业和农业用水部门。以下分别描述。

(一) 生活用水分析

生活用水呈现先快后慢的增长趋势，从 1990 年的 7.04 亿吨至 2003 年的 13 亿吨，14 年增加了约 6 亿吨，平均每年增加 0.43 亿吨，但从 2003 年至 2007 年，每年只增加 0.22 亿吨。

不过，北京市居民的人均每日生活用水量呈现上升的趋势。根据北京市城市节水办公室和北京市经济信息中心在 2003 年联合进行的北京市居民家庭用水状况调查，2003 年北京市居民用水量约为 104.14 升／人·日，比国外（尤其是欧洲国家）一些大城市居民住宅用水量水平要低（根据 IWSA 对世界各国的用水统计，12 个发达国家的人均生活用水量达到了 178 升/人·日）。但是根据《城市供水统计年鉴》（2008），北京市的人均日生活用水量为 141.33 升/人·日，从 2003 年到 2008 年增加了 36%。这主要是由于北京市的经济社会发展和城市化进程加快，居民收入持续增长，人民生活水平尤其是居住水平得到提高，生活习惯发生了变化，因此，北京市虽然对推广节水设施和产品、节水教育等方面做出了很大的努力（公共场所基本普及节水器具，家庭节水器具普及率 85% 以上），人均生活用水量还是保持了增加的态势。

今后，北京市的生活用水量预计还会继续增加。第一个原因是居民收入、住房等生活水平的进一步提高。第二个原因是人口增长。北京人口除自然增长以外，外来人口也不断扩大。据北京市统计局和国家统计局北京调查总队的调查，2008 年末北京市城镇化率达到 84.9%，常住人口达到 1695 万人，比 2007 年末增加了 62 万人。按人均生活用水 141.33 升/人·日计，意味着生活用水量增加了 319 万立方米；而总用水量随人口增长 1% 将增加 3.42%[①]。第三个原因是城市扩张将增加用水需求，尤其是对市政供水的需求。北京市城市建设步伐加快，建设重点从三环、四环逐渐向四环、五环以外转移，郊区中心镇、卫星城的建设也已经迅速开展。

（二）工业用水分析

工业用水呈现快速下降的趋势，从 1999 年的 10.56 亿吨下降到了 2007 年的 5.75 亿吨，减少了近一半；这也引起了北京市总用水量的下降。工业用水的下降一方面是由于北京市的城市定位发生了变化。以前计划经济时代，北京市被定位为生产型城市，使得水资源稀缺的首都也建立起大规模高投入高能耗高水耗的工业项目，随着北京市的定位逐渐转变为消费型的城市，大批高能耗高水耗的工业项目被转移或取消。另一方面工业用水的下降是由于用水效率的提高和水的重复利用[②]。北京市万元工业总产值用水由 1996 年的 61.4 吨下降到 2003 年的 22 吨，工业用水重复利用率由 1996 年的 88.2% 上升到 2003 年的 91.43%。2008 年，工业年利用再生水达 1.2 亿吨，其中北京排水集团提供京城 6 座热电厂工业冷却的用水量达 1.13 亿吨。

不过，北京市的工业用水由于大部分取自地下水和地表水，而不是经过城市自来水供水系统供应，因此，虽然执行的是超定额加价的水价制度，仍有可能由

① 张世秋、邓梁春、岳鹏、崔惠珊：《价格政策在用水需求管理中的作用及北京市水价改革对居民福利的影响分析》，世界银行项目报告，2008 年。

② 翁建武、蒋艳灵、陈远生：《北京市公共生活用水现状、问题及对策》，《中国给水排水》，2007 年 7 月第 23 卷第 14 期。

于监督的难度而造成水资源的滥用和浪费。

（三）环境用水分析

北京市的环境用水主要是对湖泊河流的补水。1999～2007年，环境用水量从1.29亿吨增加到了2.72亿吨，但仍然不能满足人们对环境用水的需求。而且，随着生活水平的不断提高，居民对生活环境的要求在不断增加，不但希望生活在一个健康安全的环境里，还希望生活在一个优美的环境里，能够满足人们对休闲健康的需求。因此，环境用水需求量将持续增加。

（四）农业用水分析

北京市的农业用水主要用于农业灌溉，多年来呈现逐步下降的趋势。1999～2007年，农业用水量从18.5亿吨下降到了12.44亿吨；其占总用水量的比重也呈现缓慢下降的趋势，从1999年的44.3%下降到了2007年的35.7%。在这一时期，北京市农作物播种面积、有效灌溉面积下降幅度较大，再生水、雨洪水利用逐年增加，生物、农艺和管理等节水措施运用增加，对北京市农业用水的下降起到了积极的推动作用。

二、供水系统分析①

（一）供水水源格局

北京市目前的水源格局以地下水作为主力水源，占总供水量的70%以上；密云水库的水作为总备用，用官厅水库的水和再生水尽可能多地替代地下水，不够时再从外地紧急调水。2014年南水北调工程通水以后，每年可以进京10亿吨水，可以少采地下水，使地下水资源得以涵养，地下水供水比例将相应缩小；但是在水资源需求持续增加的情况下，北京市的水资源利用率仍将保持很高的水平，水资源仍将继续稀缺。

① 本部分资料参考《城市供水统计年鉴》（2008）和《北京市水资源公报》。

（二）供水系统组成部分

和其他城市一样，北京市城市用水主要由三部分供给。

（1）公共自来水系统供水。主要为城镇生活、一般工业和部分电厂供水，实行计量收费。2008 年管网供水量 8.8511 亿吨，占总供水量（不含农业用水）的 39% 左右，市区管网漏失率为 14.54%，供水人口总数为 1187.1 万人，用水普及率为 99.02%。不过，用水大户（包括工业和集体单位等）使用公共自来水系统供水的比例比较低，2005 年北京 10 万吨用水大户的用水只有 23.2% 是公共自来水系统供给（行业数字）。随着城市化进程的进一步加快，城市向外进一步扩张，自来水供水比例还将加大。据报道，北京市将在 2009 年取消公共管网覆盖范围内的自备井取水。

（2）分散的自备井、农业井、独立取水系统供水。2005 年城区共 4476 眼井，地下水开采量 2.73 亿吨，其中工业井开采量占 25.4%，公共服务井开采量占 32.8%，居民生活井开采量占 41.7%。自备井用水量实行开采许可证和定额管理，月统月报，超定额加价。北京 10 万吨用水大户的用水有 38.1% 由自备井供给，高于自来水供应的比例。

（3）地表水供水系统。主要为电厂、钢厂、化工厂等大型工业及城市河湖环境供水。北京 10 万吨用水大户的用水有 23.7% 由地表水供给。北京市总供水量中有 16.3% 是地表水供给（包括原水供应）。

从上述可见，在利用水价为手段进行水资源管理时，不能只关注市政自来水供水，还要同时关注自备井和地表水的水价体系，才能达到全面的水资源管理效果。

三、排水系统分析

北京市是一个超大城市，排水系统或污水处理设施建设始于 20 世纪 60 年代，较为复杂。污水处理厂分为企业污水处理厂、市区生活污水处理厂、郊区城镇生活污水处理厂和小型污水处理设施四个类别。污水排放中，生活污水占的比重最大，占60%以上，其余为工业污水。

（1）企业污水处理厂。大型的有燕山石化在房山区的四个污水处理厂。2003年全市有202个工业企业建有污水处理设施并正常运行。其中22个为二级处理，处理能力为5.94万吨/天；其余为一级处理，处理能力为10.04万吨/天。有30余家污水得到再利用，再利用水量为3.35万吨/天。

（2）市区生活污水处理厂。2000年，北京市已经建成了高碑店、北小河、方庄以及酒仙桥4个污水处理厂，当时北京市每天产生近260万吨的污水，其中50%得到还清处理。2008年，北京市区已经修建了9座生活污水处理厂，处理能力为每天268万吨，年处理污水量约9.8亿吨，污水处理率已经达到了93%。未来5年内，北京市还将新建5座污水处理厂。

（3）郊区城镇生活污水处理厂和小型污水处理设施。2005年，郊区建成城镇污水处理厂15座，日处理能力76万吨；郊区共有小型污水处理设施29座，日处理能力9.4万吨。2007年郊区污水处理为48%；2008年提高到了50%。未来5年将在通州、大兴、房山3座新城和5个重点镇建污水处理厂，提高郊区城镇的污水处理率。

目前，北京市的市区污水处理基础设施已经基本完成，今后郊区将处于污水处理基础设施（包括管网设施）的高峰时期，资本投入需求巨大。北京市的污水处理基础设施投入起初以政府投资为主，早期建成的高碑店、方庄、北小河、酒仙桥4座污水处理厂全部是财政投资，市区4000多公里排水管网约90%是财政投资建设的；之后向政府主导的市场多元投资的方向发展，2002年后开始了市场化投融资。目前，北京市区已建成的14个污水处理厂中，5个是财政投资，9个是国营、私营和外企多元融资，但是政府投资依然为主要来源，体现了污水服务的公益性和准公共物品性质①。

① 根据行业内部资料，北京市水务局提供。

四、再生水系统分析

目前北京郊区已建成13座再生水厂，每个新城都有了一座高品质再生水厂，再生水年生产能力达2.59亿吨。北京城区已形成3个供水区域，敷设管线530公里。北京市污水处理和再生水系统的发展在很大程度上得益于北京奥运会的举办。

北京市参考了国外污水再生利用经验，结合实际，并出于降低使用成本的考虑，制定了再生水发展利用政策，即重点发展工业用户、扩大农业灌溉、增加河湖景观用水，推进市政杂用。2008年北京生产了6亿吨再生水，再生水回用率达到了60%。其中，工业年利用再生水达1.2亿吨，其中北京排水集团提供京城6座热电厂工业冷却的用水量达1.13亿吨；农业灌溉年利用再生水3亿吨；城市河道及景观补充用水达0.32亿吨；居民冲厕、再生水洗车及道路降尘等市政杂用达0.05亿吨；城市绿化再生水用量达0.01亿吨。

再生水已经成为北京市的一个重要的新水源。2008年的再生水量已经超过密云水库的供水量。尤其是南水北调工程中线项目调水入京推迟至2014年，对北京市的水资源供应造成了巨大的压力，再生水的重要性更加显著。北京目前的再生水利用率仍然只有46.2%，今后还要继续增加。北京市水务局计划在未来三年内新建再生水厂并升级改造城区污水处理厂，增加再生水量，并使再生水水质提高到地表水Ⅳ类标准，并完善再生水配送系统，将市区污水处理率提高到94%，年生产再生水9亿吨①。

本节从城市用水、供水来源、城市供水系统、排水系统和再生水系统等几个方面，对北京市的城市用水进行了细致的分析。可以看出，虽然北京市的工业用

① 本段参考：(a) 水世界网：《北京市城市污水再生利用情况》，水污染控制和水资源保护专题，http://www.chinacitywater.org/rdzt/jishuzhuant/shwrk/chshwz/dffc/23497.shtml，2007-12-28；(b) 赵月芬、王俊英、李恒义、邵惠芳、孙晋炜：《北京市区污水再生利用总体构想》，《北京水务》2006年第6期；(c) 马楠：《京郊区污水处理率今年将提至50%》，《北郊日报》，2009年2月24日。

水下降很快，但是北京市消费型城市的定位、人口的增加、生活水平的提高，使人们对生活用水和环境生态用水的需求不断增加，总的用水量仍将保持增加的态势，相应地污水排放量逐年增大。在这种背景下，要同时保障首都经济发展、人民生活和生态环境对水和污水产品服务的需求是非常困难的。为了实现这一目的，北京市已经做出了很大的努力，南水北调工程的实施和再生水利用系统的建设为北京市提供了新的供水水源，污水处理设施的建设为改善水环境和水资源状况起到了很大的作用。今后，还应该进一步利用水价这一市场手段，保障首都居民的生产、生活和生态用水需求。

分析的同时发现，在城市供水方面，地下水仍将保持主力供水水源的位置，但是自建设施供水和地表水供水的管理仍然非常重要。在城市排水方面，北京市的市区污水处理基础设施已经基本完成，今后主要是设施的升级和维护，郊区则需要新建大量的基础设施，二者都需要大量资金投入。在再生水系统方面，再生水已经成为北京市的重要水源，但巨大的水资源压力要求北京市进一步提高再生水利用率。

上述分析表明，北京市需要建设一个综合全面的水定价体系，覆盖各种供水水源（包括地表水和地下水），覆盖原水、产品水（包括南水北调的水）、商品水、污水、再生水等不同阶段，在保障首都居民对生产、生活和生态用水的需求的同时，为首都的水资源和水环境的有效管理和可持续利用做出贡献。

第三节　水价实践分析和改革方向

一、水价构成

1980 年以前，北京市地表水资源和地下水资源基本处于无偿使用状态，只对自来水进行收费，收取的本质只是工程水价。20 世纪 80 年代以后，北京市节水办公室开始对自备井收取水资源费。2002 年，北京市政府批准于当年 2 月 1 日起开始以行政事业性收费的名义征收水资源费，专门用于北京市的水资源管理及南水北调工程，征收标准为每吨 0.60 元，上缴市财政。2004 年水资源费调整为每吨 1.10 元。

北京从 1997 年起开始征收污水处理费，收费最初为每吨 0.1 元，逐渐涨到 2000 年的 0.40 元、2003 年的 0.60 元和 2004 年起至今的 0.90 元。

目前，北京市现行的水价结构已经全面具备了不同属性的构成部分，即资源水价、工程水价和环境水价，而且三部分水价的收取已基本具备了法律法规基础。

二、水价水平

在北京市水价结构趋于完整的同时，水价水平也一直在上涨。北京的居民生活水价历程同全国一样，也逐渐经历了福利供水阶段（1949 ~ 1964 年）、低标准收费阶段（1965 ~ 1984 年）、部分成本收费阶段（1985 ~ 1999 年），并逐渐过渡到商品供水收费阶段（2000 年至今）。1981 年北京市的居民生活水价仅为 0.12 元，1996 年为 0.30 元，1999 年达到 1.6 元。2000 年以后，水价上涨幅度增加。1991 ~ 2004 年，北京市总共调整了 9 次水价，至 2004 年达到了 3.7 元/吨，高居全国之首，名义水价上涨幅度达 22.33 倍（见表 7 - 3）。

表 7 - 3　历年北京市居民生活用水水价　　单位：元/吨

时间	1981.1 ~ 1991.12	1992.1 ~ 1996.3	1996.4 ~ 1997.11	1997.12 ~ 1998.8	1998.9 ~ 1999.10	1999.11 ~ 2000.10	2000.11 ~ 2002.1	2002.2 ~ 2003.1	2003.2 ~ 2004.7	2004 年 8 月至今
自来水水费	0.12	0.30	0.50	0.70	1.00	1.30	1.60	1.70	1.70	1.70
污水处理费	—	—	—	0.10	0.10	0.30	0.40	0.50	0.60	0.90
水资源费	—	—	—	—	—	—	—	0.30	0.60	1.10
居民水价	0.12	0.30	0.50	0.8	1.10	1.60	2.00	2.50	2.90	3.7

资料来源：张世秋、邓梁春、岳鹏、崔惠珊：《价格政策在用水需求管理中的作用及北京市水价改革对居民福利的影响分析》，世界银行项目报告，2008 年，第 22 页。

不过，从2004年至今，北京市水价已经有将近5年没有调整了。在2009年1月6日召开的北京市发改委工作会议上，北京市政府明确提出2009年将适时提高居民用水价格。同月，北京市水务局局长程静表示，北京目前的综合水价是5.03元/吨；除居民水价（3.7元/吨）低于综合水价外，其他用水水价都高于综合水价，所以综合水价也会往上调。

对于北京市的水价改革，北京市居民的看法是有分歧的。张世秋等[①]在2008年对北京市200户居民的问卷调查表明，经过几次水价调整之后，平均51%的被调查者认为水价改革“合理”，而总体上高收入者比低收入者更能认可水价改革的合理性。当然，水价改革让大多数人认识到了北京市水资源短缺的严重性。约有90%以上的人感觉到北京市缺水的严重性，53%的人认为自己节水意识的提高和水价改革有直接因果关系。

关于北京市水价水平的合理性，各方专家和管理人员有不同的建议。2000年，倪红珍等[②]提出利用全成本定价方法制定北京市的水价。他们依据2000年绿色国民经济核算原理，测算经济社会用水引起的国民经济全成本，以此为基础计算北京市2000年的“全成本水价”，发现基于国民经济绿色核算的2000年北京市全成本水价比实际价格高，提出北京市综合水价应不低于每吨9.8元，是现实综合水价的2.6倍多。2007年，北京市水务局局长焦志忠与市民对话时表示，北京的城市综合自来水的水价目前是5元，但根据国务院批准的《首都水资源可持续利用规划》里规定的水价指标，2007年北京的水价就应该达到6元。2009年1月，著名水利专家王浩在媒体上表示，由于人均水资源严重缺乏，现在北京市的水价水平太低了，合理的水价水平应该是11.42元。另外，很多专家建议北京市的水价与南水北调的水价相衔接。据专家估算，南水北调工程最终核算的水价可能远远超过人们的预期，因为国务院明确规定南水北调工程不再是传统的公益性

---

① 张世秋、邓梁春、岳鹏、崔惠珊：《价格政策在用水需求管理中的作用及北京市水价改革对居民福利的影响分析》，世界银行项目报告，2008年。

② 倪红珍、王浩、汪党献、张庆华：《基于水资源绿色核算的北京市水价》，《水利党报》，2006年第37卷第2期。

水利，而是经营型与公益性的结合，水价的制定要使将来工程的运行达到保本微利的状态。

当然，学者的研究成果和专家的建议都不能作为确定北京市北京水价是否真的过低的标准。为了明确分析北京市的水价水平，还需要分析居民水价的成本利润构成，因为供水系统的成本利润构成是水价制定（尤其是工程水价制定）的一个重要依据。本节分析主要针对自来水供水系统，这是因为，其他的供水系统比较分散，大多属集体或企业所有，分析的难度较高，且意义不大。根据《城市供水统计年鉴2008》，北京市2008年的自来水供水的成本利润数据见表7－4。

表7－4　2008年北京市自来水供水成本利润

项目	北京市	市自来水集团	石景山区自来水	平谷自来水管理所	顺义区自来水	昌平区自来水
供水总量（万吨）	88511	82447	1280	127	2835	1822
售水总量（万吨）	75318.3	70036	944	115	2451	1722
管道长度/用水人口（千米/万人）	9.97	9.14	14.38	12.50	11.428	12.26
漏损总量（万吨）	12870					
漏损率（%）	14.54	15.05	16	9	8.1	4.4
供水区面积（平方千米）	1042.34	908.34	21		75	38
耗电总量（万千瓦时）	31781.69	29309.11	536.58	74	1175	687
制水单位耗电（度/千吨）	198.37	355	0.28	0.58	259	377
混助凝剂单位用量（千克/千吨）	8.39	16.11				
消毒剂单位用量（千克/千吨）	4.23	3.58	0.35	0.78	0.45	2.74
每吨供水工资（元）	0.353	0.339	0.710	2.401	0.371	0.528
净利润（万元）	－36045	－36857	10	－103	341	564
单位售水成本（元/吨）		3.394	1.9	5.537	2.46	3
单位供水净利润（元）	－0.407	－0.447	0.008	－0.811	0.120	0.310
单位售水净利润	－0.479	－0.526	0.011	－0.896	0.139	0.328

资料来源：《城市供水统计年鉴》（2008）。

根据第二章的基础理论分析和第五章的国际实践经验总结，自来水是水产品与服务业中最具备私人物品性质的产品和服务，因此，水价对供给成本的回收率是（也应该是）最高的，其最终目标是完全回收成本。但从表7－4可以看出，北京市的自来水行业总体上是亏损的，2008 年亏损 3.6 亿元左右，每吨供水亏损计 0.407 元，每吨售水亏损计 0.479 元。

北京市自来水水价没有实现工程成本回收的目的，主要原因可能有两个，一是缺乏有效的成本监督体制（在下文分析）；二是水价过低，未能反映供水的真实成本。从表 7－4 可以看出，市区供水企业的亏损额比郊区供水企业大，其中一个可能的原因是资本成本。由于水资源日益稀缺，北京需要建设应急新水源，并为南水北调工程输送的水源建设处理设施。北京市自来水集团为了做好迎接南水北调进京水的各项准备工作，从 2006 年底投入资金 19 亿元，对第九水厂、第三水厂、田村山净水厂进行首都供水史上最大规模的改扩建。另外，为了保障首都居民的饮用水水质，北京市自来水集团采用了更为先进的水处理工艺①。另外城区管网复杂，有些地方已经很陈旧，需要大量资金进行维护和更新。这些因素使得北京市区自来水行业的资本投入巨大。与此形成对比的是，郊区供水成本相对较低，而郊区和城区收取的水价却是相同的。

三、水价体系

北京市已经初步具备了覆盖原水（水资源费）、产品水（水利工程供水水价）、商品水（包括城市供水水价）、污水（污水处理费）、再生水（再生水价）的完整的水价体系（见表 4－3 中有关北京市水价体系的内容），对各种水源的水资源费、工程水价和污水处理费都做出了详细的规定。

根据北京市发展与改革委员会京发改［2004］1517 号，北京市的自来水价格为：居民生活用水每吨为 2.80 元；行政事业用水每吨为 3.90 元；工商业用水每吨为 4.10 元；宾馆、饭店、餐饮业等用水每吨为 4.60 元；洗浴业用水每吨为 60 元；洗车业、纯净水用水每吨为 40 元。

① 北京市自来水集团：《自来水集团多项举措做好接收“河北水”的准备》，《企业要闻》第 2 期，http：//www.bjwatergroup.com.cn/264/2008_9_24/264_4289_1222240005781.html，2008－09。

水资源费征收标准为：①水利工程供水（除农业和环境用水外）水资源费为 1. 10 元。②市自来水集团企业、各区县自来水公司取用地下水资源费为 1. 10 元。③自备井取用地下水水资源费：生活、工业等取用地下水由每吨 1. 50 元调整为 2. 00 元；乡镇企业取用地下水由每吨 0. 40 元调整为 2. 00 元；生产纯净水取用地下水由每吨 4. 00 元调整为 40 元；洗车业取用地下水由每吨 1. 50 元调整为 40 元；洗浴业取用地下水由每吨 1. 50 元调整为 60 元。

水利工程供水价格征收标准为：工业消耗水价格由每吨 1. 27 元调整为 1. 77 元（含水资源费）；供自来水集团公司（包括北京燕山石油化工有限公司）用于加工自来水的地表水价格由每吨 1. 22 元调整为 1. 72 元（含水资源费）；公园、湖泊用地表水由每吨 0. 30 元调整为 1. 30 元；工业贯流水每吨 0. 20 元；循环水每吨 0. 15 元。

根据同一文件，北京市的污水处理费的征收标准为：居民用水每吨为 0. 90 元；其他用户用水为 1. 50 元。

虽然北京市水价体系的完整性和系统性位于全国各城市的前列，但仍然有一些问题需要得到进一步的厘清和改进。

（一）不同供水系统的水价比较

根据上面的信息，对三个供水系统（公共系统供水、自备井取水和地表水供水）的水价（含污水处理费）进行比较，可以发现：对于居民用水，通过公共供水系统用水的居民用户支付的总水价为 3. 7 元，利用自备井取水的用户支付 2. 9 元。对于工业用水，通过公共供水系统用水的企业支付 5. 6 元，利用水利工程供水的工业消耗水价为 3. 27 元，利用自备井取水的企业支付 2. 9 元。由此可见，在北京市的水价体系下，居民或企业如果利用自备井取水或直接利用地表水取水，其成本比使用自来水要低很多。在工业用水方面，由于很多企业是利用自建设施取用地下水或直接利用地表水的，因此企业支付的水价大大低于居民生活用水的水价，体现出对工业用水的低价政策，与自来水价格所体现的工业用水的高价格政策是不一致的。另外，由于企业大多是 10 万吨或 100 万吨以上的大用户，执行的是取水定额政策，如果对企业的取水行为监管不力，水价对企业的节水激励就会更弱。

（二）水资源费分析

北京市的水资源费征收标准根据用水对象而有所不同，分为自来水公司、农业、居民、工业企业、纯净水生产企业、洗车业、洗浴业等；根据水源分类也有所不同，分为水利工程供水（地表水）和地下水，地下水资源费标准一般高于地表水。

但是，目前北京市水资源费征收标准有一些不足之处，并没有有效地起到保护水资源的作用。第一，北京水资源费没有科学地、充分地考虑水资源的特性，尤其是稀缺程度。第二，目前北京市水资源费征收标准没有区分水资源的不同属性。水资源分为可再生资源与不可再生资源，水资源中的地表水和浅层地下水是可以再生的，而深层地下水是不可再生的。目前北京市有一些地区（如石景山区）利用基岩井开采优质的深层地下水，每年北京市规定的可开采量达到2亿多吨。深层地下水一经开采就很难恢复，因此不仅浅层地下水资源费标准要高于地表水，深层地下水资源费标准也要高于浅层地下水。

（三）污水处理费

由于北京市各污水处理厂的建设年限不同，融资渠道不同，因此其运行成本各有不同，政府向污水处理厂支付服务费的标准也有所不同。这一点从北京市水务局与一些污水处理厂签订的特许经营合同中有关污水处理服务费的条款就可以看出。2003年，北京市水务局分别与北京东坝的污水处理厂和北京垡头的污水处理厂签订特许经营合同，规定从污水处理厂正式商业运行日起，向项目公司支付污水处理服务费。北京东坝的基本污水处理服务费为0.958元/吨；北京垡头的基本污水处理服务费为0.898元/吨；超额处理服务费等于超额水量与污水处理价格再乘以60%。另外，北京市物价局京价［商］字［2003］269号文件《关于确定北京市肖家河污水处理厂污水处理费标准及调价公式的函复》指出，根据北京市市政管委、市计委、市财政局、市物价局等有关部门对北京市肖家河污水处理厂污水处理费标准的意见和专家组评审结果，确定北京市肖家河污水处理厂污水处理费标准为1.2839元/吨。政府向这三个污水处理厂支付的污水处理服务费，有两个就超出了污水费的征收标准，另外一个则非常接近污水处理费标准，这意味着政府为污水处理服务提供了大量的补贴。另外，随着时间的推移，污水处理成本有所上涨，但是本来就不高的污水处理征收标准并没有随之提高。

由于污水处理服务（尤其是管网建设）属于公益性强的准公共物品，因此，政府分担部分成本是合理的，但是也需要注意一些关键问题，比如分担比重多少是合理的？是否对公共财政造成了巨大的负担？是否影响了污水处理服务的后续发展？是否需要调整污水处理费的征收标准？目前来看调整收费标准是必需的，那么什么是合理的调整程度？这些问题都有待回答。

（四）再生水水价

合理的再生水价格体系是北京市污水再生利用顺利进行的关键之一。目前，北京市的再生水水价分为两档，居民用水和工业用水 1.0 元/吨，景观用水为 1.3 元/吨。北京市使用再生水暂时不用缴纳污水处理费。

有的研究人员对北京市的再生水价格进行了实证研究，研究结果表明，在内部收益水平在4% ~8%时，北京市再生水的平均价格应该在 1.9 ~2.5 元/吨。目前的实际再生水价格低于这一理论价格，达不到成本回收的要求，需要政府进行大量的补贴。

目前的实际再生水价格低于自来水和地表水的实际价格。如果再生水的水质比地表水质差，那么上述的这种价格差别是合理的；但是由于北京市正在考虑对污水处理和再生水设计进行升级改造，使水质在三年内达到地表水Ⅳ类河流水体标准，这时，再生水价格低于同等水质的地表水价格从价格规律的角度来看有一些不妥。

四、水价的社会目标

水定价决策要考虑三个基本的社会目标：一是保障水产品服务的广泛可获得性；二是考虑居民对水价的承受能力；三是对社会收入分配的扭曲影响。社会目标是否能够实现与公众对水价政策的态度密切相关。如上文所述，张世秋等的调查发现平均49%的被调查者认为水价改革“不合理”，其中平均92.1%的人是因为现行水价改革未考虑贫富家庭的承受能力差别。由此可见水定价机制考虑社会目标的重要性。

北京市对第一个社会目标的考虑是周全的，市财政投入了大量的资金。在水价的承受力方面，目前还没有出台相关的政策，没有对特定的弱势群体的用水补贴，但是目前居民户平均的水费支出低于平均收入的3%，被认为处于可承受的范围。关于第三个社会目标，由于目前的水价过低，国家需要对水行业进行大量的补贴，在目前的单一费率下，用户用水量越多，获得的用水补贴也越高，存在对社会收入分配的扭曲影响。未来需要针对存在的这些问题进行具体的改进，考虑采纳阶梯式递增水价。

五、水价调整程序

北京市还没有建立起合理的水价调整程序。第一，国务院批准的《首都水资源可持续利用规划》提出北京市水价要每年调整一次，污水处理费也将逐年提高。实际上，北京市水价没有实现定期调整。最近一次水价调整是在2004年8月，距今已经四五年了，水价偏低，2008年北京市供水企业的亏损额已经达到了3.54亿元，而排水企业的亏损额更高。在这种情况下，如果北京市在2009年调整水价，幅度将会很大。

第二，北京的水价调整机制仍然以政府规制为主，缺乏市场机制。很多发达国家的水价调整程序按照市场规律定期调整，根据CPI指数预测供水及污水处理成本的增加（包括材料费用、能源费用、人力费用等）和新增供水能力的投资，每年或几年修订一次。北京还没有建立这种机制。

第三，没有建立独立的成本审核和监督机制。举一个简单的例子，表7－5显示平谷区自来水管理所人员工资达到了每吨供水2.401元，是北京市供水行业平均水平的6.8倍。假如对其人员支出进行恰当的成本控制，减少到每吨供水1.6元以内就能实现利润持平。今后如果能够对成本进行合理的审计和监督，就可以更好地控制成本，激励企业提高生产效率，降低不必要的支出。但是北京市目前尚未建立由独立于第三方的水价成本监审机构审核水价成本的机制，执行《城市供水定价成本监审办法（试行）》的效果将大打折扣。

第四，水价听证会没有起到真正有效的监管作用。由于缺乏独立第三方的水价成本监审机构，对供排水业的成本、服务、水质缺乏客观、公正的系统监管和客观信息。企业的成本不透明，公众即使有代表参加听证会，也无法对企业的成本做出准确的判断，也无法知道垄断企业是否将不垄断成本通过涨价转嫁到公众身上。

第四节　水价改革建议

通过分析北京市水定价实践的现状和存在问题，提出在以下几个方面对进行调整和改进。

一、建立完善合理的水价定期调整机制

北京市政府需要建立完善合理的基于市场规律的城市水价定期调整机制。根据 CPI 指数预测供水及污水处理成本的增加（包括材料费用、能源费用、人力费用等）和新增供水能力的投资，定期进行调整。明确规定成本核算的办法，并建立独立的第三方水价成本监审机构，使各方利益相关者通过水价听证会进行有效的监督。

二、合理提高水价水平

北京市的水价多年来一直在上涨，但是目前水价还是偏低，政府每年不得不以各种形式对水行业进行大量补贴。如果说适量的政府补贴对于公益性很强的污水处理和再生水业是合理的，自来水供水业每年需要大量的政府补贴就不太合理。偏低的水价不能为政府提供水资源和水环境改善管理的充分的资金来源，阻

碍了居民广泛获得优质的产品和服务，也没有起到应有的激励水资源高效利用和节约用水的价格信号作用。

虽然目前水价过低是不合理的，但是根据研究分析的结果，全成本定价也不适合在北京实施。今后要根据不同水价部分的性质，制定相应不同定价和调价策略，将北京市的水价提高到一个合理的水平。

（一）水资源费

北京市水资源费的确定可采用稀缺租金定价法。根据第三章 Moncur 和 Pollock① 的研究，应当将为满足供水需求增加而使用高成本的供水技术（如淡化水和跨流域调水）所带来的未来成本的增加，作为稀缺租金（或水资源费）。这种确定水资源费的方式非常适用于北京市。北京市为了满足不断增加的用水需求，通过南水北调工程和再生水项目为北京市增加供水。南水北调工程自 2014 年起每年将为北京供水 10 亿吨；而自 2009 年起，北京市每年将有 9 亿吨的再生水量。届时，如果南水北调工程供水水价为 P_1，再生水的成本价为 P_2，而北京市的现行水价为 P_0，根据 Moncur 和 Pollock，北京市的稀缺租金 P_3 应为：$p_3 = (10p_1 + 9p_2)/19 - p_2$。举一个数值例子，如果北京市的现行水价为 2.6 元（不包括水资源费），而南水北调工程供水水价为 6 元，再生水的成本价为 2.5 元，则北京市水资源的稀缺租金为 1.74 元，也就是北京市的水资源费。此处需要注意的一点是，上述根据稀缺租金确定水资源费的方法纠正了一个较为常见的错误认识：与一些人提出的“南水北调工程将彻底解决北京市的水资源短缺现象”的论调相反，南水北调工程调水入京，恰恰说明北京市水资源严重稀缺的程度。因为，北京市当地成本较低的水资源已经不能满足需要，需要投入大量资金跨流域调水。这与迫不得已的情况下采取海水淡化的措施并没有本质的不同。

北京市水资源征收标准要科学地考虑水资源的特性和丰缺程度。浅层地下水资源费标准要高于地表水，深层地下水资源费标准也要高于浅层地下水；对不同

---

① Moncur J. and Pollock R. (1988). Scarcity Rents for Water: A Valuation and Pricing Model, in *Land Economics*, 64 (1): 62 - 72.

水质、不同水域的用水，也应考虑采用不同的水资源费标准。水质较好、水环境生态相对更加重要的地区，水资源费征收标准应当更高。另外，水资源费要根据水资源的丰缺程度来确定。由于枯水季节水资源量相对少于丰水季节，因此枯水季节水资源费标准应高于丰水季节；缺水地区水资源较紧张，因此缺水地区的水资源费标准应高于丰水地区。

水资源费的征收标准也应考虑节水作用。超过取用水许可范围的水资源费标准，应高于计划内取用水的收费标准。对于超标用水户，其水资源费的征收标准应在原有收费标准上，再加收由于其超标而引起其他用水户用水量减少所造成的经济损失，甚至加收一定数量的惩罚性收费①。实际上，2009 年 4 月起，广东各地已经开始正式实行水资源费差别征收标准，对超额取水部分实行超定额累进加价制度，超额取水不足 10% 的部分，加收 1 倍水资源费；超额取水 10% ~20% 的部分，加收 2 倍水资源费；超额取水 20% ~30% 的部分，加收 3 倍水资源费；超额取水 30% 以上的，取水许可审批机关将责令其暂停取水，限期整改。北京可借鉴广东经验。

在现实中采用这样的水资源费定价机制还是比较复杂的，不过，考虑到北京市是一个如此巨大的都市，具有很大的多样性和动态变化，因此，水价体系也一定要符合其复杂特点，简单划一的思路是不符合客观规律的。

（二）工程水价

在确定工程水价时，要有效监审供排水企业成本，既保证供排水企业的正常运行和合理盈利，又改善水产品和服务的数量与质量，满足不断增长的需求，并向着“全成本”收费的方向发展，逐步减少政府补贴。

（三）污水处理费

由于北京市各污水处理厂的运行成本各有不同，政府向污水处理厂支付的服务费的标准也有所不同，但大都需要提供大量的补贴。由于污水处理服务（尤其

① 何华、任建明：《北京水资源费动态征收模式构建建议》，《中国水利》，2006 年第 15 期，总第 513 期。

是管网建设）属于公益性强的准公共物品，因此，政府分担部分成本是合理的，但是也要明确政府的分担比重、占公共财政预算的比例、对污水处理服务的后续发展产生的影响等。总之，这取决于北京市的财政能力，需要因地制宜地考虑。随着人民生活水平的进一步提高，可适当考虑减少政府补贴的力度。

（四）再生水价格

北京市应进一步改进再生水价格的制定。目前北京市的实际再生水价格低于一定收益率下的工程成本价格，达不到成本回收的要求，需要政府进行大量的补贴。从激励再生水利用的角度来看，政府补贴也是合理的，但是需要明确知道政府补贴水平是多少，使政府管理更加透明和有效。

要在考虑再生水和地表水质的基础上，合理确定再生水与新鲜水之间的价格差别，使再生水价既能鼓励再生水的利用，又不过分违背价格规律。

要考虑政府购买环境生态用水的能力。再生水是河湖环境用水的一大来源，国内外的经验说明，政府应该是环境生态用水的一大买家，这一方面能够保证环境生态用水需求，另一方面不会扭曲再生水的市场机制，有助于保持再生水的成本信息保持透明和正确。这一部分再生水的价格在很大程度上影响到政府购买环境生态用水的能力和污水再生利用工程的经济可行性，对于这两个目标必须给予充分的考虑。

最后，再生水费的确定要避免重复计算。这是因为，再生水处理设施与污水处理设施往往紧密联系，再生水厂的水源往往是污水处理厂的出水，因此需要区分需要由污水处理费回收的成本和需要由再生水费回收的成本，也就是避免重复计算。一般可以把污水一级强化处理或者二级处理之后的设施划归再生水设施①。

从长远来看，还需要考虑对再生水引进市场机制，由市场来决定供求与价格，正如澳大利亚目前正在考虑的一样②（参见第五章）。

---

① 张天柱、傅平、陈吉宁：《用完全成本水价理论指导水价改革》，《市场化进程中的城市水业》，清华大学水业政策研究中心年度文集，2004－03－25。

② ERA（Economic Regulation Authority）Western Australia. Inquiry into Pricing of Recycled Water in Western Australia，6 February 2009，http：//www. era. wa. gov. au/cproot/7359/2/20090306%20Final%20Report%20－%20Inquiry%20into%20Pricing%20of%20Recycled%20Water%20in%20Western%20Australia. PDF.

三、水价要体现地区差别

在实践中，北京市的水资源费和工程水价都没有体现出地区差别，尤其是郊区与城区之间的差别。今后，水质较好、水环境生态相对更加重要的地区，水资源费征收标准应当更高；缺水地区水资源较紧张，因此缺水地区的水资源费标准应高于丰水地区。北京市区水行业的资本投入比郊区高，造成城区供水的工程成本相对较高，因而收取的工程水价也应当反映出地区差别。

四、解决不同供水系统的水价差别问题

在北京市的水价体系下，居民或企业如果利用自备井取水或直接利用地表水取水，其成本比使用自来水要低很多。在工业用水方面，由于很多企业是利用自建设施取用地下水或直接利用地表水的，因此企业支付的水价大大低于居民生活用水的水价，体现出对工业用水的低价政策，与自来水价格所体现的工业用水的高价格政策是不一致的。另外，由于企业大多是 10 万吨或 100 万吨以上的大用户，执行的是取水定额政策，如果对企业的取水行为监管不力，水价对企业的节水激励就会更弱。因此，解决这一问题需要重新设计不同供水系统的水价。

五、考虑使用阶梯式计量水价

使用阶梯式计量水价，在保障成本回收的同时提供节水激励。第一阶梯水价保证一般收入人群的承受能力，第二阶梯或更高阶梯价格要体现一定的经济和环境成本。

六、改进弱势群体水价补贴政策

进一步完善对弱势群体的水价补贴政策。可制定有针对性的、长期性的补贴政策，建立起执行政策的长效机制。扩大补贴人群范围，在条件允许的情况下，使之覆盖一些社区公共设施（如养老院、孤儿院）和老人等。

第八章　结论与政策建议

在中国快速工业化和城市化的进程中，水资源日益稀缺和水环境退化问题已经成为威胁我国经济增长和人口生存质量的一个重大问题，在很大程度上对全社会的总体福利产生了不良影响。资源和环境经济学家认为，合理的水价政策是实现经济增长与环境和谐的一种有效办法。因此，本书试图以理论与实践相结合的方式，讨论两个最基本的问题：对于城市用水来说，什么样的水价机制是有效的？什么样的水价水平是合理的？

为了回答这一问题，笔者首先分析了水的资源、环境与经济属性，并由此出发，根据市场失灵条件下自然垄断行业准公共物品的定价理论，从产权、外部性、公共物品和自然垄断四个方面确立了水资源和水产品服务的定价理论基础。接着，笔者回顾了国内外在水定价领域的理论探索，并总结了一些发达国家和我国的城市水定价实践。以此为基础，笔者抓住当前水的社会循环重要性增加的背景特点，从水定价多重目标均衡的角度出发，建立了在水的循环利用、供水约束变化的条件下，基于生活、生产和生态环境用水等水的不同用途的社会福利最大化的最优定价机制。为了使本书研究更具有现实意义，笔者以北京市城市用水为案例，结合运用本书的实践分析与理论研究成果，探讨了如何进一步改进北京市的水定价机制的问题。

第一节　研究结论

通过本书对水定价实践的分析和理论探讨，提出了以下几点结论。

一、合理的水定价机制是制度上完善的定价机制

合理的水定价机制在制度上是完善的，以明确的水资源产权为制度保证，以政府价格规制为手段，遵循“使用者付费”和“污染者付费”原则，按照水资源与水产品的私人与公共物品属性，在政府和用户之间合理分担成本。

二、合理的水定价机制是符合水的技术经济特征的定价机制

水既是一种自然资源，又是一种经济物品，还是一种环境要素。同时，水在社会循环系统中经历了原水、产品、商品、排放物和再生资源等几个环节的变化，而且整个社会现在已经从单向的社会循环向循环利用的闭环系统发展，我国也开始大力提倡水资源利用的循环经济理念。合理的水定价机制一定要符合水的这些技术经济特点，要包括资源水价、工程水价和环境水价这三种属性构成，要分为原水、自来水、污水、再生水等水价内容，并按照水质的不同保持适当的价差。

三、合理的水价机制一定要符合当地具体的经济社会条件并依照客观规律保持动态演变

国际经验表明，各国或各地区由于水资源丰缺程度不一，经济发展水平有所差异，对于水资源和水产品服务的管理有不同的侧重目标，因此对水价机制的设计和选择各有不同；并随着社会经济的发展而有所变化，如两部制费率体系更加普遍，逐渐取消阶梯式累退水价和采纳阶梯式累进水价，政府补贴和交叉补贴逐步减少等。合理的水价设计和选择一定要符合当地具体的经济社会条件并依照客观规律保持动态演变。

四、在很长一段时间内，全成本定价很难实现也不合理

在回答“什么是合理的水价水平”这一问题时，笔者发现许多国家都在试图减少对资源性水产品和服务的补贴，提高水务服务供给的成本回收水平；随着对政府减少补贴重要性的认识逐渐深入，全成本定价手段也被认为是消除水资源利用的“第三方”外部性影响的一种手段被广为提倡。然而在现实中，即使是发达国家也没有实现“全成本定价”，而且全成本定价在理论上也是不尽合理的。合理的水价水平应当是使工程水价水平向全成本回收方向调整；使环境水价实现部分回收，为此要明确政府与用户的成本分担责任；而资源水价的制定则主要是实现水资源供求平衡，并为政府管理水资源和水环境提供资金来源。

五、存在使社会福利最大化的最优水价，但单纯提高水价并不一定能够提高社会福利

本书通过数理模型分析发现，在水的循环系统重要性增加、再生水的利用使供水约束变化的背景下，仍然存在一个保证水在生产、生活和生态这三种不同用途间合理分配、使社会福利最大化的最优水价。但是，虽然提高水价有一定的节水作用，单纯的涨价并不一定能够增加社会福利，这是因为，当真实水价上升时，水的循环率提高，生产用水和生活用水下降，人们从消费一般产品和水产品中所获得的效用相应地有所下降；但与此同时，水的恢复率下降，生态用水量的变化方向是不确定的；如果生态用水量增加，也不能够确定其增加量能否抵消或超过生产和生活用水下降所带来的福利损失。

第二节　政策建议

鉴于上述研究结论，笔者提出了以下几条建议：

一、完善水定价机制的制度保障

要完善水定价机制所必需的制度保障。首先，要对不完备的水资源市场进行产权（尤其是经营权和使用权）界定，健全水权交易体系，通过水权交易形成地区间、部门间相互调剂水资源余缺的机制，使水资源流向价值更高的用途，并彰显水资源的市场价值。

其次，水价由政府有关部门进行规制，但要由各方利益相关者通过水价听证会进行有效的监督，由独立第三方的水价成本监审机构监审，并建立起以市场规律为主导的城市水价定期调整机制。水价的政府规制第一是由政府确定水资源的价格，使其体现水资源的稀缺程度，为城市水资源与水环境治理提供经济来源，并调节水资源供需平衡。第二是由政府确定环境水价，由于治污的责任应由政府和污染者（用户）共同承担，应当根据当地的经济社会发展程度，决定政府的成本分担比重，并使之透明化。第三是加强工程水价的成本控制和监督体制，由法律法规提供规制依据，通过公众参与提高公共监督程度，通过第三方监审机构开展有效的成本控制和监督。

最后，坚持“污染者付费”和“使用者付费”原则，公平而有效率地将水资源和水产品服务的经济成本转移到污染者和用户身上；由于水资源和水产品服务具有一定的公共物品特性，需要根据当地的经济社会条件和水资源与水产品的经济物品特性，因地制宜地确定政府与污染者（用户）间的成本分担比重，并使之透明化。一般来说，经济发展水平较低、居民收入较低的地区，政府负担的比重要多一些，随着经济发展、收入增加，可逐渐增加私人用户的成本负担。

二、合理提高不同部分的水价水平

中国各地的水价总体上依然较低，政府需要合理提高水价的总体水平。所谓“合理”，是要根据不同水价部分的性质，相应制定不同定价和调价策略。

首先，要适当提高征收标准，并合理规定水资源费的定价方法。采用补偿法或稀缺租金定价法来合理确定资源水价。资源水价要科学地考虑水资源的特性和丰缺程度。浅层地下水资源费标准要高于地表水，深层地下水资源费标准也要高于浅层地下水；水质较好、水环境生态相对更加重要的地区，水资源费征收标准应当更高；枯水季节水资源费标准应高于丰水季节；缺水地区水资源费标准应高于丰水地区；超过取用水许可范围的水资源费标准，应高于计划内取用水的收费标准。对于条件相同的中小城市来说，可能执行一种水资源费就是合理的，但是对于一些大型城市或条件差异大的城市，还是需要采取不同的水资源费，简单划一的思路是不符合客观规律的。

其次，按全成本定价方法确定工程水价，尤其是自来水水价。自来水具有私人物品的特征，可考虑引进市场竞争，由私人消费者支付全部费用。在经济发展水平仍然较低的地区，为了保证居民对水产品和服务的可得性及可承受力，可以适当考虑由政府少量提供部分投入，尤其是用于弱势群体补贴的那部分资金。

再次，要按照成本分担的原则制定环境水价。中国政府是执政能力强大的政府，在污水处理领域应当充分发挥其领导优势，充分提供污水收集处理这一具备准公共物品性质的服务。可以由政府承担污水收集与处理固定资产投资的责任，由私人用户承担运营费用。但在具体确定政府、企业和居民的成本分担比重时，要考虑政府的财政能力和市民的支付意愿与能力。

最后，再生水水价的制定需要采取渐进方式，制定一般水价较低的再生水水价，以适当差价激励再生水使用成本较低但效率较高的行业（如电业、洗车业）和市政设施及城市绿化使用再生水，但要明确政府补贴水平，使政府管理更加透明和有效。在条件成熟的时候，考虑由市场力量来主导定价机制。

三、因地制宜进行水价体系设计

由于我国幅员辽阔，地区间水资源状况、社会经济发展水平存在很大差异，因此，各地的水价机制一定要符合当地具体的经济社会条件，考虑当地的水资源丰缺程度、社会经济发展水平和社会对于水资源和水产品服务管理的不同侧重目标。由于中国正处于一个快速变革和发展的阶段，因此，水价机制也要依照客观的演变规律保持动态演变，逐步增加采纳阶梯式累进水价，逐步减少政府补贴和交叉补贴等。

四、要采取综合全面的城市水管理措施

模型分析表明，单纯提高水价并不一定能够提高人类的总体福利，这提醒我们不能单纯依靠水价来管理我们的水资源与水环境。在价格手段之外，还要结合其他经济手段、各种法律手段和行政手段，利用用水许可证管理、强制规定用水行为、污水排放标准规范、用水限制、推广节水技术、公民宣传教育等手段，实现节约水资源、改善水环境的目标。

参考文献

［1］北京市地调研究院、河北地调研究院和中国地质大学（北京）：《首都地区地下水资源和环境调查评价》，国土资源大调查首批项目成果报告，2004 年 1 月。

［2］北京市水务局：《北京市水资源公报》，http：//www. bjwater. gov. cn/tabid/207/Default. aspx，2015 －07 －21。

［3］北京市自来水集团：《自来水集团多项举措做好接收“河北水”的准备》，《企业要闻》第 2 期，http：//www. bjwatergroup. com. cn/264/2008_ 9_ 24/264_ 4289_ 1222240005781. html，2008 －09。

［4］毕延龄：《北京自来水的九十年》，北京市市政工程设计研究总院建院四十五周年论文集，2002 年 12 月。

［5］岑嘉法：《北京水资源现状与应急供水主要对策》，国土资源部咨询研究中心专家建议，http：//www. crcmlr. org. cn/results_ zw. asp？ newsId = L70917 1045516567，2004 －09 －17。

［6］陈晨：《污水处理产业：700 亿元缺口难题》，《科学时报》，http：//www. sciencenet. cn/sbhtmlnews/200843003 436302205940. html，2008 －04 －29。

［7］陈银娥：《西方福利经济理论的发展演变》，《华中师范大学学报》（人文社会科学版），2000 年第 4 期。

［8］陈云：《水资源问题及其对策》，《人民日报》2002 年 4 月 7 日。

［9］迪南：《水价改革与政治经济学——世界银行水价改革理论与政策》，石海峰等译，中国水利水电出版社 2003 年版。

［10］［美］丹尼尔·F. 史普博：《管制与市场》，余晖等译，上海人民出版

社 1999 年版。

[11] 杜会娇：《污水处理厂运行水量达 70% 是正常现象》，中国水网，http：//news. h2o - china. com/market/water market/6280811919861001. shtml，2007 - 10 - 10。

[12] 冯继康、乔万敏：《马克思的平均利润与生产价格理论及其当代价值》，中国煤炭经济学院学报，2003 年第 17 卷第 1 期。

[13] 傅凯：《全国水务行业全线亏损，水务企业急盼水价上涨》，网易财经，http：//money. 163. com/08/0910/08/4LFG57SQ00252G50. html，2008 - 09 - 10。

[14] 傅涛、张丽珍、常杪：《城市水价的定价目标、构成和原则》，清华水业蓝皮书（系列之六），2005。

[15] 傅涛、常杪、钟丽锦：《中国城市水业改革实践与案例》，中国建筑工业出版社 2006 年版。

[16] 傅涛：《水业产业时代的战略联盟》，中国水网，http：//www. bdc. cn/cenweb/portal/user/anon/page/BeijingDrainageCMSItemInfoPage. page? metainfoId = ABC000 00000000004953&app_ id = 0000000000000000136&categoryId = 140120，2008 - 10 - 29。

[17] 高鸿业：《西方经济学》（微观部分）（第 4 版），人民大学出版社 2007 年版，第四章。

[18] 耿六成：《工业水价承受能力分析方法探讨》，《南水北调与水利科技》，2003 年第 6 期。

[19] 关鸿滨：《浅谈城市生活用水及节水》，《山西建筑》，2002 年第 4 卷第 28 期。

[20] 郭彬彬：《以标准成本费用核算体系监管水务企业经营——如何规制水务企业价格成本的调研报告》，第二届中国城市水业发展（苏州）论坛暨城镇供水企业管理模式研讨会，2006 年。

[21] 国家发展和改革委员会与水利部：《水利工程供水价格管理办法》，2004 年。

［22］［加］哈里·基钦：《地方政府和大城市财政》，收于《地方政府与地方财政建设》，中国财政部、加拿大国际开发署和世界银行著，中信出版社 2005 年版。

［23］郝家龙、翟纯红：《循环经济与资源城市成长路径》，新华出版社 2006 年版。

［24］何华、任建明：《北京水资源费动态征收模式构建建议》，《中国水利》2006 年第 15 期，总第 513 期。

［25］洪银兴、刘建平：《公共经济学导论》，经济科学出版社 2003 年版。

［26］胡鞍钢、王亚华：《转型期水资源配置的公共政策——准市场和政治民主协商》，清华大学公共管理学院课题研究报告，2001 年。

［27］黄涛珍、黄秋洪：《美国水价考察报告》，http：//www. hwcc. com. cn/newsdisplay/newsdisplay. asp？ Id = 17442，2001 - 08 - 21。

［28］黄恒学：《公共经济学》，北京大学出版社 2005 年版。

［29］黄华：《试论水权理论对水资源配置工作产生的作用及影响》，水信息网，http：//www. hwcc. com. cn/newsdisplay/newsdisplay. asp？ Id = 109753，2004 - 08 - 30。

［30］［澳］黄有光：《福祉经济学——一个趋于全面分析的尝试》，张清津译，东北财经大学出版社 2005 年版。

［31］胡鞍钢、王亚华：《转型期水资源配置的公共政策：准市场和政治民主协商》，《中国软科学》2000 年第 5 期。

［32］贾绍凤、姜文来、沈大军等：《水资源经济学》，中国水利水电出版社 2006 年版。

［33］建设部：《城乡缺水问题研究》，建设部课题研究报告，2008 年 9 月。

［34］姜春海：《自然垄断理论：评述、展望及政策涵义》，《经济评论》，2004 年第 2 期。

［35］姜文来：《水资源价值模型研究》，《资源科学》，1998 年第 20 卷第 1 期。

［36］姜杰、马全江：《公共经济学》，山东人民出版社 2003 年版。

［37］姜文来：《21 世纪中国水资源安全战略研究》，黄河流域水资源保护局网，http：//www. hwcc. com. cn/newsdisplay/newsdisplay. asp？Id = 90390，2004 - 01 - 14。

［38］姜文来：《水权特征及界定》，《中国水利报》，2000 年 11 月 2 日。

［39］姜文来、唐曲、雷波、杨瑞珍：《水资源管理学导论》，化学工业出版社 2005 年版。

［40］［法］莱昂·瓦尔拉斯：《纯粹经济学要义》，蔡受百译，1989 年版。

［41］蓝虹：《环境产权经济学》，中国人民大学出版社 2005 年版。

［42］李晶、宋守度、姜斌等：《水权与水价：国外经验研究与中国改革方向探讨》，中国发展出版社 2003 年版。

［43］李仁贵、党国印：《1998 年度诺贝尔经济学奖获得者阿马蒂亚·森生平与学术贡献》，《经济学动态》1998 年 11 期。

［44］李群、彭少明、黄强：《水资源的外部性与黄河流域水资源管理》，《干旱区资源与环境》2008 年 1 月第 22 卷第 1 期。

［45］李雪松：《中国水资源制度研究》，武汉大学出版社 2006 年版。

［46］厉以宁、章铮：《环境经济学》，中国计划出版社 1995 年版。

［47］李宗梅：《廊坊市城市生活用水全成本定价模式的研究》，《重庆师范大学学报》（自然科学版），2006 年 2 期。

［48］刘昌明：《中国水资源的合理利用与保护》，第八届科博会中国循环经济发展高峰会上的演讲，http：//finance. sina. com. cn/g/20050525/10121621356. shtml。

［49］刘强：《资源与环境约束下的中国最优产业结构研究》，中国社会科学院数量经济与技术经济研究所重点研究室资助的研究项目论文，2007 年 9 月。

［50］刘晓颖：《水价政策：效率与公平的权衡——以北京市城市生活用水水价为例》，北京师范大学硕士学位论文，2005 年。

［51］刘学敏：《中国价格管理研究——微观规制和宏观调控》，经济管理出

版社 2001 年版。

［52］鲁春华：《城市污水资源化的探讨——以唐山市为例》，《城市管理与科技》，2006 年第 8 卷第 1 期。

［53］［澳］罗宾·巴德、迈克尔·帕金，王秋石：《经济学精要》（第 2 版），张弘译，机械工业出版社 2003 年版。

［54］［英］罗杰·珀曼、马越、詹姆斯·麦吉利夫雷、迈克尔·科蒙：《自然资源与环境经济学》（第 2 版），侯元兆译，中国经济出版社 2002 年版。

［55］毛春梅：《美国的水价制度》，http：//www. hwcc. com. cn/newsdisplay/newsdisplay. asp？Id =25819，2001 －12 －20。

［56］马楠：《京郊区污水处理率今年将提至 50%》，《北郊日报》，2009 年 2 月 24 日。

［57］马中：《环境与自然资源经济学概论》（第 2 版），高等教育出版社 2006 年版。

［58］马中、蓝虹：《产权、价格、外部性与环境资源市场配置》，《价格理论与实践》，2003 年第 5 期。

［59］穆贤清、黄祖辉、张小蒂：《国外环境经济理论研究综述》，《国外社会科学》，2004 年第 2 期。

［60］倪红珍、王浩、汪党献、张庆华：《基于水资源绿色核算的北京市水价》，《水利党报》，2006 年第 37 卷第 2 期。

［61］庇古：《福利经济学》，华夏出版社 2007 年版。

［62］齐建国、王红：《循环经济是节能节排的最有效方式》，《光明日报》，2007 年 7 月 25 日。

［63］清华大学水业政策研究中心：《清华水业蓝皮书》，2004 年。

［64］全国工商联环境服务业商会：《关于城市水业改革若干问题的说明》，http：//news. h2o － china. com/policyandmarket/policyanalysis/694131204509357 _1. shtm，2008 －03 －03。

［65］萨缪尔逊：《经济学》中册，商务印书馆 1981 年版。

[66] 世界银行：《中国的水价改革：经济效率、环境成本和社会承受力》，政策分析与建议项目“中国：解决水资源短缺——从分析到行动”报告，2007 年。

[67] 世界银行：《解决中国的水稀缺：关于水资源管理若干问题的建议》，世界银行报告，2009 年 1 月 12 日。

[68] 水世界网：《北京市城市污水再生利用情况》，水污染控制和水资源保护专题，http://www.chinacitywater.org/rdzt/jishuzhuant/shwrk/chshwz/dffc/23497.shtml，2007－12－28。

[69] 水资源调配与国土整治课题组：《我国水资源供求总量及其结构的初步分析》，参天水利资源工程研考会《工作通报》1999 年 3 月 8 日。

[70] 宋序彤：《我国城市用水发展和用水效率分析》，《中国水利》，2005 年第 13 期。

[71] 孙大胜：《关注中国水权交易：国内急缺水资源调配规程》，《瞭望东方周刊》，2005 年 1 月 11 日。

[72] 唐铁军：《谈城市供水定价政策》，中国水网，http://www.hwcc.com.cn/newsdis play/newsdisplay.asp? Id＝192047，2008－04－03。

[73] 陶晓华：《我国水价制度的历史沿革》，《治淮》，2004 年第 12 期。

[74] [美] 汤姆·泰坦伯格著：《环境与自然资源经济学》（第 5 版），严旭阳等译，经济科学出版社，2003 年版。

[75] 万咸涛、刘予伟、张新宁、狄鸿：《环境生态用水基本概念》，《南水北调与水利科技》，2003 年第 6 期。

[76] 王浩、阮本清、沈大军：《面向可持续发展的水价理论与实践》，科学出版社 2003 年版。

[77] 王俊豪、朱晓燕、杜丹清、周小梅、顾春梅：《中国自然垄断经营产品管制价格形成机制研究》，中国经济出版社 2002 年版。

[78] 王俊豪：《中英自然垄断性产业政府管制体制比较》，《世界经济》，2001 年第 4 期。

[79] 王文杰:《中外水价制度的对比思考》,《北京水务》,2006 年第 6 期。

[80] 尉永平:《澳大利亚水改革的成功经验及启示》,《山西水利科技》第 4 期(总第 150 期),2003 年 10 月。

[81] 文小兵:《探讨 BOT 建设的城市污水处理厂收费价格的形成》,行业论文,http://www.wh-swjt.cn/shownewsinfo.asp?NewsId=16202,2006 年 11 月 20 日。

[82] 翁建武、蒋艳灵、陈远生:《北京市公共生活用水现状、问题及对策》,《中国给水排水》2007 年第 23 卷第 14 期。

[83] 伍世安、王万山:《混合物品的价格形成与优化分析》,《当代财经》,2004 年第 1 期。

[84] 谢赤:《公共经济学》,湖南人民出版社 2003 年版。

[85] 薛梅、冯玉春:《日本的自来水价格及水价制度面临的新课题》,《水利经济》,2004 年第 22 卷第 1 期。

[86] 杨青山:《城市流域水资源循环利用与可持续发展规划概论》,《中外建筑》2008 年第 6 期。

[87] 英若智:《中国的水资源费问题》,http://www.hwcc.com.cn/newsdisplay/newsdisplay.asp?Id=12267,2001-06-19。

[88] 于立、肖兴志、姜春海:《自然垄断的"三位一体"理论》,《当代财经》,2004 年第 8 期。

[89] 张博:《城市生活用水定价研究》,《经济科学》,2007 年第 6 期。

[90] 张德震、陈西庆:《我国水价的变化过程及其区域特征的研究》,《地理科学》,2002 年第 4 期。

[91] 张宏军:《环境外部性的计量、矫正及其治理——兼论"庇古手段"与"科斯手段"的偏颇》,《改革与战略》,2007 年第 23 卷第 8 期。

[92] 张屹山:《影子价格的经济含义及其应用》,《吉林大学社会科学学报》,1990 年第 2 期。

[93] 张瑞恒、侯瑞山:《关于水资源地租若干问题的研究》,《当代经济研

究》，2003 年第 10 期。

[94] 张世秋、邓梁春、岳鹏、崔惠珊：《价格政策在用水需求管理中的作用及北京市水价改革对居民福利的影响分析》，世界银行项目报告，2008 年。

[95] 张天柱、傅平、陈吉宁：《用完全成本水价理论指导水价改革》，《市场化进程中的城市水业》，清华大学水业政策研究中心年度文集，2004 年 3 月。

[96] 章铮：《边际机会成本定价——自然资源定价的理论框架》，《自然资源学报》，1996 年第 2 期。

[97] 赵乐诗、马祖融：《美国的水权、水分配机制》，《中国水利》2001 年第 6 期。

[98] 赵月芬、王俊英、李恒义、邵惠芳、孙晋炜：《北京市区污水再生利用总体构想》，《北京水务》，2006 年第 6 期。

[99] 赵立祥：《日本的循环型经济与社会》，科学出版社 2007 年版。

[100] 郑兴灿：《城市污水再生利用案例分析》，首届中国城镇水务发展战略国际研讨会，北京，2005 年。

[101] 中国城镇供水排水协会：《城市供水统计年鉴》（2008）。

[102] 中国水利科技网：《节水：从现在做起》，《光明日报》，2006 年 8 月 9 日。

[103] 中国地质调查局水文地质环境地质部：《1999 年以来水文地质调查工作回顾与主要成果》。

[104] 钟契夫、陈锡康、刘起运：《投入产出分析》，中国财政经济出版社 1993 年版。

[105] 周成彦：《产权制度对资源配置效率的影响》，《上海商业》，2005 年第 1 期。

[106] 周刚炎：《中美流域水资源管理机制的比较》，《水利水电快报》，2007 年第 28 卷第 5 期。

[107] 周芸：《截至 2 月底南水北调工程在建项目进展最新情况》，http：//news. h2o－china. com/market/project/788271237342060_ 1. shtml，2009－03－18。

[108] 朱彩飞：《环境基础设施融资方式研究》，中国社会科学院研究生院博士论文，2008 年 5 月。

[109] 朱迪·丽丝：《自然资源：分配、经济学与政策》，蔡运龙、杨友孝、秦建新等译，商务印书馆 2002 年版。

[110] 朱龙其：《水权、水价和水资源优化配置》，《上海水务杂志》2002 年第 4 期。

[111] 庄彪：《信息不对称与自来水行业改制路径选择及措施》，《当代经济（下半月）》，2007 年第 10 期。

[112] Agthe D. and Billings R. (1987). Equity, Price Elasticity, and Household income under Increasing Block Rates for Water, in *American Journal of Economics and Sociology*, 46: 273 – 286.

[113] Altmann G. (2007). Marginal Cost Water Pricing: Welfare Effects and Policy Implication Using Minimum Cost and Benchmarking Models, with Case Studies from Australia and Asia, PhD thesis, School of Economics, the University of Adelaide.

[114] American Water Works Association (AWWA). Principles of Water Rates, Fees and Charges.

[115] ARMCANZ. (1995). Water Allocations and Entitlements: A National Framework for the Implementation of Property Rights in Water, Canberra: Task Force on COAG Water Reform.

[116] Averch H. and Johnson L. (1962). Behavior of the Firm under Regulatory Constraint, in *American Economic Review*, 52: 1052 – 1069.

[117] Australia Water Association (AWA). Submission to the EPA's Inquiry into the Pricing of Recycled Water in Western Australia, http://www.era.wa.gov.au/cproot/7217/2/20081223%20Public%20Submission%20 – %20Australian%20Water%20Association%20 – %20 Draft%20Report.pdf.

[118] AWWA. (1999). WATERSTATS 1999 – Water Utility Financial and

Revenue Database.

[119] AWWA. (2000). Manual of Water Supply Practices: Principles of Water Rates, 5th edition.

[120] AWWA Research Foundation. (1998). Water Affordability Programs, Publication 90732.

[121] Barrett R. and Sinclair P. (1999). Water Charges and the Cost of Metering, *Discussion Paper* 99 – 05, Department of Economics, University of Birmingham.

[122] Bator F. M. (1958). The Anatomy of Market Failure, in *Quarterly Journal of Economics*, Vol. 72.

[123] Baumol W. and Bradford D. (1970). Optimal Departures from Marginal Cost Pricing, in *American Economic Review*, 60: 265 – 283.

[124] Baumol W. (1977). On the Proper Cost Tests for Natural Monopoly in a Multiproduct Industry, in *American Economic Review*, 67 (5): 809 – 822.

[125] Baumol William J. and Oates Wallace E. (1988). *The Theory of Environmental Policy: Externalities, Public Outlays and the Quality of Life*, 2nd ed., Cambridge University Press.

[126] Bergson (Burk) A. (1938). A Reformulation of Certain Aspects of Welfare Economics, in *Quarterly Journal of Economics*, 52: 310 – 334.

[127] Boiteux M. (1960). Peakload Pricing, in *Journal of Business*, 33: 157 – 179.

[128] Boland J. and D. Whittington. (2000). The Political Economy of Water Tariff Design in Developing Countries: Increasing Block Tariff Versus Uniform Price with rebate, in Dinar A, editor, *The Political Economy of Water Pricing Reform*, New York: Oxford University Press.

[129] Bonbright J. (1961). Principles of Public Utility Rates, Columbia University Press.

[130] Bougheas S. and Worrall T. (2001). Cost Padding in Regulated Monopo-

lies, Keele Department of Economics Discussion Papers (1995 - 2001) 2001, Department of Economics, Keele University, revised, No. 2001.

[131] Brown J. and Sibley D. (1986), *The Theory of Public Utility Pricing*, Cambridge: Cambridge University Press.

[132] Briand A. (2006). Marginal Cost Versus Average Cost Pricing with Climatic Shocks in Senegal: A Dynamic Computable General Equilibrium Model Applied to Water, FEEM Working Paper, No. 144.

[133] Buchanan James M. (1965). An Economic Theory of Clubs, in *Economica*, New Series, 32 (125): 1 - 14.

[134] Chambouleyron A. (2003). Optimal Water Metering and Pricing, Economics Working Paper Archive at WUSTL 0301013.

[135] Coase R. H. (1946). The Marginal Cost Controversy, in *Economica*, New Series, 13 (51).

[136] Coase R. H. (1960). The Problem of Social Cost, in *Journal of Law and Economics*, 3: 1 - 44.

[137] Collinge R. A. (1994). Transferable Water Rate Entitlements: The Overlooked Opportunity in Municipal Water Pricing, in *Public Finance Quarterly*, 22 (1): 46 - 64.

[138] Collinge R. (1992). Revenue Neutral Water Conservation: Marginal Cost Pricing with Discount Coupons, in *Water Resources Research*, 28 (3): 617 - 622.

[139] Congressional Budget Office. (2002). Future Investment in Drinking Water and Wastewater Infrastructure.

[140] Council of Australian Governments (COAG). (1994). COAG Water Reform Framework, http://www.environment.gov.au/water/publications/action/policyframework.html.

[141] Dachraoui K. and Harchaoui T. M. (2004). Water Use, Shadow Prices and the Canadian Business Sector Productivity Performance, Economic Analysis (EA)

Research Paper Series.

[142] Dandy G., McBean C., Hutchinson B. (1984). A Model for Constrained Optimum Water Pricing and Capacity Expansion, in *Water Resources Research*, 20 (5): 511 -520.

[143] Decaluwé B., Patry A., Savard L. (1999). When Water is no Longer Heaven Sent: Comparative Pricing Analysis in an AGE Model. Papers 9905, Laval - Recherche en Politique Economique.

[144] Dinar A. and Subramanian A. (editors) (1997). Water Pricing Experiences: An International Perspective, World Bank Technical Paper, No. 386.

[145] Dupont D. and Renzetti S. (1999). The Role of Water in the Canadian Manufacturing Sector, paper presented at the IWREC Conference, Kona, Hawaii.

[146] Dalhuisen J. M., Florax R. J. G. M., de Groot, H. L. F. and Nijkamp P. (2003). Price and Income Elasticities of Residential Water Demand: A Meta - analysis, in *Land Economics*, 79 (2): 292 -308.

[147] Dudu H. and Chummi S. (2008). Economics of Irrigation Water Management: A Literature Survey with Focus on Partial and General Equilibrium Models. World Bank's Policy Research Working Paper, 4556.

[148] Environment, Food and Rural Affairs Committee. (2003). Water Pricing: First Report of Session 2003 -2004, London, December 2003.

[149] EPA. (2002). 2000 Community Water System (CWS) Survey, EPA815 - R -02 -005A, December.

[150] ERA Western Australia. (2009). Inquiry into Pricing of Recycled Water in Western Australia, 6 February 2009, http://www.era.wa.gov.au/cproot/7359/2/20090306% 20Final% 20Report% 20 -% 20Inquiry% 20into% 20Pricing% 20of% 20Recycled% 20Water% 20in% 20Western% 20Australia. PDF.

[151] Espey M., Espey J. and Shaw W. D. (1997). Price Elasticity of Residential Demand for Water: A Meta - analysis, in *Water Resource Research*, 33 (6):

1369 – 1374.

[152] Euro Mediterranean Information System of Know – how in Water Sector (SEMIDE). (2008). Water pricing in some EU Countries.

[153] Elnaboulsi J. C. (2001). Nonlinear Pricing and Capacity Planning for Water and Wastewater Services. Water Resources Management, 15: 55 – 69.

[154] EU. (2000). EU Water Framework Directive, in *Official Journal*, 22, December 2000.

[155] Freebairn J. (2008). Some Emerging Issues in Urban Water Supply and Pricing, Economic Papers (Economic Society of Australia), 2008.

[156] Garcia S., Michel M. and Arnaud A. (2004). Measuring Economies of Vertical Integration in Network Industries: An Application to the Water Sector, in *International Journal of Industrial Organization*, 25 (4): 791 – 820.

[157] Gardner A., Hatton MacDonald D. and Chung V. (2006). Pricing Water for Environmental Externalities in Western Australia, in *Environmental and Planning Law Journal*, 23 (4): 309 – 326.

[158] Gaudin S. (2006). Effect of Price Information on Residential Water Demand, in *Applied Economics*, 38: 383 – 393.

[159] Gisy M. and Loucks D. (1971). Some Long Run Effects of Water – pricing Policies, in *Water Resources Research*, 7 (6): 1371 – 1382.

[160] Gleick P. H. (1998). Water in Crisis: Paths to Sustainable Water Use, in *Ecological Applications*, 8 (3): 571 – 579.

[161] Grafton R. Q. and Kompas T. (2006). Sydney Water: Pricing for Sustainability, Economics and Environment Network Working Papers EEN 0609, Australian National University, Economics and Environment Network.

[162] Guerrero H. G. R. and Howe C. W. (2000). Water Pricing in Mexico: Principles and Reality, Proceedings of the 10th Annual Conference of the European Association of Environmental and Resource Economists (EAERE), Rethymnon, Crete,

Greece.

[163] Hall D. C. , MacEwan D. , Carcia M. , and Norris C. (2006) . Integrating Marginal Cost Water Pricing and Best Management Practices, final report prepared for Metropolitan Water District of Southern California.

[164] Harberger A. C. (1971) . Three Basic Postulates for Applied Welfare Economics, in *Journal of Economic Literature*, 9 (3): 785 – 797.

[165] Hartwick J. M. and N. D. Olewiler. (1986) . *The Economics of Natural Resource Use*, Harper & Row, Cambridge.

[166] Hewitt J. A. (2000) . An Investigation into the Reasons Why Water Utilities Choose Particular Residential Rate Structures, in *The Political Economy of Water Pricing Reforms*, ed. Dinar, A. Oxford University Press, pp. 259 – 277.

[167] Hillyard P. and Scullion F. (2005) . Water Affordability under the Water Reform Proposals, School of Sociology and Social Policy, Queen's University, Belfast, Bulletin No. 9.

[168] Hirshleifer J. , de Haven J. and Milliman J. (1960) . *Water Supply: Economics, Technology and Policy*, Chicago: University of Chicago Press.

[169] Hotelling H. (1938) . The General Welfare in Relation to Problems of Taxation and of Railway and Utility Rates, in *Econometrica*.

[170] Intelligent Software Development (ISD) . (2008) . A Fairer Water Pricing Policy for Adelaide Residents.

[171] Johnston N. (1994) . Waste Minimization: A Route to Profit and Cleaner Production – An Interim Report on the Aire and Calder Project, London: Centre for Exploitation of Science and Technology.

[172] Jordan J. L. (1994) . The Effectiveness of Pricing as a Stand – Alone Water Conservation Program, in *Journal AWWA* 86 (6) .

[173] Jordon J. L. and R. Albani. (1999) . Using Conservation Rate Structures, in *Journal AWWA*, 91 (8) .

[174] Jones T. (1998). Recent Developments in the Pricing of Water Services in OECD Countries, in *Water Policy*, 1: 637 –651.

[175] Kenneth J. A. (1950). A difficulty in the Concept of Social Welfare, in *The Journal of Political Economy*, 58 (4): 328 –346.

[176] Kim H. (1995). Marginal Cost and Second – best Pricing of Water Services, in *Review of Industrial Organization*, 10 (3): 323 –338.

[177] Leibenstein H. (1966). Allocative Efficiency and X – Efficiency, in *The American Economic Review*, 56: 392 –415.

[178] Lerner A P. (1944). *The Economics of Control: Principles of Welfare Economics*, Macmillan.

[179] Lester R. A. (1946). Shortcoming of Marginal Analysis for Wage – Employment Problems, in *American Economic Review*, 36: 63 –82.

[180] Liu S. (2002). Water Pricing towards Sustainability of Water Resources: A Case Study in Beijing, in Journal of Environmental Sciences, 14 (4).

[181] Macdonald D. H. (2004). The Economics of Water: Taking Full Account of First Use, Use, Reuse and Return to the Environment, CSIRO Land and Water Client Report for the Australian Water Conservation and Reuse Research Program (AWCRRP), Folio No. S/03/1474.

[182] Manning R. and Gallagher D. (1982). Optimal Water Pricing and Storage: The Effect of Discounting, in *Water Resources Research*, 18 (1): 65 –70.

[183] Mansur E. T. and Olmstead S. M. (2007). The Value of Scarce Water: Measuring the Inefficiency of Municipal Regulations, NBER Working Papers 13513.

[184] Mark W. Rosegrant, Ximing Cai and Sarah A. Cline. (2002). Global Water Outlook to 2025: Averting an Impending Crisis, jointly published by the International Food Policy Research Institute (IFPRI) and the International Water Management Institute (IWMI), September 2002.

[185] Marshall A. (1890). Summary of the General Theory of Equilibrium of

Demand and Supply, in *Principles of Economics*, Book Five, Chapter 15, http://www.marxists.org/reference/subject/economics/marshall/bk5ch15.htm.

[186] Martin F. (2006). Fair and Affordable Water, Report for UNISON, Centre for Utility Consumer Law University of Leiceste.

[187] Meade J. E. and Fleming J. M. (1946). Price and Output Policy of State Enterprise, in *Economic Journal*, December.

[188] Merrett S. (2007). *The Price of Water – Studies in Water Resource Economics and Management*, 2nd Edition.

[189] Moncur J. and Pollock R. (1988). Scarcity Rents for Water: A Valuation and Pricing Model, in *Land Economics*, 64 (1): 62 – 72.

[190] Monteiro H. (2005). Water Pricing Models: A Survey, Working Paper 2005/45, Dinamia, Centro de Estudos sobre a Mudança Socioeconómica, Lisbon, Portugal.

[191] Munasinghe M. (1992). Water Supply and Environmental Management: Developing World Applications, Studies in Water Policy and Management, Bolder Colorado: Westview Press.

[192] National Competition Council (NCC). (2001). *Annual Report* 2000 – 2001, AusInfo, Canberra.

[193] OECD. (1999). The Price of Water: Trends in OECD countries, OECD report.

[194] OECD. (2002). OECD Statistical Portal, http://stats.oecd.org/glossary/detail.asp? ID = 3223, March.

[195] Olmstead S. M., Hanemann W. M. and Stavins R. N. (2007). Water Demand under Alternative Price Structures, in *Journal of Environment, Economy and Management*, 54 (2): 181 – 198.

[196] Olmstead S. M. and Stavins R. N. (2008). Comparing Price and Non – price Approaches to Urban Water Conservation, Working Papers.

［197］ Panzar J. C. and Willig R. D. （1977）. Free Entry and the Sustainability of Natural Monopoly, in *Bell Journal of Economics*, 1977 （8）.

［198］ Pearce D. W. and Markandya A. （1987）. Marginal Opportunity Cost as an Planning Concept in Natural Resource Management, in *The Annals of Regional Science*, Vol. 21.

［199］ Pearce D. W. （1995）. Blueprint 4：*Capturing Global Environmental Value*. London Earthscan.

［200］ Philadelphia Water District （PWD）. （2007）. FY 2008 Operating Budget Testimony.

［201］ Pigou A. C. （1920）. The Economics of Welfare, Macmillan Press.

［202］ Pint E. M. （1999）. Household Responses to Increased Water Rates during the California Drought, in *Land Economics*, 75 （2）：246 – 266.

［203］ Production Commission. （2003）. Water Rights Arrangements in Australia and Overseas, Productivity Commission Research Paper, Melbourne.

［204］ Pushpangadan K. and Murugan G. （1998）. Pricing with Changing Welfare Criterion：An Application of Ramsey – Wilson Model, Centre for Development Studies, March 1998.

［205］ Raftelis Financial Consulting （RFC）. （2000/2002/2004/2006/2008）. Water and Wastewater Rate Survey.

［206］ Ramsey F. P. （1927）. A Contribution to the Theory of Taxation, in *Economic Journal*, 37 （145）：47 – 61.

［207］ Renzetti S. （2003）. Municipal Water Supply and Sewage Treatment：Costs, Prices, and Distortions, in *Land Economics*, 32 （3）：688 – 704.

［208］ Renzetti S. and Kushner J. （2004）. Full Cost Accounting for Water Supply and Sewage Treatment：Concepts and Case Application, in *Canadian Water Resources Journal*, 29 （1）：13 – 22.

［209］ Riley J. and Scherer C. （1979）. Optimal Water Pricing and Storage with

Cyclical Supply and Demand, in *Water Resources Research*, 15 (2): 233 – 239.

[210] Riordan C. (1971) . Multistage Marginal Cost Model of Investment – pricing Decisions: Application to Urban Water Supply Treatment Facilities, in *Water Resources Research*, 7 (3): 463 – 478.

[211] Rogers P. , Bhatia R. and Huber A. (1998), Water as a Social and Economic Good: How to Put the Principle into Practice, Global Water Partnership, Stockholm.

[212] Rogers P. , Radhika de Silva and Bhatia R. (2002) Water is an economic good: How to use prices to promote equity, efficiency and sustainability. *Water Policy*, 4: 1 – 17.

[213] Roman M. (2002) . Report on Water Pricing Cost Recovery in the Baltic Sea Countries, prepared for HELCOM Secretariat, October 2002.

[214] Roseta – Palma C. and Monteiro H. (2008) . Pricing for Scarcity, paper provided by University Library of Munich, Germany in its series MPRA Paper with number 10384.

[215] Roth E. (2001) . Water Pricing in the EU: A Review, European Environmental Bureau (EEB), publication number 2001.

[216] Samuelson Paul A. (1954) . The Pure Theory of Public Expenditure, in *The Review of Economics and Statistics*, 36 (4): 387 – 389.

[217] Samuelson Paul A. (1955) . Diagrammatic Exposition of a Theory of Public Expenditure, in *The Review of Economics and Statistics*, 37 (4): 350 – 356.

[218] Sharkey W. W. (1982) . The Theory of Natural Monopoly, Cambridge University Press.

[219] Spulber N. and Sabbaghi A. (1997) . *Economics of Water Resources: From Regulation to Privatization*, Boston/London/Dordrecht: Kluwer Academic Publishers, 2nd edition.

[220] Stallworth H. (2000) . Water and Wastewater Pricing: An Informational

Overview. U. S. Environmental Protection Agency.

[221] Strand J. (1998). Water Pricing in Honduras: A political Economy Analysis, paper presented at the World Bank Workshop on Water Pricing Implementation, in Washington D. C. November, p. 3-5.

[222] Strosser P. (2008). Environmental Taxes in the Water Sector in Europe: Issues and options, ACTeon Group presentation, 2008/08/02, http://www.meif.org/uk/document/ download/strosserhungarywaterpricingin centralandeasterneurope.pdf.

[223] Teitenberg T. (2006). Emissions Trading: Principles and Practice, 2nd ed., Resour. for the Future, Washington, D. C.

[224] The California Government. The California Water Plan Update, Bulletin 160, October 1994.

[225] Timmins C. (2003). Demand-side Technology Standards under Inefficient Pricing Regimes: Are They Effective Water Conservation Tools in the Long Run? in *Environment*, *Resource*, *Economy*, 26: 107-124.

[226] UNC Environmental Finance Center. (2008). The State of Full Cost Pricing: Full Cost Pricing among Public Water & Sewer Utilities in the South East, the University of North Carolina, http://efc.boisestate.edu/efc/LinkClick.aspx? fileticket = jR2vSnKiT4w%3D &tabid = 151, 2008/10/10.

[227] UNEP. (2000). Sourcebook of Alternative Technologies for Freshwater Augmentation in Some Countries in Asia, Tokyo, International Environmental Technology Center.

[228] UNEP. (2007). Global Environment Outlook: GEO4.

[229] USEPA. (2009). Clean Water State Revolving Fund, http://www.epa.gov/owm/ cwfinance /cwsrf/, May 6th.

[230] Warford J. (1994). Marginal Opportunity Cost Pricing for Municipal Water Supply, EEPSEA discussion paper, August.

[231] Water Services Association of Australia (WSAA). (2001). WSAA

Facts 2001, Australian Urban Water Industry, WSAA, Melbourne.

[232] Whittington D. (2003). Municipal Water Pricing and Tariff Design: A Reform Agenda for South Asia, In *Water Policy*, 5: 61 – 76.

[233] Willig R. D. (1978). Pareto – Superior Nonlinear Outlay Schedules, in *The Bell Journal of Economics*, 9 (1): 56 – 69.

[234] Wilson R. (1993). *Nonlinear Pricing*, Oxford University Press, New York.

[235] Yarra Valley Water. Recycled Water: FAQs. http://www.yvw. com. au/yvw /Home/ AlternativeWaterSources/RecycledWater/RecycledWaterFAQs. htm.

[236] Zarnikau J. (1994). Spot Market Pricing of Water Resources and Efficient Means of Rationing Water Resources during Scarcity, in *Resource and Energy Economic*, 16 (3): 189 – 210.